Henry Ashby Turner, Jr. *Hitlers Weg zur Macht*

Henry Ashby Turner, Jr.

Hitlers Weg zur Macht

Der Januar 1933

Aus dem Amerikanischen von
Enrico Heinemann und Thomas Pfeiffer

Luchterhand

Die Originalausgabe erschien 1996 unter dem Titel
Hitler's Thirty Days to Power. January 1933
bei Addison-Wesley, New York

Die Deutsche Bibliothek – CIP-Einheitsaufnahme
Turner, Henry Ashby: Hitlers Weg zur Macht :
der Januar 1933 / Henry Ashby Turner.
Aus dem Amerikan. von Enrico Heinemann
und Thomas Pfeiffer. – München : Luchterhand, 1997
Einheitssacht.: Hitler's thirty days to power <dt.>
ISBN 3-630-87988-8

1 2 3 4 5 99 98 97

Satz: Dr. Ulrich Mihr GmbH, Tübingen
Druck und Bindung: Pustet, Regensburg

ISBN 3-630-87988-8

Für Patrick Herbst

Inhalt

Vorwort

Jeder hat schon von Hitler gehört. Und fast jeder weiß, daß Adolf Hitler als Diktator Deutschlands für den Zweiten Weltkrieg und die Ermordung von Millionen von Juden verantwortlich ist. Eine andere Sache ist, wie Hitler an die Macht gelangte. Nur wenige kennen die genauen Umstände, die der Hitler-Diktatur den Weg ebneten. Da Deutschland zum Zeitpunkt von Hitlers Machtergreifung eine Republik war, nehmen viele an, Hitler sei in einem demokratischen Verfahren von einer Mehrheit der Deutschen gewählt worden. Doch das war nicht der Fall. Sein Aufstieg zur Macht folgte einem sehr viel verschlungeneren Weg und war vor allem weit mehr vom Zufall bestimmt, als gemeinhin angenommen wird. Daß Hitler an die Macht gelangte, war alles andere als vorherbestimmt. Das hätte praktisch bis zum letzten Moment vermieden werden können.

Hitlers Karriere ist zwar in vielen Büchern ausführlich behandelt worden, doch hat bislang niemand die dramatischen Ereignisse jenes entscheidenden Monats Januar 1933, an dessen Ende Hitler Reichskanzler wurde, einer detaillierten Analyse unterzogen. Dieses Versäumnis nachzuholen ist das Ziel des vorliegenden Buches.

Dieses Buch hat von der großzügigen Hilfe mehrerer Menschen profitiert, denen ich zu großem Dank verpflichtet bin. William Sheridan Allen, Peter Gay, Richard F. Hamilton und Peter Hayes lasen Rohversionen des Manuskripts und machten wertvolle Vorschläge. William L. Patch jr. kommentierte nicht nur das Manuskript, sondern stellte mir auch wichtige Unterlagen aus seiner eigenen Forschungsarbeit zur Verfügung, dasselbe gilt für Larry Eugene Jones und Hagen Schulze. Pertti Ahonen besorgte mir Kopien anderer wertvoller Dokumente. Renate Köhne-Lindenlaub ließ mir die Kopie eines Dokuments aus dem Krupp-Archiv zukommen – und ersparte mir damit mehrere Tausend Reisekilometer. Mary E. Sarotte half mir, an einige wichtige Fotografien heranzukommen, und ohne George O. Kent und Mary R. Habeck wäre es mir wohl nicht gelungen, an das im Anhang erstmals veröffentlichte Moskau-Dokument heranzukommen.

1

VORSPIEL
Der Feldmarschall, der Gefreite und der General

Am ersten Tag des Jahres 1933 atmeten die Anhänger der bedrängten Weimarer Republik erleichtert auf. Drei Jahre lang war der junge Staat zunehmend heftigen Angriffen antidemokratischer Kräfte ausgesetzt gewesen, deren stärkste und bedrohlichste Adolf Hitlers Nationalsozialistische Deutsche Arbeiterpartei war. Jetzt schien die Wende erreicht: »Der gewaltige nationalsozialistische Angriff auf den demokratischen Staat ist abgeschlagen«, verkündete die angesehene *Frankfurter Zeitung* in ihrem Leitartikel zum neuen Jahr.[1] »Die Republik ist ... gerettet worden«, frohlockte ein Redakteur der *Vossischen Zeitung*, der renommierten Berliner Tageszeitung.[2]

Das *Vorwärts*, das Sprachrohr der Sozialdemokraten, die an der Gründung der neuen Republik vierzehn Jahre zuvor den größten Anteil gehabt hatten, titelte »Hitlers Aufstieg und Niedergang«,[3] und die *Kölnische Volkszeitung*, ein wichtiges katholisches Blatt, schrieb, ihre vor einem Jahr noch gewagt klingende Prognose, daß Hitler nie an die Macht kommen werde, sei inzwischen zu einem Gemeinplatz geworden.[4] Ein Journalist des *Berliner Tageblatts* überlegte, wie er künftigen Enkeln seine Zeit schildern sollte, und schlug vor: »Überall, in der ganzen Welt, sprachen die Leute von ... wie hieß er doch schon mit Vornamen: Adalbert Hitler. Später? Verschollen!«[5] Angesichts der Tatsache, daß Hitler keinen Monat später zum deutschen Reichskanzler ernannt wurde, erscheint dieser Optimismus der Anhänger der Weimarer Republik im Rückblick als kollektive Täuschung. Doch stellt sich bei genauerer Untersuchung der vorangegangenen Ereignisse heraus, daß die Zuversicht der Nazigegner aus damaliger Sicht keineswegs unbegründet war.

Die erste deutsche Republik, die 1919 in Weimar gegründet worden war, hatte in den stürmischen vierzehn Jahren ihres Bestehens mit gewaltigen Handicaps zu kämpfen.[6] Millionen Deutsche verachteten sie von Anfang an. Linksradikale riefen zum Sturz der bürgerlichen Demokratie und zur proletarischen Revolution auf, reaktionäre Monarchisten betrachteten die deutsche Revolution nach der Niederlage im Ersten Weltkrieg und dem Sturz der preußischen Hohenzollern, unter denen das Land 1871 zum Kaiserreich geeint worden war, als Verrat am Vaterland. Zusammen mit anderen Feinden der Demokratie diffamierten sie den neuen Staat und seine Organe, die durch eine frei gewählte Nationalversammlung ins Leben gerufen worden waren, als undeutsch. Und die Militaristen, die Deutschland in den Krieg getrieben hatten, verbreiteten die Dolchstoßlegende, nach der die deutschen Streitkräfte nicht auf dem Schlachtfeld, sondern von den Wegbereitern der Republik im eigenen Land geschlagen worden seien. Die neue Staatsordnung trug für viele Deutsche folglich das Brandmal des Verrates und der nationalen Demütigung. Die westlichen Siegermächte steigerten die Unbeliebtheit der Weimarer Republik noch, indem sie ihr den Versailler Vertrag aufzwangen. Er gab Deutschland die Alleinschuld am Krieg, legte ihm beträchtliche Gebietsabtretungen und Reparationen auf und beschnitt seine Souveränität in vielerlei Hinsicht, unter anderem durch eine drastische Reduzierung der Streitkräfte.

Die junge Republik verdankte es ihren Anhängern, daß sie trotz dieser schweren Hypothek, einer die Währung zerstörenden Inflation, Putschversuchen von rechts und links und der Besetzung von Teilen des Landes durch die Siegermächte die ersten Jahre überstand. Mitte der zwanziger Jahre schien die Demokratie in Deutschland Fuß gefaßt zu haben. Fünf Jahre lang genoß das Land eine vergleichsweise große Stabilität und materiellen Wohlstand. Mit dem Beginn der Wirtschaftskrise, die Deutschland härter traf als jedes andere europäische Land, standen der Weimarer Republik allerdings wieder harte Zeiten ins Haus. Das parlamentarische System geriet 1930 in eine Sackgasse, als die gemäßigten Parteien sich nicht über die Finanzierung der immer größeren Massen von Arbeitslosen einigen konnten. Als Folge der Wirtschaftskrise verlagerte sich die politische Macht entscheidend vom Parlament zum Reichspräsidenten, womit die Republik nicht mehr im Sinne ihrer Gründerväter funktionierte.

Immer mehr Macht konzentrierte sich in den Händen des Reichspräsidenten Paul von Hindenburg, der die deutsche Armee im Ersten Weltkrieg als Generalfeldmarschall befehligt hatte.[7] Nach seiner ersten Wahl 1925 wurde er 1932 im Alter von 85 Jahren für eine weitere siebenjährige Amtsperiode gewählt. Der als Kriegsheld verehrte Hindenburg verkörperte für Millionen von Deutschen eines der ruhmreichsten Kapitel der deutschen Geschichte. Als preußischer Junker entstammte er einer der Adelsfamilien, die Jahrhunderte zuvor die Gebiete an der deutschen Ostgrenze besiedelt hatten. Er hatte als junger Offizier der preußischen Armee an den nationalen Kriegen von 1866 und 1870/71 teilgenommen und war bei der Ausrufung des Deutschen Kaiserreichs 1871 in Versailles persönlich dabei gewesen. 1911 nach einer mittelmäßigen Offizierslaufbahn in den Ruhestand eingetreten, wurde er nach Ausbruch des Ersten Weltkrieges drei Jahre später in den

Dienst zurückgerufen. Als die von ihm befehligten Streitkräfte den Vormarsch russischer Truppen auf deutsches Gebiet stoppten, wurde er rasch zum Nationalhelden, obwohl sein persönlicher Beitrag zu diesem Sieg an der Heimatfront propagandistisch übertrieben dargestellt wurde. Später zum Oberbefehlshaber des Heeres ernannt, überstand sein Ruf als Nationalheld unbeschadet die Niederlage im Kriege, vor allem dank der Dolchstoßlegende, an deren Verbreitung er maßgeblich beteiligt war.

Der großgewachsene, stämmige Hindenburg war eine imposante Erscheinung. Noch hoch in den Achtzigern hatte er die aufrechte Haltung des Preußenoffiziers, und mit seiner galanten und huldvollen Art beschwor er eine längst vergangene Epoche. Mit dem militärisch kurz geschorenen Haar, dem lang und dünn herabhängenden Schnurrbart in dem breiten, rechteckigen Gesicht und der stets nachdenklich-traurigen Miene verkörperte er für viele Deutsche den Inbegriff von Ernst und eiserner Pflichterfüllung. Obwohl ihm ein Bild von unerschütterlicher Seelenstärke anhaftete, fehlten ihm Willenskraft und Eigeninitiative. Seine gesamte Laufbahn hindurch verließ er sich stark auf die Ratschläge anderer, und dieser Zug sollte sich mit fortschreitendem Alter verstärken.

Hindenburg wirkte nach außen hin zwar unerschütterlich, doch neigte er unter Druck zu Gefühlsausbrüchen, bei denen er Tränen vergoß und ihm die Stimme versagte. Politische Beziehungen hatten für ihn mit Kameradschaft zu tun, und Treue stellte er nach eigenem Bekunden über alles, was ihn freilich nicht hinderte, wiederholt Menschen, die ihm treu gedient hatten, im Stich zu lassen. Da er außer für militärische Dinge kaum geistige Interessen hatte, besaß er von den meisten Zusammenhängen, einschließlich der Politik, nur sehr einfache Vorstellungen. Trotz hartnäckiger Gerüchte, wonach er im Alter senil geworden sei, hatte Hindenburg bis zu seiner letzten Krankheit und seinem Tod 1934 im Alter von knapp siebenundachtzig Jahren, also lange nachdem er zur bloßen Galionsfigur der Hitler-Diktatur reduziert worden war, einen klaren Verstand. Bis zum Schluß verliehen ihm seine stattliche Gestalt, seine würdevolle Reserviertheit und seine Rolle als Vertreter einer längst vergangenen, ruhmreichen Epoche bei den meisten Zeitgenossen eine ehrfurchtgebietende Aura.

Als Staatsoberhaupt hatte Hindenburg auf den ersten Blick eine ähnliche Stellung inne wie die Könige der parlamentarischen Monarchien in Europa, doch stattete ihn die Weimarer Verfassung mit einer weitaus größeren Machtfülle aus. Er hatte den Oberbefehl über die Streitkräfte und verfügte im Ausnahmefall unter anderem über die Möglichkeit, Grundrechte einzuschränken und, falls er es für nötig befand, Notverordnungen zu erlassen. Außerdem ernannte er den Reichskanzler als Chef der Regierung und die Minister des Kabinetts. Der Reichskanzler stützte sich wie in anderen europäischen Demokratien auf eine Mehrheit im Parlament, dem Reichstag, und mußte im Fall eines Mißtrauensvotums zurücktreten. Der Reichspräsident konnte den Reichskanzler und sein Kabinett jederzeit entlassen und hatte zudem die Möglichkeit, den Reichstag vor Ablauf der vierjährigen Legislaturperiode aufzulösen und Neuwahlen anzuberaumen. Diese Machtfülle, so sollten die Ereignisse 1933 zeigen, machten den Reichspräsidenten in kritischen Zeiten zu einer Schlüsselfigur, die den Gang des Geschehens entscheidend beeinflußte.

Hindenburg, ursprünglich als Kandidat der Konservativen und reaktionären Rechten gewählt, sorgte bei den Anhängern der Republik eine Zeitlang für angenehme Überraschungen, obwohl er sich von seiner monarchistischen Gesinnung niemals lossagte. Fünf Jahre lang saß er der Weimarer Republik pflichtbewußt als verfassungsmäßiges

Staatsoberhaupt vor. Er ernannte Kanzler und Kabinette, die sich auf eine Parteienkoalition stützten oder von der Mehrheit geduldet wurden, falls solche Bündnisse nicht zustande kamen. Allerdings verstimmten Hindenburg immer mehr die ständig wiederkehrenden Auseinandersetzungen um die Regierungsbildung, die der Weimarer Republik in den ersten elf Jahren ihres Bestehens siebzehn Kabinette unter neun verschiedenen Reichskanzlern bescherten. Ein besonderes Ärgernis war ihm der Widerstand gegen die Militärausgaben durch die links von der Mitte angesiedelten Sozialdemokraten, die größte demokratische Partei, der zahlreiche Pazifisten angehörten. Als Erzkonservativer nahm er zudem Anstoß am Lippenbekenntnis der Sozialdemokraten zur marxistischen Ideologie ihrer Vergangenheit, obwohl sie in der Praxis längst einen pragmatischen Reformkurs steuerten.

Als die Politik 1930 in eine Sackgasse geriet und der Reichstag sich nach dem Sturz einer Regierung unter Führung der Sozialdemokraten nicht auf einen Nachfolger einigen konnte, wurde Hindenburg von seinen engsten Beratern, hochrangigen Militärs, dazu gedrängt, mit dem parlamentarischen System zu brechen und die Linke aus der Regierungsarbeit auszuschließen.[8] Mit dem erklärten Ziel, die Regierung über die Politik zu erheben, ernannte er jetzt Reichskanzler seiner Wahl, die nicht mehr an die parlamentarische Mehrheit gebunden waren, ein neues Regierungssystem, das als Regierung der »Präsidialkabinette« bekannt werden sollte. Damit die Reichskanzler dieser Kabinette den gesetzgebenden Reichstag umgehen konnten, versah er sie mit den umfassenden Notstandsvollmachten, die dem Reichspräsidenten nach der Weimarer Verfassung zustanden. So wurden ab 1930 praktisch sämtliche gesetzgeberischen Entscheidungen – auch in Steuer- und Haushaltsfragen – nicht mehr durch Parlamentsbeschluß, sondern durch Notverordnungen auf Verlangen des Reichskanzlers und seines Kabinetts gefällt. Gleichwohl war die Macht des Reichspräsidenten nicht unumschränkt. Der Reichstag konnte seine Notverordnungen durch Mehrheitsbeschluß kippen oder den Reichskanzler und sein Kabinett durch einen Mißtrauensantrag stürzen. Der Reichspräsident wiederum hatte verfassungsrechtliche Mittel, um den Reichstag davon zurückzuhalten: Er konnte dem Reichskanzler ein Auflösungsdekret in die Hand geben, mit dem dieser die Parteien zwingen konnte, sich landesweit erneut zur Wahl zu stellen.

Der erste solche Präsidialkanzler war Heinrich Brüning, ein angesehener Abgeordneter der katholischen Zentrumspartei, die an allen bisherigen Reichsregierungen beteiligt gewesen war. Zwei Jahre lang, ab März 1930, regierte Brüning mit Duldung der fest zur Republik stehenden Sozialdemokraten, die aus dem Kabinett selbst ausgeschlossen worden waren. Aus Furcht, Brünings Sturz könne zur Bildung einer noch konservativeren Reichsregierung führen, verzichteten sie auf ein Mißtrauensvotum und ließen seine Notverordnungen widerstandslos passieren. Daß sie ihr eigenes Schicksal mit dem Brünings verknüpften, hatte für die Republik allerdings verhängnisvolle Folgen: Die deflationäre Finanzpolitik des Kanzlers verschärfte die verheerenden Auswirkungen der hartnäckigen Wirtschaftskrise. Anfang 1932 war mehr als einer von drei Erwerbsfähigen arbeitslos. Brüning war für Millionen Deutsche der »Hungerkanzler« geworden. Im Frühjahr dieses Jahres spielte er eine wichtige Rolle in Hindenburgs Wahlkampf für eine zweite Amtsperiode als Reichspräsident und führte die Verhandlungen für eine Einstellung der deutschen Reparationszahlungen an die Siegermächte fast zum Erfolg. Dennoch zog er sich wegen seiner mangelnden Bereitschaft, sich von den Sozialdemokraten unabhängig zu machen und Unterstützung im rechten Lager zu suchen, den Unmut des von seinen Beratern aufgehetzten Reichspräsidenten zu. Ende Mai 1932 wurde Brüning von Hindenburg in brüsker Form entlassen.

Maßgeblichen Anteil am Sturz Brünings hatte Kurt von Schleicher, ein Mann, der im Frühjahr 1932 Hindenburgs engster Berater war.[9] Schleicher stammte aus einer alten westpreußischen Offiziersfamilie; obwohl die oberen Ränge der Offizierskorps vornehmlich mit ostelbischen Junkern besetzt waren, hatte er eine steile Karriere als Berufsoffizier hinter sich. Nach seinem Eintritt in relativ jungen Jahren in den Generalstab, die geistige Elite des Heeres, war er im Krieg überwiegend mit Problemen von Nachschub und Truppentransporten befaßt, wodurch er Kontakt mit den Zivilbehörden hatte. Nach Kriegsende drängte ihn das Reichswehrministerium dazu, als Verbindungsmann zwischen der Reichswehr und der Weimarer Reichsregierung zu fungieren. Da die kaum von Reformen berührte Reichswehrführung sich auch nach Beseitigung der Monarchie ein hohes Maß an Unabhängigkeit von der Zivilregierung bewahrt hatte, kam dieser Funktion beträchtliche Bedeutung zu.

Bis zum Ende der zwanziger Jahre entwickelte sich Schleicher zu einer wichtigen Person, die die deutsche Politik hinter den Kulissen entscheidend mitbestimmte. Er war früh zum General befördert worden und leitete die neu gebildete Wehrmachtsabteilung, die nur dem Reichswehrminister unterstand. Diese Stellung entzog ihn der Kontrolle von Generälen mit beträchtlich höherem Rang. Zugleich gehörte er damit dem kleinen Kreis hochrangiger Militärs an, auf deren politischen Rat Hindenburg sich zunehmend stützte. 1930 gehörte er zu denen, die Hindenburg zum Bruch mit dem Parlamentarismus drängten. Außerdem war er bei der Auswahl Brünings als erstem Präsidialkanzler beteiligt und spielte bei dessen Entlassung zwei Jahre später wieder eine wichtige Rolle.

Auf Schleichers Betreiben ernannte Hindenburg als Brünings Nachfolger Franz von Papen, einen politisch obskuren zweiundfünfzigjährigen Adligen aus dem extrem rechten Flügel des Zentrums.[10] Papen trat Anfang Juni sein Amt als Chef des »Kabinetts der Barone« an, wie es wegen der vielen ihm angehörenden konservativen Adligen bald genannt wurde. Papens Eignung als Reichskanzler war fraglich, da er auf nationaler Ebene über keinerlei politische Erfahrung verfügte.[11] Als Zentrums-Abgeordneter des preußischen Landtages, dem er unter der Republik die meiste Zeit angehörte, nahm er an den Sitzungen der Kammer nur sporadisch teil und ergriff niemals das Wort. Doch Papen war ein alter Freund Schleichers; beide kannten sich, seit sie Unteroffiziere waren. Der General wollte Papen als elegante Galionsfigur, die ihm die Federführung in der Politik überlassen würde. Um seinen Einfluß im neuen Kabinett ausüben zu können, übernahm Schleicher den Posten des Reichswehrministers; um dieses Amt antreten zu können, gab er seine Stellung als General auf und wurde zumindest nominell Zivilist.

Bei seinem Amtsantritt als Reichskanzler stand Papen vor dem Problem, für sein Kabinett politischen Rückhalt zu finden. Zwar hatte Hindenburg ihn wie Brüning zum Präsidialkanzler gemacht, und er konnte mittels dessen Notverordnungen regieren, doch benötigte er ausreichende Unterstützung im Reichstag, um ein Mißtrauensvotum zu verhindern. In dieser Hinsicht hatte Papen von Anfang an einen viel schwereren Stand als Brüning, denn bei seiner Ernennung zum Reichskanzler verlor er zugleich den Rückhalt der eigenen Partei: Die Führer des Zentrums beschuldigten ihn, am Sturz ihres Parteifreundes Brüning beteiligt gewesen zu sein, und waren zudem empört, daß er das Amt des Reichskanzlers ohne ihre Einwilligung angenommen hatte. Nur durch seinen Austritt kam Papen einem Ausschluß aus der Partei zuvor. Seine Partei wollte nichts mehr mit ihm zu tun haben und schloß sich der Opposition an. Papen versuchte entsprechend Hindenburgs Wunsch nach einem Bruch mit der Linken, das Konzept seines Vorgängers, der sich auf sozialdemokratische Unterstützung verlassen hatte, dadurch zu ersetzen, daß er Rückhalt bei der Rechten suchte. Folglich mußte er die aufstrebende und rasch wachsende nationalsozialistische Bewegung unter Adolf Hitler umwerben.

Hitlers Partei, die sich seit Anfang der zwanziger Jahre offiziell Nationalsozialistische Deutsche Arbeiterpartei nannte,[12] war nach dem Ersten Weltkrieg die politische Heimat einer sozialen Randgruppe rassistischer Nationalisten, die das alte Kaiserreich ebenso ablehnten wie die Weimarer Republik. Die anfänglich bedeutungslose bayrische Splittergruppe erlangte erst mit Hitlers gescheitertem Umsturzversuch 1923, dem sogenannten Hitlerputsch, Bekanntheit und konnte sich im folgenden Jahr im Bündnis mit ähnlichen Gruppen eine Vertretung im Reichstag sichern. Als in den goldenen Zwanzigern Wohlstand und Stabilität herrschten, schrumpfte die NSDAP bis zur Bedeutungslosigkeit. 1928 erzielte sie – nur dank des Weimarer Verhältniswahlrechts – ganze 2,6 Prozent der Stimmen und damit 12 der 491 Sitze im Reichstag. Als mit der Weltwirtschaftskrise Arbeitslosigkeit und Elend über die Deutschen hereinbrachen, profitierten die Nationalsozialisten von der Verzweiflung und Angst von Millionen von Menschen.

Ohne selbst Regierungsverantwortung zu tragen, verschafften sich die Nationalsozialisten Sympathien, indem sie den Anhängern der Weimarer Republik alle Mißstände des Landes anlasteten und großartige Versprechungen machten, die nicht eingelöst zu werden brauchten. Die Unterstützung antisemitischer Kräfte gewannen sie durch eine schamlose Hetzkampagne gegen die kleine jüdische Minderheit im Land. Mit ihrer politischen Kampftruppe, der SA (Sturmabteilung), demonstrierten sie ihre Schlagkraft auf der Straße. Sie lieferten sich blutige Straßenschlachten mit Sozialdemokraten und Kommunisten, die beide ebenfalls paramilitärische Verbände unterhielten, und sorgten für eine Atmosphäre der Gewalt, die vielen Bürgern Angst machte. Mit dem Versprechen, die Ordnung wiederherzustellen, sicherten sie sich weitere Stimmen. Bei den Wahlen 1930, als sich die Weltwirtschaftskrise akut bemerkbar machte, verachtfachten sie ihren Stimmenanteil und errangen 107 der 577 Reichstagssitze. Im Frühjahr 1932 forderte Hitler Hindenburg bei der Präsidentschaftswahl heraus. Zwar unterlag er am Ende, doch machte sein gutes Ergebnis einen zweiten Wahlgang notwendig, bei dem er auf eindrucksvolle 36,1 Prozent der Stimmen kam.

Im Sommer 1932 war Hitler bereits Deutschlands erfolgreichster Politiker,[13] eine eindrucksvolle Leistung für einen gescheiterten Künstler mit geringer Schulbildung, der auf der Flucht aus Wiener Männerwohnheimen, in denen er einige Jahre zugebracht hatte, vor neunzehn Jahren nach Deutschland gekommen war. Von dem Augenblick an, als er sich 1919, nach seiner Rückkehr von der Westfront als Gefreiter der deutschen Armee, der aufstrebenden völkischen Bewegung anschloß, stellte er die Politik ins Zentrum seines Lebens, und daran sollte sich bis zu seinem Selbstmord in den Trümmern Berlins ein Vierteljahrhundert später nichts ändern. Er stieg rasch zum Führer der NSDAP auf und herrschte innerhalb der Partei mit unumschränkter Macht. Seine Anhänger standen unter dem Bann seiner messianischen Ausstrahlung, und er schmiedete einen bunt zusammengewürfelten Haufen aus Radikalen, Reaktionären, Intellektuellen, Schlägern, gescheiterten Existenzen und entwurzelten Kriegsveteranen zu einer furchteinflößenden Organisation zusammen, die charismatischen Führungsstil erfolgreich mit militärischer Disziplin verband.

Die NSDAP war keine gewöhnliche politische Partei, sondern, wie Hitler selbst unablässig wiederholte, eine Bewegung, die von ihren Mitgliedern totale und kritiklose Opferbereitschaft verlangte. Nach dem gescheiterten Putschversuch und einem über einjährigen Gefängnisaufenthalt ging Hitler unverdrossen daran, die versprengte Partei erneut aufzubauen. Da er die Hoffnung auf einen gewaltsamen Umsturz aufgegeben hatte, versuchte er den neuen Staat auf legalem Weg über Wahlen zu zerschlagen. Als in der zweiten Hälfte der zwanziger Jahre eine wirtschaftliche Stabilisierung unter gemäßigten politischen Vorzeichen die angeschlagene Republik festigte, konnte Hitler die NSDAP am Rande des nationalen politischen Spektrums nur dank seiner persönlichen Ausstrahlung zusammenhalten. Als die Weltwirtschaftskrise dann Millionen von Menschen in Angst und Verzweiflung stürzte, versammelte er mit demagogischer Hetze und gezielten Verleumdungskampagnen eine Massengefolgschaft um sich.

Der Schlüssel zum Erfolg des künftigen Diktators lag in seiner Persönlichkeit. Für diejenigen, die gegen sein Charisma gefeit waren, sah Hitler aus wie ein typischer Friseur oder Kellner. Aber durch sorgfältige Manipulation seines Erscheinungsbildes in der Öffentlichkeit – fotografieren ließ er sich beispielsweise nur in schmeichelhaften Posen durch einen ihm ergebenen Berufsfotografen – konnte er sich Millionen verunsicherter Deutscher als ein Mann präsentieren, der Tiefe und aufopfernde Hingabe an das Vaterland in sich vereinte. Bei seinen Auftritten als Politiker strahlte er eine solche Überzeugungskraft und Sicherheit aus, daß die viele Menschen ihm in jenen schweren Zeiten erlagen. Hitlers Begabung als Redner machte aus ihm den größten Demagogen seiner Zeit. Mit einer psychischen Gewalt, wie sie die meisten seiner Zeitgenossen noch nicht erlebt hatten, löste er mit seinen langen, leidenschaftlichen Reden, in denen er geschickt Ängste und Vorurteile schürte, unter empfänglichen Zuhörern eine regelrechte Massenhysterie aus. Ähnlich war die Wirkung seiner Gespräche mit Anhängern, die er mit seinem Redeschwall und mit einem übersteigerten Selbstbewußtsein in den Bann schlug.

Zur ernsthaften politischen Gefahr wurde Hitler indes letztlich durch seine Fähigkeit, seinen rohen Fanatismus gegebenenfalls hinter einer gutbürgerlichen Fassade zu verstecken. Wenn ihm die Gunst einflußreicher Persönlichkeiten vorteilhaft erschien, konnte er ihnen gegenüber höflich, respektvoll und sogar unterwürfig sein. Seine wahren Absichten verbarg er immer dann, wenn er die Unterstützung anderer, die seine Ziele nicht teilten, gewinnen wollte. Diese Fähigkeiten machten Hitler 1932 zu einer bestimmenden Kraft in der deutschen Politik, auch wenn er nie in ein Regierungsamt gewählt worden war.

In der Hoffnung auf Unterstützung der NSDAP schloß Reichskanzler von Papen unter Mitwirkung Schleichers bei seinem Amtsantritt im Juni 1932 mit Hitler einen vermeintlichen Handel ab.[14] Auf eine entsprechende Anfrage sagte der Führer der Nationalsozialisten dem neuen Kabinett die Zusammenarbeit unter zwei Bedingungen zu: Das vom Kabinett Brüning erlassene Verbot der SA und SS sollte aufgehoben, der 1930 gewählte Reichstag aufgelöst und Neuwahlen angesetzt werden, obwohl die Legislaturperiode erst in zwei Jahren zu Ende ging. Papen erhielt von Reichspräsident Hindenburg für beide Forderungen sofort die Zustimmung. Außerdem nahm er die blutigen Straßenschlachten zwischen Nationalsozialisten und Kommunisten zum Vorwand, um von den Notstandsvollmachten des Reichspräsidenten Gebrauch zu machen und die preußische Regierung abzusetzen. Preußen machte von der Fläche wie der Bevölkerung her drei Fünftel des Reiches aus und war als weitaus größtes der siebzehn deutschen Länder ein wichtiger politischer Faktor. Die Übernahme seiner Regierung durch das Kabinett Papen bedeutete eine Entmachtung des verfassungstreuen preußischen Kabinetts aus Sozialdemokraten und Zentrum, das den Rechten, vor allem den Nationalsozialisten, ein Dorn im Auge gewesen war.

Die vorgezogenen Reichstagswahlen, die Ende Juli 1932 stattfanden, stellten sich für die gemäßigten Parteien als Debakel heraus. Der Urnengang fiel mit der Talsohle der Wirtschaftskrise zusammen, die Millionen von verzweifelten und aufgebrachten Menschen für die demagogischen Parolen der rechten und linken Extremisten besonders anfällig machte. Die Kommunisten zogen eine Menge Wähler von den Sozialdemokraten ab, die NSDAP konnte ihr Ergebnis von 1930 mehr als verdoppeln. Mit 37,4 Prozent der Stimmen und 230 Sitzen löste Hitlers Partei die Sozialdemokraten als stärkste Fraktion im Reichstag ab.

Nach der Wahl im Juli zog Hitler seine Zusage der Kooperation mit dem Kabinett Papen zurück und beanspruchte das Amt des Reichskanzlers für sich.[15] Von seinem Wahlerfolg ermutigt, berief sich der Erzfeind der Demokratie jetzt auf demokratische Prinzipien, um als Führer der stärksten parlamentarischen Kraft das Amt des Regierungschefs zu erlangen. Papen bot ihm den Posten des Vizekanzlers und Ministerposten für seine Partei an. Da der Vizekanzler ein leerer Titel ohne in der Verfassung festgelegte Befugnisse war, lehnte Hitler empört ab. Als ihn Reichspräsident Hindenburg Mitte August persönlich empfing und nachfragte, ob er und Mitglieder seiner Partei zum Eintritt ins Kabinett Papen bereit seien, wiederholte Hitler seine Forderung nach dem Reichskanzleramt. Hindenburg begegnete dem »Gefreiten«, wie er Hitler privat nannte,[16] nach zwei vorangegangenen Gesprächen mit tiefem Mißtrauen und wies seine Forderung entschieden zurück. Darüber hinaus veröffentlichte das Reichspräsidialamt zu der Begegnung einen Pressebericht, der einem öffentlichen Verweis gleichkam: Es entstand der Eindruck, Hitler habe unumschränkte Machtbefugnisse verlangt und zudem sein persönliches Versprechen gegenüber dem Reichspräsidenten gebrochen, daß er mit dem Kabinett Papen zusammenarbeiten werde. Weder das Gewissen noch die Pflicht gegenüber dem Staat, so die offizielle Verlautbarung, erlaubten es Hindenburg, die Macht in die Hände der NSDAP zu legen, die sie für parteipolitische Zwecke mißbrauchen wolle.[17] Wütend kündigte Hitler dem Kabinett Papen die totale Opposition an.

Daß Hindenburg Hitlers Forderung abgelehnt hatte, beruhigte viele Anhänger der Weimarer Republik. Die meisten hatten die Wiederwahl des alten Generalfeldmarschalls im Frühjahr nur deshalb unterstützt, weil er der einzige aussichtsreiche Kandidat gegen Hitler war. Trotzdem befürchteten sie, daß die Notstandsvollmachten, von denen Hindenburg Gebrauch machte, um die Gesetzgebung des Reichstages zu umgehen, die Verfassung allmählich aushöhlten. Während die Demokraten Brüning als Reichskanzler akzeptiert hatten, waren sie bestürzt über Papens Ernennung zum Regierungschef eines reaktionären Kabinettes, das im Reichstag praktisch keinen Rückhalt hatte. Mit zusätzlicher Besorgnis erfüllte sie die Bereitschaft des Reichspräsidenten nach der Wahl, Hitler und weiteren Mitgliedern der NSDAP einige – wenn auch untergeordnete – Posten im Kabinett zuzugestehen. Jetzt hatte Hindenburg allerdings eine Ernennung Hitlers zum Reichskanzler trotz des triumphalen Wahlerfolges der NSDAP ausgeschlossen, und die beiden Männer hatten sich als politische Gegner getrennt. Die Demokraten konnten sich also immerhin mit dem Glauben trösten, daß der Reichspräsident die Verfassung niemals durch die Berufung Hitlers zum Regierungschef verraten würde, mochte er sie sonst auch noch so sehr strapazieren.

Das Vertrauen der Anhänger der Republik in Hindenburg wäre stark erschüttert worden, hätten sie von der Übereinkunft gewußt, die Hindenburg nur zwei Wochen nach seiner schroffen Zurückweisung Hitlers hinter verschlossenen Türen traf.[18] Angesichts der von Hitler angekündigten Opposition durch die Nationalsozialisten mußte das Kabinett Papen nach Eröffnung des neuen Reichstages mit einem Mißtrauensvotum rechnen. Papen verfügte lediglich über den Rückhalt einer einzigen größeren politischen Kraft, der reaktionären Deutschnationalen Volkspartei, die mit den Nationalsozialisten in der Vergangenheit gelegentlich paktiert, sich mit ihnen über die Wahl zum Reichspräsidenten und andere Fragen aber zerstritten hatte. Insgesamt hatte Papen weniger als zehn Prozent der Abgeordneten hinter sich. Denkbar war sogar, daß die laufenden Koalitionsverhandlungen zwischen Nationalsozialisten und dem Zentrum, die zusammen über eine Mehrheit verfügten, zu einer Wiederbelebung der Macht des Reichstages führen würden und eine Regierungskoalition beider Parteien Papen aus dem Amt werfen würde. Hindenburg war dennoch nicht bereit, sich von Papen zu trennen. Deshalb entsprach er Ende August Papens Bitte um eine Verordnung, die ihn ermächtigte, den Reichstag nach seinem Ermessen aufzulösen. Da bei einer weiteren Wahl keine deutlich veränderte Zusammensetzung des Reichstages zu erwarten war, holte das Kabinett Papen zudem das Einverständnis des Reichspräsidenten ein, den neuen Wahlgang, der laut Verfassung innerhalb von sechzig Tagen nach Auflösung der Kammer stattfinden mußte, auf unabsehbare Zeit zu verschieben. Das Kabinett wollte diktatorisch mit Hilfe von Notverordnungen regieren, ohne eine Ablehnung der Verordnungen oder ein Mißtrauensvotum durch den Reichstag befürchten zu müssen. Um die Regierung seiner Wahl zu halten, stimmte also Hindenburg einem Bruch der Verfassung zu, auf die er einen Eid geschworen hatte.

Als das neue Parlament im September zusammentrat, wurde Reichskanzler Papens Plan, die Verfassung zu umgehen, durch ein überraschendes Ereignis vereitelt.[19] Papen wollte einem Mißtrauensantrag durch Auflösung der Kammer zuvorkommen, und der Reichspräsident sollte dann Neuwahlen unter Berufung auf den Notstand auf unabsehbare Zeit verschieben. Doch als er versuchte, einen Mißtrauensantrag der Kommunisten durch eine Verordnung zur Reichstagsauflösung abzuwenden, ließ der neu gewählte Reichstagspräsident Hermann Göring von der NSDAP über den Kopf des Reichskanzlers hinweg über den Mißtrauensantrag abstimmen. Infolgedessen erlitt die Regierung die demütigendste Niederlage, die einem deutschen Kabinett je widerfuhr: 512 Abgeordnete stimmten für den Antrag, nur 42 unterstützten die Regierung Papen. Zwar verfügte Hindenburg trotz Görings Protest, daß die Kammer bereits vor der Abstimmung vom Reichskanzler legal aufgelöst worden sei, doch war der Schaden bereits angerichtet. Die schwache Position des Kabinetts war offenkundig, und der Reichskanzler und seine Minister wagten es vorerst noch nicht, den riskanten Plan eines Verfassungsbruchs durchzuführen. Damit wurde für Anfang November, also innerhalb der vorgeschriebenen sechzig Tage, eine zweite Reichstagswahl anberaumt.

Die Wahl im November brachte Hitler und seiner Partei eine schwere Niederlage. Nach einer Serie dramatischer Stimmengewinne in den letzten drei Jahren geriet der Moloch des Nationalsozialismus ins Wanken. Viele Wähler, die noch im Juli auf eine rasche Machtübernahme und durchschlagende Maßnahmen gegen die Not in Deutschland gehofft hatten, hatten sich enttäuscht von Hitler abgewandt, als er mit seiner Forderung nach dem Amt des Reichskanzlers gescheitert war. Andere wandten sich ab, als die Nationalsozialisten Hoffnungen auf eine breite, »nationale Opposition« der Rechten dadurch zerstörten, daß sie das Kabinett Papen als reaktionäre Clique diffamierten und die Deutschnationale Volkspartei wegen ihrer Unterstützung der Regierung heftig angriffen. Wieder andere schreckten vor der zunehmenden Gewalttätigkeit der nationalsozialistischen Kampftruppen zurück. Andere Anhänger, die Hitlers Partei wegen ihrer militanten Ablehnung der parlamentarischen Republik gewählt hatten, fühlten sich hintergangen, als sich die NSDAP auf demokratische Prinzipien berief, um ihre Position als stärkste Kraft im Reichstag zu nutzen. Viele Konservative, die Hitlers Partei noch im Juli gewählt hatten, verübelten der Partei die giftigen Angriffe auf Papen und vor allem auch auf den Reichspräsidenten Hindenburg. Insgesamt erhielten die Nationalsozialisten im November über zwei Millionen Stimmen weniger als noch im Juli. Jetzt waren sie nur noch mit 196 von 584 Sitzen im Reichstag vertreten, ein Verlust von 34 Sitzen. Zwar stellten sie noch immer die stärkste Fraktion, aber über zwei Drittel der deutschen Wähler hatten sich bei dieser Wahl, die die letzte vor Hitlers Ernennung zum Reichkanzler sein sollte, gegen die NSDAP entschieden.

Das Wahlergebnis vom November 1932 schloß die Möglichkeit einer nationalsozialistisch-katholischen Koalition im Reichstag aus, aber sonst hatte sich an den Verhältnissen im Grunde nichts geändert. Der Großteil der Wähler, die der NSDAP den Rücken gekehrt hatten, war am Wahltag zu Hause geblieben und hatte für keine andere Partei gestimmt. Ihren Stimmenanteil erheblich ausbauen konnten lediglich die Kommunisten, die mit 100 Sitzen als drittstärkste Kraft aus der Wahl hervorgingen. Ihre Gewinne gingen vornehmlich zu Lasten der zweitstärksten Partei, der republikanischen Sozialdemokraten und hauptsächlichen Verteidiger der Republik. Obwohl noch immer die mitgliederstärkste Partei, schrumpfte die Fraktion der SPD auf 121 Sitze zusammen. Beide Linksparteien zusammen hätten im Reichstag eine bedeutende politische Rolle spielen können, doch standen sie sich als unversöhnliche Feinde gegenüber. Die Kommunisten konzentrierten ihre Kräfte auf Anweisung der Sowjetunion vornehmlich darauf, die viel zahlreichere Anhängerschaft der Sozialdemokraten auf ihre Seite zu ziehen; dazu diffamierten sie die Sozialdemokraten als »Sozialfaschisten«, die den Arbeiterinteressen stärker schadeten als die Nationalsozialisten.

Die beiden katholischen Parteien, das Zentrum und die Bayrische Volkspartei, erlitten im November geringe Verluste, verfügten zusammen aber immer noch über 90 Sitze. Die beiden liberalen Parteien, die nach schweren Verlusten in den vergangenen drei Jahren zur Bedeutungslosigkeit verurteilt waren, erhielten zusammen immerhin noch 13 Sitze, während die Splitterparteien, die aufgrund des Weimarer Verhältniswahlrechts wie Pilze aus dem Boden schossen, 12 Sitze gewannen. Die Deutschnationalen, Papens wichtigste Basis, verbuchten mit 52 Sitzen Zugewinne und profitierten dabei hauptsächlich von der Enttäuschung der NSDAP-Wähler. Aber dies änderte nichts daran, daß fast 90 Prozent der Wähler, die im November an die Urnen gingen, gegen das Kabinett Papen stimmten. Als Gespräche Papens mit Parteiführern bestätigten, daß er keinerlei Rückhalt besaß, reichte er seinen Rücktritt ein. Allerdings erklärte er sich bereit, seine Aufgaben als Reichskanzler für eine Übergangszeit weiter wahrzunehmen.

Als Hindenburg nach der Wahl vom November die Möglichkeit einer Beteiligung der NSDAP an der Regierung sondierte, signalisierte Hitler die Bereitschaft, die Unterstützung anderer Parteien zu suchen, falls ihn der Reichspräsident zum Kanzler ernennen und ihn mit der Bildung eines Kabinettes beauftragen würde.[20] Da Hindenburg davon ausging, daß ein Kabinett Hitler keine Mehrheit im Reichstag finden würde, ließ er sich auf Vorschlag seiner Berater auf ein Manöver ein, daß dazu dienen sollte, Hitler in der Öffentlichkeit zu diskreditieren. Er wollte ihn zwingen, Farbe zu bekennen, indem er ihn aufforderte, binnen drei Tagen im Reichstag eine tragfähige Mehrheit für ein Kabinett unter ihm als Kanzler zu finden. An dieses Angebot knüpfte Hindenburg eine Reihe von Bedingungen, unter anderem, daß er den Reichswehr- und den Außenminister selbst bestimmen dürfe.

Hitler lehnte Hindenburgs Angebot wie erwartet ab. Die Bedingungen, so beschwerte er sich, seien unvereinbar mit der Weimarer Verfassung, nach der die Wahl der Minister dem Reichskanzler zustehe. Statt dessen schlug er vor, Hindenburg solle ihn zum Reichskanzler ernennen und ihn mit den Notstandsvollmachten des Präsidenten ausstatten, falls es ihm gelinge, rasch ein zufriedenstellendes Regierungsprogramm und eine annehmbare Liste von Kabinettsmitgliedern vorzulegen. Angehören sollten ihm unter anderem der konservative Außenminister aus dem Kabinett Papen und Schleicher als Reichswehrminister. Dieser Vorschlag zeigte, daß Hitler in Wirklichkeit seine Ernennung nur als Präsidialkanzler und nicht als parlamentarischer Regierungschef anstrebte. Damit hätte er, ohne auf Koalitionen mit anderen Parteien angewiesen zu sein, wie Brüning und Papen vor ihm durch die Notverordnungen des Reichspräsidenten regieren können. Hindenburg und seine Berater lehnten den Vorschlag ab, womit Hitler als Kandidat für das Amt des Reichskanzlers ausschied.

Diese zweite Zurückweisung Hitlers durch Hindenburg bestärkte die Anhänger der Republik immer mehr in ihrem Glauben, der angesehene Reichspräsident würde Hitler nie zum Reichskanzler ernennen. Besonders ermutigend war der offene Brief des Reichspräsidialamtes an den Führer der NDSAP, mit dem die Verhandlungen vom November abgeschlossen wurden. Der Brief machte zunächst den

Unterschied zwischen einem parlamentarischen Kabinett und einem Präsidialkabinett deutlich; weiter hieß es, der Reichspräsident glaube, »es vor dem deutschen Volke nicht vertreten zu können, dem Führer einer Partei seine präsidentialen Vollmachten zu geben, die immer erneut ihre Ausschließlichkeit betont hat, und die gegen ihn persönlich wie auch gegenüber den von ihm für notwendig erachteten politischen und wirtschaftlichen Maßnahmen überwiegend verneinend eingestellt war«.[21] Als zwei Monate später die Frage von Hitlers Ernennung zum Reichskanzler erneut im Raum stand, sollten sich die Verteidiger der Republik an diese ermutigenden Worte erinnern.

Als Hitler Ende November nicht von seiner Position abrückte, stellte Papen sich weiterhin als Reichskanzler zur Verfügung, obwohl er politisch noch unpopulärer geworden war. Ein Kabinettsmitglied soll das Motto der Regierung sarkastisch so formuliert haben: »Hier werden Kriegserklärungen entgegengenommen!«[22] Als einzigen Erfolg konnte Papen eine Übereinkunft mit den Siegermächten des Ersten Weltkrieges verbuchen, wonach die Reparationsforderungen an Deutschland gestrichen wurden. Informierte Beobachter wußten indes, daß das größte Verdienst dabei seinem Vorgänger Brüning zukam. Im Inneren hatte Papen mit seiner Wirtschaftspolitik die Arbeiterschaft gegen sich aufgebracht. Sein Kabinett hatte das Elend der meisten Opfer der Wirtschaftskrise noch verstärkt, indem es die Arbeitslosenunterstützung kürzte und die Antragsteller rigiden Prüfungen unterwarf. Dagegen erhielten die Unternehmen Steuererleichterungen und als Anreiz für Neueinstellungen die Möglichkeit, tariflich ausgehandelte Löhne zu kürzen. Mit seiner Machtübernahme in Preußen hatte Papen zudem bei den beiden wichtigsten Parteien, die die Institutionen der Republik zu verteidigen suchten – SPD und Zentrum –, Empörung ausgelöst. Für sie maßte sich die Reichsregierung damit verfassungswidrige Machtbefugnisse an; außerdem schmerzte der Verlust an Einfluß bei der Besetzung der zahlreichen preußischen Ämter.

Noch unbeliebter machte sich Papen dadurch, daß er sich öffentlich zur Diktatur als seinem Ziel bekannte und Änderungen der Verfassung vorschlug, mit denen ihr demokratischer Charakter beschnitten werden sollte. All dies führte dazu, daß er, wenn er weiter Kanzler blieb, beim Zusammentritt des neuen Reichstages einem weiteren demütigenden Mißtrauensvotum entgegensah. Doch seien derlei Überlegungen, so informierte Papen sein Kabinett in der letzten Novemberwoche, gegenstandslos, denn Reichspräsident Hindenburg sei »fest entschlossen, alle Maßnahmen zu treffen, die [zu seiner Unterstützung] etwa notwendig würden«.[23] In anderen Worten, Hindenburg war erneut bereit, für Papen den Reichstag per Verordnung aufzulösen und die in der Verfassung vorgesehene Frist für Neuwahlen nicht einzuhalten. Anschließend sollte Papen durch Notverordnungen ohne Rücksicht auf den Reichstag diktatorisch regieren können.

Während Papen die Unterstützung des Reichspräsidenten besaß, hatte er die seines Förderers und Reichswehrministers Kurt von Schleicher verloren. Schleicher hatte Papen für das Reichskanzleramt ausersehen, weil er davon ausgegangen war, daß er ihn für seine Zwecke würde einspannen können. »Ich bin nicht die Seele, aber vielleicht der Wille der Regierung«,[24] soll er gesagt haben. Von daher war der General unangenehm überrascht über das wachsende Selbstbewußtsein, das sein Schützling nach der Amtsübernahme an den Tag legte. Zu Schleichers Verärgerung machte sich Papen sehr schnell immer unabhängiger von ihm, indem er sich beim Präsidenten einschmeichelte. Obwohl Schleicher mit Papens Regierungspolitik weitgehend übereinstimmte, betrachtete er einen Verbleib des unbeliebten Reichskanzlers unter Umgehung der Verfassung

Ende November als gefährlich. Der Verzicht auf Neuwahlen nach einer Reichstagsauflösung, so befürchtete er, werde alle politischen Kräfte des Landes einschließlich der organisierten Arbeiterschaft zu einer militanten Opposition gegen die Regierung vereinen. Nur wenige Wochen zuvor, am Vorabend der Reichstagswahlen, hatten Nationalsozialisten und Kommunisten bei einem Streik der Verkehrsbetriebe die Hauptstadt gemeinsam fast völlig lahmgelegt.

Aus Sorge, Papens Wiederernennung könne einen Bürgerkrieg auslösen, versuchte Schleicher dem Mann, den er ein halbes Jahr zuvor zum Reichskanzler gekürt hatte, das Wasser abzugraben.[25] Zugleich brachte er sich selbst durch Gespräche mit führenden Politikern und Gewerkschaftern, vor denen er sich von den unpopulärsten Maßnahmen der Regierung distanzierte, als Kandidaten für den Kanzlerposten ins Gespräch. Als Hindenburg trotzdem an der Absicht festhielt, Papen durch einen Verfassungsbruch im Amt zu halten, standen Schleichers Pläne kurz vor dem Scheitern. Doch gelang es ihm schließlich, das Kabinett gegen Papen aufzubringen: Er legte den Ministern eine Studie des Reichswehrministeriums vor, wonach die Streitkräfte nicht in der Lage seien, einen gemeinsamen Aufstand von Kommunisten und Nationalsozialisten niederzuschlagen. Am 2. Dezember 1932 reichte Papen schließlich verbittert seinen Rücktritt ein. Hindenburg nahm ihn widerstrebend an. Schleicher wurde am nächsten Tag als Reichskanzler vereidigt, nachdem der Reichspräsident ihm seine volle Unterstützung zugesichert hatte. Sein Kabinett bestand mit zwei Ausnahmen aus den Ministern seines Vorgängers. Er selbst blieb Reichswehrminister und folgte Papen außerdem als Reichskommissar für das Land Preußen nach, eine Stelle, die nach der Absetzung der preußischen Landesregierung geschaffen worden war.

Kurt von Schleicher, bei seiner Ernennung fünfzig Jahre alt, beeindruckte fast alle Zeitgenossen, die ihm begegneten, tief, und das trotz einer eher unvorteilhaften äußeren Erscheinung.[26] Mittelgroß und von bläßlicher Gesichtsfarbe, hatte er schon früh eine Glatze und in mittleren Jahren einen Bauchansatz. Als lebhafter, geschickter Unterhalter verstand er es jedoch glänzend, andere auf seine Seite zu ziehen, vor allem in Gesprächen unter vier Augen. »Er hat die Gabe«, beschrieb ihn ein Journalist, »wenn jemand bei ihm ist, in dem Besucher – wer er auch sein möge – den Eindruck zu erwecken, als sei er ganz seiner Meinung.«[27] Mit seiner schlagfertigen und redegewandten Art galt Schleicher als besonders geistreich. Er war ein Meister des witzigen Geplänkels und erzielte humoristische Effekte, wenn er seine Worte mit Berliner Jargon würzte. Unbekümmert und beschwingt, unbeirrbar optimistisch und scheinbar unerschütterlich, hatte er viel von der lässigen und schneidigen Art, die unter deutschen Offizieren so bewundert wurde.

Kritiker betrachteten Schleicher als arrogant und hochnäsig, als intriganten Zyniker und skrupellosen Karrieristen. Mit seiner Neigung, hinter den Kulissen zu agieren, machte er in ihren Augen seinem Familiennamen alle Ehre. Daß er zur Rettung der eigenen Stellung in Krisenzeiten wiederholt enge Verbündete im Stich ließ, sprach gegen seine Vertrauenswürdigkeit. Keine Zweifel bestanden dagegen am Selbstvertrauen des Generals. Im Frühjahr 1932 soll er bei einem Bankett in einem mondänen Berliner Speiserestaurant mit seiner durchdringend nasalen Stimme laut verkündet haben, daß Deutschland einen starken Mann brauche. Und um jedermann deutlich zu machen, wer dafür in Frage kam, tippte er sich auf die Brust.[28]

Zugleich redselig und verschwiegen, war Schleicher bei seinem Amtsantritt ein politisches Rätsel. Ein Journalist und Anhänger der Republik etikettierte ihn als »Sphinx in

Uniform«.[29] Und der abweichlerische russische Bolschewik Leo Trotzki charakterisierte ihn einmal als »ein Fragezeichen mit den Epauletten eines Generals«.[30] Zahlreiche Linke und Nationalsozialisten geißelten ihn als Reaktionär, doch wollte dieses Etikett auf Schleicher nicht so ganz passen. Anders als viele Offiziere bejammerte er weder den Sturz der Monarchie noch sehnte er deren Restauration herbei. Pragmatisch akzeptierte er die politischen Gegebenheiten nach dem Zusammenbruch des alten Systems und der anschließenden Errichtung der Republik. In der Erkenntnis, daß Streitigkeiten um die Regierungsform Deutschland nur teilen und schwächen würden, hatte er Mitte der zwanziger Jahre verkündet: »Nicht Republik oder Monarchie ist jetzt die Frage, sondern, wie soll diese Republik aussehen?«[31] Wie die meisten führenden Militärs fühlte er sich freilich weniger der Republik verpflichtet als vielmehr den – wie er es sah – bleibenden Interessen des deutschen Staates, die über die jeweilige Staatsform hinausgingen. Die Reichswehr verkörperte für ihn eine unabhängige, über der Politik stehende Kraft. Sie fungierte als ausgleichendes Element, hielt den Staat im Gleichgewicht und gewährleistete die Verteidigung deutscher Sicherheitsinteressen im internationalen Zusammenhang.

Während seiner ersten Wochen als Reichskanzler im Dezember 1932 genoß Schleicher wegen der weit verbreiteten Erleichterung über Papens Rücktritt eine Art Schonfrist.[32] Er gab bekannt, daß er die Pläne des Vorgängers für eine Verfassungsänderung nicht weiter verfolgen werde, und beruhigte damit die Anhänger der Republik.[33] Die beiden katholischen Parteien zeigten sich seinem Kabinett gegenüber versöhnlich.[34] Dasselbe galt für die Führer der christlichen Gewerkschaften, denen er einschneidende Maßnahmen zur Beschäftigung der Arbeitslosen versprach. Die Sozialdemokraten, die bei einer Zusammenarbeit mit einem hohen Militär Stimmenverluste an die Kommunisten befürchteten, blieben weiter auf Oppositionskurs; bestärkt wurden sie darin auch dadurch, daß Schleicher dem Kabinett angehört hatte, das die sozialdemokratisch geführte preußische Landesregierung abgesetzt hatte. Dagegen sahen die Führer der SPD-nahestehenden Freien Gewerkschaften – der weitaus größten Arbeitnehmerorganisation – Schleicher nach Papens Rücktritt als geringeres Übel an und begrüßten zudem die versprochenen Maßnahmen gegen die Arbeitslosigkeit. Angesichts der positiven Reaktionen der Arbeiterschaft sah der neue Reichskanzler die Gefahr eines breiten Volksaufstandes gegen die Regierung, die sich unter Papen abgezeichnet hatte, erleichtert als gebannt an.[35] Das Problem, wie er ein Mißtrauensvotum im Reichstag verhindern konnte, blieb freilich bestehen.

Schleicher setzte seine Hoffnungen in einen Versuch, Rückhalt bei den Nationalsozialisten zu gewinnen. Eine Unterstützung oder zumindest Duldung durch die 196 Reichstagsabgeordneten der NSDAP hätte ihn dem Ziel, die Bildung einer mehrheitlichen Opposition zu verhindern, einen entscheidenden Schritt nähergebracht. Wie die meisten Offiziere der Reichswehr bewunderte auch Schleicher die militaristische Vaterlandsbegeisterung von Hitlers Bewegung, auch wenn er auf ihre populistischen Parolen herabsah. Er betrachtete die NSDAP als nützliches, wenngleich schwer lenkbares Gegengewicht zu den Linksparteien. Wie er einem Freund im Frühjahr 1932 anvertraut hatte, waren sie für ihn »keine guten Brüder und mit äußerster Vorsicht zu genießen«.[36] Wie nicht wenige andere prominente Konservative einschließlich des früheren Reichskanzlers Brüning und sogar einige angesehene Juden glaubte er, die Nationalsozialisten könnten »gezähmt« werden, sobald man ihnen einen gewissen Teil der Regierungsverantwortung aufbürdete.[37] Aber während sich andere dieser Sichtweise nur widerwillig anschlossen und den Nationalsozialismus lieber ganz zerschlagen hätten, zog Schleicher diese letzte Möglichkeit niemals ernsthaft in Betracht. Aus Angst, bei einem Auseinanderbrechen der NSDAP könnten ihre dynamischsten Elemente scharenweise zu den Kommunisten überlaufen und der revolutionären Linken gewaltigen Auftrieb verschaffen, wandte er sich gegen repressive Maßnahmen gegen Hitlers Anhänger.[38] »Wenn sie nicht da wären«, schrieb er einem Freund, »müßte man sie geradezu erfinden.«[39]

Schleicher begründete seinen Optimismus, die Nationalsozialisten »zähmen« zu können, zum Teil mit einer Parallele, die er in der Geschichte einer früheren revolutionären Massenbewegung sah, der Sozialdemokratie.[40] Vor einem halben Jahrhundert hatte Reichskanzler Otto von Bismarck, der Architekt des Deutschen Kaiserreichs, die Sozialdemokratische Partei mit seinen Sozialistengesetzen erfolglos zu zerschlagen versucht, und für Schleicher war dies ein Beweis, daß Repressionen die Militanz und den Zulauf radikaler Massenbewegungen eher noch steigerten. Daß die Sozialdemokraten nach ihrer Beteiligung an der Macht im Anschluß an die Revolution von 1918 einen gemäßigteren Kurs einschlugen und an Popularität einbüßten, legte für ihn den Schluß nahe, mit einer Regierungsbeteiligung könne man auf die NSDAP ähnlich mäßigend einwirken. Angesichts der hartnäckigen Wirtschaftskrise würde sie realistischere Positionen beziehen müssen, und ihre nicht eingelösten, übertriebenen Versprechungen würden sie bei den Massen viel Unterstützung kosten. Wie bei den Sozialdemokraten würde die Regierungsverantwortung und die damit verbundenen, zwangsläufig unpopulären Maßnahmen das rapide Wachstum der militanten, staatsfeindlichen Bewegung bremsen und sie in eine Partei des gewohnten politischen Spektrums verwandeln. In völliger Verkennung der Realitäten übersah Schleicher also den fundamentalen Unterschied zwischen den Sozialdemokraten als Verfechtern einer demokratischen Republik und den Nationalsozialisten mit ihren totalitären Zielen.

Die NSDAP paßte zudem in Schleichers Pläne als Reichswehrminister.[41] Nach zähen Verhandlungen mit den Siegermächten des Ersten Weltkrieges stand die Regierung mit der Forderung nach Gleichberechtigung Deutschlands als Militärmacht kurz vor dem Durchbruch. Da es unwahrscheinlich schien, daß sich die Siegermächte an der im Versailler Vertrag vorgesehenen allgemeinen Abrüstung beteiligen würden, rückte im Falle eines Verhandlungserfolges das langersehnte Ziel der deutschen Militärs, die eigene Streitmacht zu vergrößern, in greifbare Nähe. Dies war seit geraumer Zeit auch ein vordringlicher Plan Schleichers, der mit der Aufrüstung Deutschlands so früh wie möglich beginnen wollte. Um die Siegermächte nicht durch eine plötzliche Vergrößerung der Truppenstärke zu alarmieren, wollte er durch Schaffung einer Miliz, in der viele Bürger militärisch ausgebildet werden konnten, auf die allgemeine Wehrpflicht zusteuern. Die ersten Soldaten hoffte er dabei aus den paramilitärischen Verbänden zu rekrutieren, die seit Kriegsende in Erscheinung getreten waren. Aus diesen unbewaffneten, aber uniformierten und militärisch geführten Organisationen ragte die SA heraus. Mit über vierhunderttausend Uniformierten übertraf sie 1932 die kleine Armee, die der Versailler Vertrag Deutschland zubilligte, um das Vierfache. In der Hoffnung, aus der Kampftruppe eines Tages Soldaten für seine geplante Miliz rekrutieren zu können, unterhielt Schleicher über seinen Stab im Reichswehrministerium bereits seit einiger Zeit geheime Kontakte zur Führung der SA.[42]

Schleicher erkannte, daß er Hitler gewinnen mußte, wollte er die NSDAP hinter sich bringen, und hoffte auf einen politischen Handel. In mehreren persönlichen Begegnungen in den vorangegangenen beiden Jahren war ihm allerdings entgangen, daß Hitler ein skrupelloser Fanatiker war, der auf eine radikale Umgestaltung Deutschlands zielte. Nach ihrer ersten Begegnung beschrieb Schleicher ihn so: »Ein interessanter Mann mit überragender Rednergabe. In seinen Plänen versteigt er sich leicht in höhere Regionen.«[43] Auch wenn man Hitlers Fähigkeit in Betracht zieht, in Gesprächen mit führenden Konservativen seinen fanatischen Antisemitismus herunterzuspielen oder zu verschweigen, kommt in Schleichers Urteil doch eine geradezu frivole Unterschätzung des zukünftigen Diktators zum Ausdruck. Im vorangegangenen Sommer, nach dem beeindruckenden Erfolg der NSDAP in den Reichstagswahlen vom Juli, hatte der General sich Hitler sogar als Reichskanzler vorstellen können.[44] Erst Hindenburg hatte das ausgeschlossen. Als Schleicher Ende November von der Bereitschaft des Reichspräsidenten erfuhr, den NSDAP-Führer mit einer untergeordneten Stellung ins Kabinett einzubinden, hatte er geprüft, ob Hitler nicht Vizekanzler eines Kabinetts unter seiner persönlichen Führung werden könnte.[45] Aber Hitler hatte wie zuvor unmißverständlich klar gemacht, daß er sich an einer Regierung nur als Reichskanzler beteiligen würde.

Da Hitler nicht nachgab, wandte Schleicher seine Aufmerksamkeit dem Reichsorganisationsleiter der NSDAP Gregor Strasser zu.[46] Als Veteran der Bewegung, dessen Popularität gleich hinter der Hitlers kam, galt Strasser bei vielen außerhalb der Partei als vernünftigster Funktionär der NSDAP. Als ehemaliger Apotheker hatte er praktische Erfahrungen im Geschäftsleben, ein Vorzug, der in der Führungsspitze der Nationalsozialisten auffallend selten vertreten war. Inmitten dieses zusammengewürfelten Haufens aus Exzentrikern und Fanatikern erschien er als nüchterner und kluger Pragmatiker. Da Strasser weithin als Mann galt, der den Begriff »sozialistisch« im Parteinamen ernst nahm, genoß er sogar in Gewerkschaftskreisen eine widerstrebend geäußerte Achtung. Schleicher brauchte im Fall einer Zusammenarbeit mit ihm folglich nicht damit zu rechnen, daß er sich die Arbeiterschaft vergrämte. Aus seinem Interesse an Strasser und seinen versöhnlichen Gesten gegenüber den Gewerkschaftsführern schlossen einige Beobachter irrtümlich, der neue Reichskanzler versuche eine »Querfront« aufzubauen, indem er zwischen der übrigen NSDAP und Strassers Flügel einen Keil zu treiben und Strasser dann zusammen mit der Arbeiterschaft hinter sein Kabinett zu bringen versuchte.[47] Für diese Sicht, die in die meisten Interpretationen von Schleichers Strategie eingeflossen ist, gibt es allerdings keine Beweise.

Strassers bekannte Zweifel an Hitlers Strategie des Alles-oder-nichts machten ihn zu einer für Schleicher potentiell nützlichen Figur. Realistischer als die meisten Nazigrößen, hatte Strasser aus dem Ergebnis der Novemberwahlen geschlossen, daß es der Partei kaum gelingen würde, durch einen Wahlsieg allein an die Regierung zu kommen. Daher bedauerte er es, daß Hitler durch seine Maximalforderung nach der Reichskanzlerschaft der NSDAP die Möglichkeit verbaut hatte, an einem Kabinett Papen teilzunehmen, als die Verhandlungsposition der Partei nach dem Wahlsieg im Sommer am stärksten gewesen war. Da er die Verhältnisse an der Parteibasis kannte, sah er eine zunehmende Demoralisierung und wachsende Finanzprobleme voraus, falls die einfachen Aktivisten für ihre Arbeit nicht bald damit belohnt würden, daß die Partei zumindest an der Regierung beteiligt wurde. Er befürchtete katastrophale Verluste, sollte eine weitere Konfrontation mit dem Kabinett zu einer Reichstagsauflösung und vorgezogenen Neuwahlen führen. Schleicher, der von Strassers Befürchtungen über Mittelsmänner erfuhr, versuchte ihn in sein Kabinett einzubinden. Dabei ging es ihm allerdings nicht um eine Spaltung der nationalsozialistischen Bewegung, wie manche Beobachter annahmen, sondern darum, den Rückhalt der gesamten Partei zu gewinnen.

Am 4. Dezember, einen Tag nach seinem Amtsantritt, traf sich Schleicher heimlich mit Strasser in Berlin. Keiner von beiden ließ etwas über den Inhalt der Gespräche verlauten, aber einige Indizien deuten darauf hin, daß Schleicher einen sorgfältig ausgearbeiteten Plan verfolgte,[48] dessen Kernstück das Amt des preußischen Ministerpräsidenten war. Durch die Stimmengewinne von Nationalsozialisten und Kommunisten bei den dortigen Landtagswahlen im April hatte die preußische Landesregierung unter Otto Braun, einem prominenten Sozialdemokraten, der die Geschicke des großen Landes mit kurzen Unterbrechungen seit Anfang der Weimarer Republik gelenkt hatte, ihre Mehrheit verloren. Da sich die Parteien auf kein nachfolgendes Kabinett einigen konnten, blieb die Regierung Braun für eine Übergangszeit im Amt, bis sie im Juli – mit Schleichers Billigung – durch die Regierung Papen schließlich entmachtet wurde. Im Spätherbst zeichnete sich in Preußen ein Ausweg aus der verfahrenen Situation ab, und zwar durch Bildung eines neuen Kabinetts aus einer mehrheitsfähigen Koalition von NSDAP und Zentrum. Als Ministerpräsident dieses Kabinetts war häufig Strasser im Gespräch, da man davon ausging, daß er für die Katholiken akzeptabel sei. Wenn er preußischer Ministerpräsident wurde, konnte Schleicher ihm anbieten, die preußische Regierungsgewalt wiederherzustellen. Als Bedingung dafür sollte Strasser dann auch in die Reichsregierung eintreten. Diese Übereinkunft hätte die Spannungen zwischen der preußischen Regierung und der Reichsregierung aufgelöst und die Reibereien beseitigt, die zur Absetzung der Regierung Braun geführt hatten. Zugleich würde es für die NSDAP schwierig oder sogar unmöglich sein, gegen ein Kabinett unter Schleicher zu opponieren, wenn ihm einer ihrer prominentesten Führer angehörte.

Doch Hitler machte Schleicher rasch einen Strich durch die Rechnung.[49] Er bestand darauf, den Posten des preußischen Ministerpräsidenten statt mit Strasser mit Hermann Göring, seinem ergebenen Vertrauten, zu besetzen. Der allerdings war für die Katholiken wie für Schleicher unannehmbar. Um ihr weiteres Vorgehen zu planen, trafen die Führer der NSDAP am 5. Dezember, am Vorabend der Eröffnungssitzung des neuen Reichstages, in Berlin zusammen. Am Vortag hatte die Partei einen weiteren herben Rückschlag erlitten, diesmal bei den Kommunalwahlen in Thüringen.[50] Sie hatte gegenüber den Reichstagswahlen vom Juli fast 40 Prozent und gegenüber dem schlechteren Ergebnis vom November fast ein Viertel der Stimmen eingebüßt. Als vierte Niederlage bei Kommunalwahlen nach der katastrophalen Reichstagswahl vom November war das Debakel in Thüringen ein untrügliches Anzeichen dafür, daß die Partei bei der Wählerschaft rasch an Boden verlor.[51]

Da der Stern der NSDAP im Sinken war, sprach sich Strasser auf dem Treffen der NSDAP-Führer am 5. Dezember für eine Zusammenarbeit mit dem Kabinett Schleicher aus.[52] Er berief sich darauf, daß der neue Reichskanzler mit der Auflösung des neuen Reichstages gedroht habe, wenn er sich einer feindlichen Mehrheit gegenübersehe. Für die NSDAP hätte dies den dritten kostspieligen Wahlkampf auf Reichsebene innerhalb eines halben Jahres bedeutet, und weitere schwere Verluste waren zu erwarten. Von Strassers Argumenten unbeeindruckt, hielt Hitler an einer kompromißlosen Opposition fest, solange er nicht selbst Reichskanzler wurde. Im Anschluß an das Treffen der NSDAP-Führer trug Hitler seine Position auf einer Sitzung nationalsozialistischer Reichstagsabgeordneter vor. Mit versteinertem Gesicht hörte Strasser, wie Hitler einen Kompromiß als Angriff auf die Ehre der Partei brandmarkte. Die Nationalsozialisten lehnten demokratische

Vorgehensweisen als undeutsch ab und fällten Entscheidungen nicht per Mehrheitsbeschluß. Am Ende der Wahlversammlung war jedoch klar, daß kein Abgeordneter dazu bereit war, dem Parteiführer zu widersprechen. Selbst Strassers Sympathisanten beugten sich Hitlers Willen. Man kam überein, Zeit zu gewinnen, indem man auf ein sofortiges Kräftemessen mit der Regierung Schleicher verzichtete und in eine vorgezogene Weihnachtspause des neuen Reichstages einwilligte. Doch blieb die Führungsriege der Partei auf Hitlers kompromißlosen Kurs eingeschworen.

Als der neue Reichstag am 6. Dezember 1932 zusammentrat, sah sich Schleicher, der nicht wußte, wie sehr Strasser durch Hitler in Bedrängnis geraten war, durch das Verhalten der NSDAP ermutigt.[53] Bei der Eröffnung der Sitzung votierten die nationalsozialistischen Abgeordneten gegen einen Antrag der Kommunisten, ein Mißtrauensvotum ganz oben auf die Tagesordnung zu setzen. Dann stimmten sie einer verkürzten Tagesordnung zu, die dem Parlament nach nur vier Tagen den Burgfrieden einer Sitzungspause von unbestimmter Dauer ermöglichte. Das Kabinett Schleicher erhob keine Einwände gegen die wenigen Gesetzesvorlagen auf der Tagesordnung, darunter eine Amnestie für politische Gewalttäter und die Rücknahme einer Notverordnung, mit der die Regierung Papen besonders die Arbeiterschaft gegen sich aufgebracht hatte. Am 7. Dezember prophezeite Schleicher seinen Ministern zuversichtlich, die NSDAP werde keine Opposition betreiben.[54] Er stellte eine Reichstagsmehrheit aus einer Koalition von Nationalsozialisten, den beiden katholischen Parteien und einer Gruppe von Splitterparteien in Aussicht, die dem Kabinett beim Regieren mit Notverordnungen freie Hand lassen würde. Diese Konstellation hätte dem Arrangement entsprochen, mit der der frühere Reichskanzler Brüning zwei Jahre lang regiert hatte, freilich mit dem grundlegenden Unterschied, daß sich Brüning damals auf die Tolerierung der Sozialdemokraten hatte stützen können, während Schleicher jetzt vorhatte, sich auf die Nationalsozialisten zu stützen.

Am 8. Dezember, einen Tag nach Schleichers optimistischer Prophezeiung, überraschte Georg Strasser Hitler mit einem Brief, in dem er seinen Rücktritt als Reichsorganisationsleiter der NSDAP erklärte.[55] Als unmittelbaren Grund gab er Hitlers Widerstand gegen seine Bemühungen an, die Organisation der nationalsozialistischen Regionalverbände zu straffen.[56] Zugleich ließ er durchblicken, er sei nicht mehr bereit, Hitlers Strategie des Alles-oder-nichts mitzutragen, die ein Chaos heraufbeschwöre. Es sei Zeit, sich in einer breit angelegten, konstruktiven nationalen Front an der Macht zu beteiligen. Gleichwohl beteuerte Strasser Hitler seine Loyalität zur Partei; er gedenke nicht, zur innerparteilichen Opposition aufzurufen. Um solchen Erwartungen entgegenzutreten, kündigte er seine Abreise aus Berlin und einen Aufenthalt im Ausland an. An seinen Versicherungen kamen allerdings Zweifel auf, als Hitler erfuhr, daß Strasser vor Absendung des Briefes an ihn auf einem Treffen hochrangiger Funktionäre der NSDAP seine Strategie des Alles-oder-nichts kritisiert und vor einem Zusammenbruch der Partei gewarnt hatte, falls man abwarte, bis ihr Führer das Amt des Reichskanzlers zu seinen Bedingungen übernehme.[57] Nur Stunden später erhielt Hitler einen ähnlichen Brief von einem zweiten prominenten Nationalsozialisten, dem Wirtschaftstheoretiker Gottfried Feder, der Hitlers Entschluß, in die Politik einzutreten, 1919 beeinflußt hatte.[58] Die vielbeschworene Einheit, ein Schlüsselelement beim Erfolg des Nationalsozialismus, schien zu bröckeln.

Hitler reagierte darauf mit einer seltenen Bestürzung. Da er zur gleichen Zeit Berichte gehört hatte, wonach Schleicher Strasser bei einem Geheimtreffen den Posten des Vizekanzlers angeboten hatte, befürchtete er, die Gerüchte, daß sein vormaliger Stellvertreter ins Kabinett eintreten und die Partei durch Mitnahme seiner Anhänger spalten wolle, könnten sich als wahr herausstellen. »Wenn die Partei einmal zerfällt«, vertraute er seinem späteren Propagandaminister Goebbels erschüttert an, »mache ich in drei Minuten mit der Pistole Schluß«.[59] Auf einer noch am selben Tag einberufenen Versammlung der Parteifunktionäre, vor denen Strasser seine Strategie kritisiert hatte, appellierte er leidenschaftlich an die Loyalität der Anwesenden.[60] Für den Fall ihres Ungehorsams drohte er mit Selbstmord.

Dieser melodramatische Auftritt beendete alle Unentschlossenheit, die Strasser unter den hochrangigen Nationalsozialisten ausgelöst haben mochte. Einstimmig versicherten die Funktonäre Hitler ihrer Treue. So gestärkt, brachte Hitler die Reichstagsabgeordneten der NSDAP am Nachmittag des 8. Dezember mit einer ähnlich leidenschaftlichen Rede auf Kurs.[61] Im Bemühen, Spekulationen über ein Auseinanderbrechen der Partei zu zerstreuen, gab er eine Presseerklärung mit der Ankündigung heraus, er habe Strasser auf dessen Bitte hin drei Wochen Genesungsurlaub erteilt.[62] Zu Hitlers Erleichterung gab es keine weiteren Rücktritte. Strasser reiste, wie in seinem Brief angekündigt, nach Norditalien ab.[63] Für den Rest des Jahres hielt er sich von der Öffentlichkeit fern und verzichtete auf jedwede politische Aktivität. Der im Stich gelassene Gottfried Feder kehrte nach einem öffentlichen Widerruf in den Schoß der Partei zurück.[64] Hitler trat persönlich Strassers Nachfolge als Reichsorganisationsleiter an und besetzte die Schlüsselpositionen im Parteiapparat mit ihm absolut ergebenen Leuten. Zur Hebung der Moral eilte er durch das Land und sprach vor Versammlungen von NSDAP-Funktionären.[65]

Obwohl sich Hitlers schlimmste Befürchtungen nicht erfüllt hatten, war Strassers Rücktritt eines von vielen Zeichen dafür, daß der Stern des künftigen Diktators Ende 1932 im Sinken begriffen war. Wegen seines bedingungslosen Anspruchs auf das Amt des Reichskanzlers war die Macht, die im Sommer angesichts der noch nie dagewesenen Stärke der Partei greifbar nahe schien, jetzt wieder in weite Ferne gerückt. Die schweren Verluste bei den Urnengängen seither zeigten, daß bei den Wählern, die Hitler zu einem wichtigen politischen Faktor gemacht hatten, die Enttäuschung wuchs. Reichskanzler war jetzt ein General, ein langzeitiger Vertrauter Hindenburgs, des eigentlichen starken Mannes im Staat. Und Hindenburg begegnete Hitler mit ausgesprochener Abneigung und hatte ihm die Reichskanzlerschaft zweimal kategorisch verweigert.

Verstärkt wurden Hitlers Sorgen dadurch, daß die Talsohle der Wirtschaftskrise, der er seinen Aufstieg verdankte, allmählich durchschritten war. Seit Frühjahr war der Wert von Aktien und Pfandbriefen an der Frankfurter Börse um über 30 Prozent gestiegen. »Der Konjunkturabschwung wurde beendet«, konstatierte Deutschlands angesehenstes Wirtschaftsforschungsinstitut Ende 1932, »und jene Talsohle erreicht, nach deren Durchquerung ein neuer Anstieg, der Konjunkturaufschwung, beginnen kann.«[67] »Land!« verhieß die Schlagzeile im Wirtschaftsteil der Neujahrsausgabe der *Frankfurter Zeitung*.[68] Zum Jahresbeginn 1933 schien Hitler politisch isoliert. Nach einem Jahr fieberhafter politischer Aktivität konnte er kein greifbares Ergebnis vorweisen. Bei den deutschen Wählern hatte seine Partei ständig an Boden verloren. Er hatte insgesamt einen Tiefpunkt erreicht, der den Optimismus, der aus den Leitartikeln der demokratischen Journalisten zum Neujahr sprach, zu rechtfertigen schien. Wie Goebbels in seinem Tagebuch bedrückt vermerkte: »Das Jahr 1932 ist eine einzige Pechsträhne.«[69]

2

Eine Verschwörung gegen den Reichskanzler

Am Abend des Neujahrstages 1933 wohnte Adolf Hitler im Münchner Hoftheater einer Aufführung von Richard Wagners Oper *Die Meistersinger von Nürnberg* unter Stabführung des berümten Hans Knappertsbusch bei.[1] Hitler war von Jugend an ein leidenschaftlicher Wagnerianer, der von den Opern des Komponisten nicht genug bekommen konnte. Er machte dadurch später die Familie Wagner auf sich aufmerksam, die ihn als eine Art politisches Maskottchen bei den Bayreuther Festspielen willkommen hieß. In einem Land, das auf sein musikalisches Erbe mit Recht stolz war, verlieh dieser Bund dem NSDAP-Führer eine Aura besonderer Kultiviertheit, wie deutsche Politiker sie bislang nur selten besessen hatten. Seine Begeisterung für Wagners Opern verschaffte Hitler am Anfang seiner politischen Laufbahn auch Zugang zu wohlhabenden reaktionären Kreisen in München, die der Kunst zugetan waren. Bei gesellschaftlichen Ereignissen im Haus dieser Förderer lernte er, wie er sich in der feinen Gesellschaft zu benehmen und bei offiziellen Anlässen zu kleiden hatte. Indem er sich unter die Bildungselite der bayrischen Hauptstadt mischte, verschaffte er sich die Umgangsformen, mit denen er für viele Deutsche trotz seiner einfachen Herkunft und seiner geringen Schulbildung als möglicher Kandidat für hohe politische Ämter gelten konnte.

Nach der Aufführung der *Meistersinger* nahm Hitler an einer Neujahrsfeier bei einem seiner wohlhabenden Förderer teil, dem Münchner Kunsthändler Ernst »Putzi« Hanfstaengl, einem Absolventen des Harvard College, der aktives Mitglied der NSDAP geworden war. Hitler war der Ehrengast, während Hanfstaengl die anderen Gäste offenbar ihm zur Freude eingeladen hatte. Anwesend waren unter anderem zwei seiner derben Begleiter, die ihm als Leibwächter und Faktotum dienten, sein persönlicher Fotograf Heinrich Hoffmann und sein Parteisekretär Rudolf Hess, der von seiner Frau begleitet wurde. Zur Abrundung der Gesellschaft hatten Hanfstaengl und seine Frau noch einige junge alleinstehende Damen eingeladen, da sie Hitlers Vorliebe für attraktive, aber bescheidene Angehörige des anderen Geschlechts kannten. Unter ihnen war Eva Braun, die kecke, blonde Assistentin in Hoffmanns Studio, die später die Geliebte des Diktators werden und ihn wenige Stunden vor ihrem gemeinsamen Selbstmord im April 1945 heiraten sollte. Hanfstaengls Gesellschaft lauschte zum Kaffee am Kamin einem Klavierkonzert Rachmaninoffs aus dem Grammophon und plauderte bis in die frühen Morgenstunden; Hitler trug eine Kritik an Knappertsbuschs Interpretation der soeben gehörten Wagneroper bei. Hanfstaengl erinnerte sich später, wie Hitler sich beim Gehen ins Gästebuch eintrug: Er sah »mich an und sagte mit unterdrückter Erregung: ›Dieses Jahr gehört uns. Das gebe ich Ihnen schriftlich.‹«[2]

Im Januar 1933 war der dreiundvierzigjährige Hitler ein recht wohlhabender Mann.[3] Dank der Tantiemen aus dem Verkauf seines Bestsellers *Mein Kampf* verfügte er über ein beträchtliches Einkommen, das noch durch Zuwendungen wohlhabender Gönner aufgebessert wurde. Er bewohnte eine große, komfortable Stadtwohnung in einem eleganten Münchner Viertel. Das Hauptquartier der einst völlig unbekannten Partei, in die er als ehemaliger Gefreiter eines bayrischen Freiwilligenregimentes eingetreten war, lag jetzt in einem großzügig ausgestatteten Prachtbau im Stil der Neorenaissance im Zentrum der »Hauptstadt der Bewegung«, wie die Nationalsozialisten München nannten. Er reiste in einem teuren Mercedes-Benz mit eigenem Chauffeur. Seine häufigen Urlaube verbrachte er in einem malerischen Landhaus, das er in den bayrischen Alpen besaß. Bei seinen zahlreichen, oft längeren Besuchen in Berlin residierte er mit seinem Gefolge im feudalen Hotel Kaiserhof im Zentrum der Hauptstadt, nur einen halben Häuserblock von der Reichskanzlei entfernt. Da Hitler keine festen Verpflichtungen hatte, führte er geradezu das müßiggängerische Leben eines Bohemiens. Er stand selten vor Mittag auf und verbrachte anschließend viel Zeit bei Kaffee und Kuchen in eleganten Cafés, wo er sich mit sklavisch ergebenen Gefolgsleuten und glühenden Bewunderern umgab. Die Abende verbrachte er häufig gut plaziert in der Oper oder als Ehrengast im Hause eines reichen Bewunderers wie Hanfstaengl. Kurz, er führte ein sorgloses und luxuriöses Leben, von dem die meisten Zeitgenossen im krisengeschüttelten Deutschland nur träumen konnten.

Trotz der Rückschläge von 1932 war Hitler am Anfang des Jahres nach wie vor eine politische Kraft von großer Bedeutung. Seine Partei stellte auch nach den schweren Verlusten bei der Wahl vom November noch die stärkste Fraktion im Reichstag und stützte sich auf die kämpferischen Verbände der SA. Wiederholt waren Hitler und anderen Parteimitgliedern hohe Regierungsämter angeboten worden, die ihnen großen Einfluß auf die Politik sichern würden. Er brauchte dazu nur seinen Anspruch auf das Amt des Reichskanzlers aufzugeben und die Macht mit den Konservativen zu teilen, die Reichspräsident von Hindenburg mit der Regierungsverantwortung betraut hatte.

Doch die Macht zu teilen kam für Hitler nicht in Frage. Im Unterschied zu anderen Politikern war er ein Fanatiker, durchdrungen von einem grandiosen Sendungsbewußtsein. Er sah sich zu nichts Geringerem als dem künftigen Schöpfer eines radikal neuen Deutschlands berufen. Und um diese gewaltige Mission erfüllen zu können, brauchte er die durch keinerlei Kompromisse eingeschränkte Macht. Von der Zeit seines Beitritts zur winzigen nationalsozialistischen Bewegung 1919 bis zu seinem Selbstmord ein Vierteljahrhundert später war Hitler von dem Gedanken besessen, einer Bestimmung folgen zu müssen. Fast ohne Privatleben, sublimierte er alle Triebe, wie sie andere Menschen haben, zu dem monomanischen Streben nach Erfüllung einer Aufgabe, die er unerschütterlich als sein von der Vorsehung bestimmtes persönliches Schicksal betrachtete. Unfähig zu jeder von seiner Zukunftsvision abweichenden Sicht, ging Hitler, wie er selbst sagte, mit »traumwandlerischer Sicherheit [seinen] Weg« durchs Leben.[4]

Hitlers Vision von Deutschlands Zukunft entsprang den nebulösen geistigen Strömungen des 19. Jahrhunderts.[5] Als Autodidakt, der in müßigen Jugendjahren in Wien und München zahlreiche Zeitungen und billige, populärwissenschaftliche Veröffentlichungen verschlungen hatte, beeindruckte er später viele besser Gebildete durch sein breites Wissen vor allem in Geschichte. Er hatte ein gutes Gedächtnis und einen lebhaften Verstand, der aber weder durch systematische Analyse noch durch Selbstkritik diszipliniert wurde. Als Folge nahm er viele der damals kursierenden pseudowissenschaftlichen Klischees kritiklos auf und verarbeitete sie zu einer Weltanschauung, die sein Denken bis zum Ende beherrschen sollte. In ihr mischten sich der Sozialdarwinismus mit seiner Lehre vom Überlebenskampf und die rassistische Vorstellung, daß die Menschheit in Völker zerrissen sei, die einander als unversöhnliche Feinde gegenüberstanden. Für Hitler war die Welt ein Dschungel, in dem das Recht des Stärkeren galt und Rassen entweder stärker wurden und herrschten oder schwächer wurden und untergingen. Der Überlebenskampf zwischen den Rassen war ein Diktat der Natur, das die Weiterentwicklung der Art sicherte. Der Krieg war nicht nur unvermeidlich, sondern ein edles Ziel.

Hitler hatte keine Zweifel, welche Volksgruppe aus dem erbitterten Kampf ums Überleben als Sieger hervorgehen würde. Durchdrungen von falschen ethnologischen Lehren, wie sie in Mitteleuropa damals populär waren, sah er in den Deutschen die Vertreter einer »arischen Herrenrasse«, die ihrer hohen Bestimmung nur dann gerecht wurde, wenn sie minderwertige Völker aus dem Weg räumte und vernichtete. Am gefährlichsten waren seiner Überzeugung nach die Juden, die die deutsche Gesellschaft unterwanderten und von innen heraus zersetzten. Deutschland war zum Untergang verurteilt, wenn es die artfremde und schwächende Lehre der Demokratie annahm, die Juden als vollwertige Bürger anerkannte und in der Politik den unwissenden Massen die Macht einräumte. Nicht minder verderblich war der Einfluß des Marxismus, der das deutsche Volk schwächte, indem er es in feindliche Klassen spaltete. Das Ziel des Nationalsozialismus bestand somit in der Einigung der deutschen Nation unter einer neuen, reinrassigen Elite unter Führung Hitlers, die ihren Anspruch auf unumschränkte Herrschaft dadurch verwirklichte, daß sie alle anderen politischen Kräfte ausschaltete und die demokratische Republik zerstörte. Nach der Eliminierung aller schwachen Elemente würde die neue Führung das Land ethnisch säubern, sich durch einen totalen Krieg zum Herrscher Europas machen und in den fruchtbaren Regionen Rußlands »Lebensraum« erobern, der Deutschlands Wachstum im nächsten Jahrtausend sichern sollte.

Seit Anfang der dreißiger Jahre verzichtete Hitler darauf, seine vom Größenwahn diktierten Pläne öffentlich zu verkünden, obwohl sie in seinem schwülstigen Buch *Mein*

Kampf nachzulesen waren, das allerdings nur die wenigsten deutschen Politiker kannten. Nach seinem gescheiterten Putschversuch 1923 nutzte Hitler die weitreichenden bürgerlichen und politischen Freiheiten der demokratischen Weimarer Verfassung dazu, um an die Macht zu kommen und die Demokratie zu beseitigen. Um möglichst viele Wähler zu gewinnen, hielt er sich mit Äußerungen über seine wahren politischen Ziele zurück. Er gab vor, die Macht auf verfassungstreuem Weg anzustreben und dämpfte sogar seinen glühenden Antisemitismus. Statt dessen knöpfte er sich die demokratischen Parteien der Weimarer Republik vor: Sie hätten das deutsche Volk an den Marxismus und die Sieger des Ersten Weltkrieges verraten, die dem Land den Versailler Vertrag aufgezwungen hätten.

Hitler hatte 1930 begriffen, daß er sein Ziel nicht gegen eine Opposition sämtlicher politischer Kräfte des Landes erreichen konnte. Er versuchte deshalb den deutschen Generalstab zu beruhigen, indem er die starke Kampftruppe seiner Partei, die SA, seiner persönlichen Kontrolle unterstellte und die ehrgeizigen Pläne ihrer Führer hintertrieb, die Reichswehr zu unterwandern und schließlich zu übernehmen. Zugleich versuchte er bei anderen rechten Kräften die Feindschaft gegen die Weimarer Republik zu schüren. Die Wählerschaft der Nationalsozialisten wuchs, und sie zogen in verschiedene Landesregierungen ein, indem sie Koalitionen mit Konservativen eingingen. Von Hitlers Standpunkt aus waren diese Bündnisse freilich unbefriedigend. Die Partei blieb von Koalitionspartnern abhängig, die ihren Einfluß auf personelle und politische Entscheidungen einschränkten und sie durch Entzug der Unterstützung aus den Regierungsämtern jagen konnten. Auch andere Bemühungen um Verbündete endeten enttäuschend, vor allem wegen Hitlers kompromißlosem Anspruch auf die Führungsrolle.

Doch Hitler ließ sich von solchen Rückschlägen nicht entmutigen. Auch wenn es Krisen gab, wie zum Beispiel beim Rücktritt seines ersten Stellvertreters Georg Strasser im Dezember 1932, verlor er niemals seine Überzeugung, daß er zum unumschränkten Herrscher Deutschlands berufen sei. In seinem rastlosen Streben nach der Macht wurde er zudem angetrieben von einem Gefühl der Zeitnot, von einer chronischen, hypochondrischen Angst, daß er nicht lange genug leben könnte, um seine historische Mission zu erfüllen. »Ich habe keine Zeit zu warten«, erklärte er einem Anhänger. »Ich muß in Kürze an die Macht kommen, um die gigantischen Aufgaben in der mir verbleibenden Zeit lösen zu können. Ich muß! Ich muß!«[6] Die vielen Versuche, Hitlers Mentalität im Rückblick zu verstehen, haben zu einer verwirrenden Vielfalt weniger überzeugender und widersprüchlicher Deutungen geführt. Doch was auch immer die Triebkräfte seines Denkens gewesen sein mögen, sein gesamtes politisches Leben hindurch trieb ihn die unerschütterliche Überzeugung voran, daß sich die Wirklichkeit seinem Willen schließlich beugen würde. Er sah sich als Werkzeug des Schicksals.

Trotz der Rückschläge 1932 war Hitler trotzig entschlossen, an seinem Kurs des Alles-oder-nichts auch im neuen Jahr festzuhalten. Die letzten Dezembertage verbrachte er an seinem alpinen Rückzugsort, wo er eine Erklärung zum neuen Jahr diktierte, die er anschließend Joseph Goebbels und anderen Vertrauten vorlas, um ihre Reaktionen zu testen. Vordringlich ging es ihm dabei um eine Rechtfertigung seiner Strategie des Alles-oder-nichts, wegen der er jetzt, Ende 1932, mit leeren Händen dastand. Mit dem scharfen Blick, der ihn zu einem so gefährlichen politischen Taktiker machte, analysierte Hitler die Motive des Reichspräsidenten, der ihm im November die Kanzlerschaft unter der Bedingung angeboten hatte, daß er im Reichstag eine mehrheitsfähige Koalition zustande brachte:

»Wir kennen unsere Gegner und kennen ihre Gedanken: ›Man beteilige die Partei an der Regierung, belaste sie mit Verantwortung, aber verhindere, daß sie wirklich mitbestimmen könne‹ ... Denn wenn unsere Gegner uns einladen, in solcher Art an einer Regierung teilzunehmen, dann tun sie es nicht in der Meinung, uns damit langsam und allmählich die Macht zu geben, sondern in der Überzeugung, sie uns damit für immer zu entwinden.«[7]

In seiner Erklärung ließ Hitler keinen Zweifel daran, daß er denselben Kurs im neuen Jahr beibehalten wollte, denn »jeder Kompromiß hier [trägt] den Keim der Vernichtung der Partei und damit der deutschen Zukunft in sich«. Er sei »gerade heute auf das Äußerste entschlossen, das Recht der Erstgeburt unserer Bewegung nicht für das Linsengericht der Beteiligung an einer Regierung ohne Macht zu verkaufen«. Ohne Georg Strasser namentlich zu erwähnen, verglich er die Mitglieder der NSDAP, die sich für eine Beteiligung an der Macht aussprachen, mit den »inneren Verrätern«, die den Deutschen am Ende des Ersten Weltkrieges weisgemacht hätten, sie könnten von einem heimtückischen Feind eine gerechte Friedensordnung erwarten. Als Ergebnis habe man den Versailler Vertrag aufgezwungen bekommen. Goebbels, der die kompromißlose Strategie seines Führers voll und ganz unterstützte, rühmte die Erklärung in seinem Tagebuch: »Scharf gegen die Defaitisten ... Kampf bis aufs Messer ... Radikal bis zum Äußersten.«[8]

Obwohl Hitlers herausfordernde »Kampfbotschaft für 1933« die erste Seite des *Völkischen Beobachters* beherrschte, des Parteiblattes der NSDAP, waren die Nationalsozialisten zu einem Kräftemessen mit dem Kabinett Schleicher noch nicht bereit. Deutlich wurde dies am 4. Januar, als der Ältestenrat des Reichstages über die Einberufung des Plenums entscheiden sollte.[9] Schleichers Staatssekretär in der Reichskanzlei Erwin Planck, der für das Kabinett an der Sitzung teilnahm, gab sich selbstbewußt. Die Regierung sei bereit, jederzeit vor den Reichstag zu treten und ihre Politik zu erläutern. Sie erwarte dann eine Klärung der politischen Situation durch die Kammer und werde sich einer weiteren Vertagung vor einer Abstimmung über Mißtrauensanträge widersetzen. Als Antwort auf diese Provokation stellten die Sprecher der Kommunisten und der Sozialdemokraten Anträge, die Sitzungsperiode des Reichstages schon in der folgenden Woche zu eröffnen. Beide Parteien hatten bereits erklärt, ein Mißtrauensvotum zu befürworten, sie waren also entschlossen, das Kabinett zu stürzen. Dagegen hatten die Sprecher der NSDAP kein Interesse an einem baldigen Kräftemessen. Sie schlugen vor, die Entscheidung, wann der Reichstag einberufen werden sollte, dem Reichstagspräsidenten Hermann Göring zu überlassen, ein Vorschlag, der erwartungsgemäß von keiner anderen Partei unterstützt wurde.

Der Grund, warum die Nationalsozialisten nicht auf eine rasche Einberufung des Reichstages drängten, schien Beobachtern außerhalb der Partei offensichtlich: Bei einer baldigen Einberufung waren Mißtrauensanträge zu erwarten, und die NSDAP hätte sie nach ihrer vernichtenden Kritik am Kabinett Schleicher unterstützen müssen, um ihre Glaubwürdigkeit nicht vollends zu verlieren. Wenn der Reichskanzler dann erwartungsgemäß den im November gewählten Reichstag auflösen und Neuwahlen anberaumen würde, mußten die Nationalsozialisten mit weiteren schmerzhaften Verlusten rechnen. Um diese möglichst abzuwenden, enthielten sich die Sprecher der NSDAP im Ältestenrat bei der Abstimmung über die Anträge der Kommunisten und der Sozialdemokraten der Stimme, so daß beide keine Mehrheit fanden. Die Situation klärte sich schließlich, als die Sprecher der beiden Linksparteien den Antrag der Deutschen Zentrumspartei unterstützten, das

Parlament zum 24. Januar einzuberufen. Bedingung war dabei, daß der Ältestenrat am 20. Januar noch einmal zusammentreten würde, um sich erneut mit diesem Tagesordnungspunkt zu befassen.

Am selben Tag, dem 4. Januar, traf Hitler frühmorgens zusammen mit anderen prominenten Führern der NSDAP mit dem Nachtzug aus München in Bonn ein.[10] Hitlers Pressechef Otto Dietrich war ratlos. Nach seinen Informationen hatte der Führer die Reise angetreten, weil er im Landtagswahlkampf des kleinen Landes Lippe auftreten wollte; Lippe lag allerdings deutlich nordöstlich von Bonn und wäre auf einer anderen Eisenbahnlinie bequemer zu erreichen gewesen. Am Bonner Hauptbahnhof wurde die Reisegruppe von Hitlers Chauffeur mit dem großen Mercedes erwartet und dann zum Frühstück ins Hotel Dreesen im nahen Bad Godesberg gefahren, wo Hitler gerne abstieg. Anschließend wurde Hitler, der von seinen Plänen nichts verriet, mit drei Begleitern von einem zweiten Wagen mit zugezogenen Vorhängen abgeholt. Dietrich und die anderen, die Hitlers Reiseziel nicht kannten, fuhren weisungsgemäß mit seiner Limousine nach Norden weiter, bis zu einem Haltepunkt an einer Straße drei Kilometer nördlich von Köln, wo sie auf den Führer warten sollten.

Am Nachmittag traf Hitler mit seinen drei Begleitern in dem verhangenen Wagen am vereinbarten Treffpunkt ein. Dem Gespräch auf der Weiterfahrt nach zu schließen, berichtete Otto Dietrich später, sei wahrscheinlich ein Treffen mit einem wichtigen Politiker der Grund für Hitlers Geheimniskrämerei gewesen. Tatsächlich sollte dieses Treffen landesweit für eine Sensation sorgen, denn der fragliche Politiker war wenige Monate zuvor noch Zielscheibe giftigster Angriffe der NSDAP gewesen: Es war Ex-Reichskanzler Franz von Papen.

Papen war von seiner Herkunft her an sich kein aussichtsreicher Kandidat für eine wichtige Rolle in der hohen

Politik.[11] Als Abkömmling einer ehrwürdigen, aber unbedeutenden katholischen Adelsfamilie aus Westfalen hatte er wie vor ihm sein Großvater und sein Vater zunächst die militärische Laufbahn eingeschlagen. Als exzellenter Reiter, der in Jagdrennen glänzte, diente Papen als Offizier der Kavallerie, bevor er in die Berliner Militärakademie eintrat und 1913 in den Generalstab aufgenommen wurde. Während seiner militärischen Laufbahn schloß er Freundschaft mit seinem drei Jahre jüngeren Offizierskollegen Kurt von Schleicher. Durch familiäre Beziehungen lernte Papen seine zukünftige Frau kennen, die Tochter eines erfolgreichen Fabrikanten, dessen Wohlstand es dem jungen Offizier ermöglichte, weite Reisen zu unternehmen und fließend Englisch und Französisch zu lernen. 1914, kurz vor Ausbruch des Ersten Weltkrieges, kam Papen als Militärattaché an die Deutsche Botschaft nach Washington D.C. Eine gewisse Berühmtheit erlangte er dadurch, daß er ein Jahr später aus den Vereinigten Staaten ausgewiesen wurde: Man warf ihm Mitwirkung an Versuchen vor, Streiks unter aus Deutschland und Österreich stammenden Arbeitern von Firmen zu organisieren, die Rüstungsgüter nach England und Frankreich lieferten. Im Krieg diente er an der Westfront und in deutschen Verbänden, die gemeinsam mit Türken gegen die Briten in Palästina kämpften. Bei Kriegsende war er Major.

Nach der Revolution 1918/19 schloß sich Papen der reaktionären, agrarischen Minderheit des Zentrums an, die sich gegen eine Beteiligung der Partei an Regierungskoalitionen mit den Sozialdemokraten wandte. Von 1921 bis 1928 und dann nochmals von 1930 bis April 1932 vertrat er im preußischen Landtag einen ländlichen Wahlkreis in Westfalen.

Mit Unterstützung finanzkräftiger katholischer Adliger wurde er Aufsichtsratsvorsitzender des in Berlin erscheinenden Parteiblatts des Zentrums, *Germania*. In der Hauptstadt verkehrte er in Adelskreisen, spielte aber keine wichtige politische Rolle, bis Schleicher ihm im Juni 1932 die Ernennung zum Reichskanzler verschaffte. Als er das Amt ohne Einwilligung der Führung des Zentrums übernahm, kam es zum Bruch mit der Partei, und er konnte sich in der Folge auf keine Partei mehr stützen.

In seinen Memoiren schrieb der französische Botschafter André François-Poncet zur Reaktion auf die Nachricht, daß Papen zum deutschen Reichskanzler ernannt worden sei: »Man wollte es nicht glauben, und als die Neuigkeit dann bestätigt wurde, lachten oder lächelten alle.«[12] Den neuen Reichskanzler von Papen beschrieb der Botschafter, der ihn persönlich kannte, auf vielsagende Weise so: »Papen zeichnet sich durch die Besonderheit aus, daß ihn weder seine Freunde noch seine Feinde ganz ernst nehmen. Er trägt im Gesicht den Stempel eines unverbesserlichen Leichtsinns, den er nicht loswerden kann. Im übrigen ist er keine herausragende Persönlickeit... Er gilt als oberflächlich, konfus, hinterhältig, ehrgeizig, eitel, durchtrieben und intrigant. Eine Qualität besitzt er immerhin: Kühnheit, Dreistigkeit, eine liebenswerte Dreistigkeit, die ihm selbst gar nicht bewußt scheint. Er gehört zu jenen, die man nicht dazu herausfordern sollte, sich in ein gefährliches Abenteuer zu stürzen, denn sie nehmen alle Herausforderungen, alle Wetten an. Wenn er Erfolg hat, hat er seine helle Freude, bei einem Mißerfolg zieht er sich mit einer Pirouette aus der Affäre.«

Der Schweizer Gesandte schrieb nach seiner ersten Begegnung mit Reichskanzler von Papen im November 1932: »Ich verließ Herrn von Papen mit dem Empfinden, einen wirklich flotten Mann gesprochen zu haben, der jedenfalls nicht schuld daran sein kann, wenn man sich mit ihm langweilt. Ob dies der Hauptzug des Mannes sein muß, der heute in Deutschland regieren soll, ist allerdings eine andere Frage.«[13] Nach einer Unterredung mit Papen im Januar 1933 drückte der britische Botschafter Sir Horace Rumbold »die Verwunderung eines Beobachters« aus, »daß die Geschicke dieses großen Landes, wenn auch nur für kurze Zeit, in den Händen eines solchen Leichtgewichtes gelegen haben«.[14] Der spätere Bundeskanzler Konrad Adenauer, der Papen Anfang der Zwanziger als Parteigenossen des Zentrums kennenlernte, erinnerte sich später: »Ich habe ihm immer mildernde Umstände in meinem Urteil über ihn zugebilligt wegen seiner abnormalen Beschränktheit.«[15]

Trotz dieser wenig schmeichelhaften Einschätzungen machte Papen in der feinen Berliner Gesellschaft eine gute Figur. Er war begehrt wegen seiner tadellosen Manieren, seiner weltläufigen Art, seiner Redegewandtheit und seines unerschöpflichen Reservoirs unterhaltsamer Themen. Mit diesen Qualitäten verschaffte er sich auch Zugang zu den Offizierskreisen, zu denen Kurt von Schleicher gehörte, und in der Zeit von Schleichers Aufstieg verbrachten beide zahlreiche freie Stunden miteinander. Papen wurde in diesen Kreisen oft »Fränzchen« genannt. Wie Botschafter François-Poncet bemerkte, »diente Papen häufig als Zielscheibe ihres Spottes. Sie machten sich über ihn lustig und neckten ihn gerne, ohne daß er es übel nahm.«[16]

Nach der Ernennung zum Reichskanzler gelang es Papen rasch, sich beim Reichspräsidenten von Hindenburg einzuschmeicheln. Botschafter François-Poncet bemerkte das, wie viele andere Zeitgenossen auch. In seinen Memoiren schreibt er: »Übrigens ist er der Liebling, der Favorit des Feldmarschalls. Er amüsiert den Greis mit seiner lebhaften, ausgelassenen Art. Er schmeichelt ihm durch den Respekt und die Verehrung, die er ihm bezeigt. Er nimmt ihn durch seine Kühnheit für sich ein. In [Hindenburgs] Augen ist er ein vollkommener Edelmann.«[17] Nur sehr widerstrebend und unter Tränen konnte sich der Reichspräsident von Papen am Ende von dessen Kanzlerschaft trennen. Anders als bisher bei ausscheidenden Kanzlern drückte er ihm in einem persönlichen Brief sein tiefes Bedauern aus,[18] und zum Abschied schenkte er ihm eine handsignierte Fotografie von sich, auf die er den Refrain des sentimentalen Soldatenliedes »Ich hatt' einen Kameraden« geschrieben hatte.[19]

Während Papens Kanzlerschaft kamen im Verhältnis zu seinem Freund Schleicher zusehends Spannungen auf. Die Freundschaft endete mit Papens Sturz durch den einstmaligen Förderer. Schleicher hatte Papen für das hohe Amt im Glauben vorgeschlagen, er könne ihn dabei beaufsichtigen. Von den Fähigkeiten seines Protegés hatte er keine hohe Meinung. So soll er einem gemeinsamen Bekannten, der nach Papens Ernennung meinte, der neue Reichskanzler sei »doch kein Kopf«, geantwortet haben: »Das soll er ja auch nicht sein, aber er ist ein Hut!«[20] Deshalb war Schleicher überrascht und verärgert, als Papen nach seinem Amtsantritt plötzlich Selbstbewußtsein zu zeigen begann. Nach einem Telefonat, das Schleicher in seiner Funktion als Reichswehrminister mit dem neuen Reichskanzler führte, meinte er reumütig gegenüber seinen Beratern: »Was sagen Sie nun, Fränzchen hat sich selbst entdeckt.«[21]

Nachdem er Papens Sturz betrieben und seinen Platz als Reichskanzler eingenommen hatte, suchte Schleicher den fallengelassenen Protegé zu beschwichtigen. In einer landesweiten Rundfunkansprache im Dezember pries er den Vorgänger als »Ritter ohne Furcht und Tadel«.[22] Und in einem Telegramm übermittelte er dem »lieben Fränzchen« Neujahrsgrüße, wobei er ihn als »Bannerträger in entscheidenden Kämpfen des alten Jahres«[23] apostrophierte. Papen verbarg seine Gefühle hinter einer Maske der Höflichkeit, aber die Freundschaft zu dem Mann, der ihn ins Rampenlicht befördert und ihn dann wie einen alten Hut beiseite gelegt hatte, war einer erbitterten Feindschaft gewichen.

Papen hatte die Macht gekostet und wollte mehr. Zugleich dürstete ihn danach, sich an seinem ehemaligen Freund und Gönner Schleicher zu rächen. Er zählte darauf, daß er weiterhin Hindenburgs Zuneigung besaß, und hoffte, in sein Amt zurückkehren und die Aufgabe erfüllen zu können, die der Reichspräsident ihm ursprünglich zugedacht hatte: als Reichskanzler einem Kabinett aus Konservativen und Nationalsozialisten vorzustehen. Zu diesem Zweck hatte er bereits am Ende seiner Amtszeit über Mittelsmänner Gespräche mit den Führern der NSDAP aufgenommen. Als Anreiz ließ er durchblicken, er könne sich letztlich auch ein rechtes Kabinett unter Hitler vorstellen. Angesichts von Hindenburgs ausgesprochener Abneigung gegen Hitler konnte Papen davon ausgehen, daß es dazu niemals kommen würde. Damit wäre seine Rückkehr als Reichskanzler mit Unterstützung der Nationalsozialisten der einzig gangbare Weg zu einem rechten Kabinett, wie der Reichspräsident es sich vorstellte.

Mitte Dezember witterte Papen eine Gelegenheit, sein politisches Comeback vorzubereiten. Nach einer Rede vor dem exklusiven Berliner Herrenklub, in der er die gescheiterten Bemühungen um eine Regierungsbeteiligung der Nationalsozialisten beklagte, kam er mit Baron Kurt von Schröder, einem Bankier und Sympathisanten der NSDAP, ins Gespräch.[24] Papen machte Schröder gegenüber keinen Hehl aus seiner Abneigung gegen Schleicher. Er berichtete außerdem, der General habe mit seinen hinterlistigen Methoden Hindenburg brüskiert, während er selbst noch immer das Vertrauen des Reichspräsidenten besitze. Trotz der nationalsozialistischen Angriffe auf ihn während seiner Kanzlerschaft deutete Papen dem Bankier gegenüber seine Bereitschaft zu einem Treffen mit Hitler an.

Damit stellte Papen die Weichen für die Begegnung mit Hitler, die am 4. Januar 1933 in Köln stattfand. Baron von Schröder teilte die Neuigkeiten, die er von Papen erfahren hatte, sofort einem Mittelsmann der NSDAP mit, der sie an

Hitler weiterleitete. Hitler erkannte in dem unerwarteten Vorschlag einen Ausweg aus der politischen Sackgasse, in die er sich hineinmanövriert hatte. Wenn er sich mit Papen verschwor, konnte er darauf hoffen, den Einfluß des Ex-Kanzlers bei Hindenburg für seine Zwecke zu gebrauchen. Vielleicht handelte Papen ja sogar im Auftrag des Reichspräsidenten. Aber egal, wer hinter der Einladung steckte, sie eröffnete verlockende Möglichkeiten. Bisher hatte Hitler keine andere Wahl, als seine Partei nach dem Zusammentreten des Reichstages für einen Mißtrauensantrag gegen Schleichers Kabinett stimmen zu lassen. Die zu erwartende Annahme des Antrages durch eine breite Mehrheit von den Nationalsozialisten bis zu den Kommunisten hätte zur Auflösung der Kammer und bei anschließenden Neuwahlen aller Wahrscheinlichkeit nach zu weiteren Verlusten der NSDAP geführt. Wenn Hitler jetzt aber mit Papens Hilfe noch vor Neuwahlen Reichskanzler werden konnte, wäre die Zwangslage überwunden und er hätte sein Ziel erreicht. Dann brauchte er die Wahlen nicht mehr zu fürchten. Die Formel »Hindenburg-Hitler« versprach im Wahlkampf sogar stattliche Zugewinne.

Hitler stimmte folglich einem Treffen mit dem Ex-Kanzler zu. In der letzten Dezemberwoche bereiteten Mittelsmänner beider Seiten eine Begegnung in Schröders Kölner Wohnsitz vor. Der Treffpunkt paßte in die Reisepläne der politischen Gegner von einst, und zudem kam er der von den Nationalsozialisten verlangten Diskretion entgegen. Im Gespräch mit Schröder verlangte Hitlers Unterhändler zunächst, daß das Treffen nach Einbruch der Dunkelheit stattfinden solle, damit die Gefahr der Entdeckung möglichst gering blieb. Wegen Hitlers Reiseprogramm wurde es dann aber auf Mittwoch, den 4. Januar um die Mittagszeit festgesetzt. Die beiden ehemaligen politischen Gegner gingen in Schröders prunkvoller Villa gleich mehrere Stunden in Klausur.[25] Der Gastgeber wohnte einem Großteil ihrer Gespräche bei, ohne selbst daran teilzunehmen, während die drei Begleiter in anderen Räumen warteten.

Nach Schröders späterem Bericht ging Hitler sofort in die Offensive und erhob mehrere alte Vorwürfe. Besonders erbittert kritisierte er Papen, weil er Reichspräsident von Hindenburg dazu gebracht habe, ihm trotz des Wahlsieges seiner Partei im vorangegangenen Juli das Amt des Reichskanzlers zu verweigern. Papen verteidigte sich in Umkehrung der Tatsachen damit, daß nicht er, sondern Schleicher Hitlers Ernennung hintertrieben habe. Er selbst habe sie sogar favorisiert. Wie Hitler Goebbels wenige Tage später anvertraute, offenbarte Papen in ihrem Gespräch seine erbitterte Feindschaft gegen Schleicher. »Papen scharf gegen Schleicher. Will ihn stürzen und ganz beseitigen«,[26] vermerkte Goebbels in seinem Tagebuch. Papen informierte Hitler auch über Hindenburgs Vorbehalte gegen Schleicher, weshalb der Präsident den Kanzler bislang auch noch nicht mit einer Verordnung zur Auflösung des Reichstages versehen habe. Aber noch wichtiger war: Papen gab Hitler zu verstehen, daß er selbst auf Hindenburg noch immer Einfluß ausübte. Wie Goebbels es ausdrückte, nachdem Hitler ihn informiert hatte: »Hat noch das Ohr des Alten.«

Als Papen und Hitler sich der Zukunft zuwandten, entdeckten sie breite Übereinstimmung.[27] Wie sie rasch feststellten, herrschte Einigkeit darüber, daß die Regierung Schleicher durch ein Bündnis von NSDAP und konservativen Nationalisten abgelöst werden müsse, das die Linksparteien ein für alle Mal ausschalten würde. Da Papen sich auf keine Partei stützen und allenfalls den kleinen Block rechter Reichstagsabgeordneter, die bereits sein glückloses Kabinett unterstützt hatten, hinter sich bringen konnte, war eine parlamentarische Mehrheit für eine solche Allianz nicht in Sicht. Sie wäre nur als Präsidialkabinett tragfähig gewesen. Papen versicherte Hitler, er sei zuversichtlich, für ein solches Arrangement die Zustimmung des Reichspräsidenten zu gewinnen.

Ungelöst blieb dagegen die Frage, wer von beiden dem Kabinett als Reichskanzler vorsitzen sollte. Mit Hinweis auf Hindenburgs bekannte Abneigung gegen Hitler als Kanzler forderte Papen den Führer der NSDAP auf, seine Ansprüche auf dieses Amt aufzugeben und Vertreter seines Vertrauens in ein von ihm selbst geleitetes Kabinett zu entsenden. Als Anreiz stellte er Hitlers Partei die Posten des Reichswehr- und des Innenministers in Aussicht. Da diesen Ministern die Reichswehr und die nationale Polizei unterstanden, hätten die Nationalsozialisten eine Schlüsselposition im Staat erlangt. Hitler hielt dennoch hartnäckig an seinem Anspruch auf die Reichskanzlerschaft fest, die ihm angesichts des Rückhalts seiner Partei bei den Massen zustehe. Eine Zeitlang wurde über ein »Duumvirat« gesprochen, in dem Hitler und Papen sich die Macht geteilt hätten. Als Schröder das Mittagessen ankündigte, brachen sie die Diskussion ohne Ergebnis ab. Vor der Abreise kamen Papen und der NS-Führer überein, das Gespräch fortzuführen, auch wenn kein genaues Datum festgelegt wurde.

Das Kölner Treffen zwischen Hitler und Papen hatte schwerwiegende Folgen: Es beendete Hitlers politische Isolation. Auf einen Schlag hatte sich das Blatt gewendet. Nach einem kometenhaften Aufstieg war Hitler schon wieder auf dem absteigenden Ast gewesen; die Gelegenheit zur Beteiligung an der Macht schien versäumt, was zu Streit unter seinen Anhängern geführt und ihren Kampfgeist geschwächt hatte. Sein Ziel, die unumschränkte Macht zu gewinnen, schien völlig ohne Erfolgsaussichten. Er hatte keine Bereitschaft gezeigt, eine andere Strategie in Betracht zu ziehen als das verbissene Festhalten an seinem Anspruch auf das Amt des Reichkanzlers, obwohl der Reichspräsident dieses Ansinnen schon zweimal kategorisch abgelehnt hatte. Doch aus dem Treffen mit Papen ging er jetzt als wichtiger Faktor einer dramatisch veränderten politischen Konstellation hervor. Er hatte endlich den Ring der Berater durchbrochen, die den eigentlichen Inhaber der Macht – den Reichspräsidenten von Hindenburg – vor ihm abschirmten. Ein ehemaliger Reichskanzler, der sich im Amt die Bewunderung einflußreicher konservativer Kreise und die Zuneigung des Staatsoberhauptes gesichert hatte, hatte ihm ein Bündnis angeboten.

Die Unterredung mit Papen am 4. Januar hatte Hitler in den Besitz vieler wichtiger Informationen gebracht. Er wußte jetzt, daß der ehemalige Reichskanzler trotz der vergangenen Differenzen zu einer Zusammenarbeit mit ihm bereit war. Ebenso erfuhr er, daß Papen seinen frühereren Förderer Reichskanzler von Schleicher haßte und ihn politisch vernichten wollte. Für den künftigen Kontakt mit Papen konnte Hitler auf das alte Sprichwort zählen, wonach der Feind eines Feindes ein Freund ist. Er hatte zudem Grund zur Überzeugung, daß Schleichers Position weniger unangreifbar war, als sie erschien. Sollten sich Papens Informationen als richtig herausstellen, stand der augenblickliche Reichskanzler sogar auf sehr wackligen Beinen. Denn wenn Hindenburg ihm tatsächlich die Verordnung zur Auflösung des Reichstages verweigerte, würde er in große Bedrängnis kommen, wenn die Kammer ihm nach ihrem Zusammentreten das Mißtrauen aussprach. Und das Wichtigste war Papens stolze Behauptung gewesen, er habe immer noch Einfluß auf Hindenburg. Sie weckte in Hitler erstmals die Hoffnung, die Vorbehalte des Reichspräsidenten gegen ihn ausräumen zu können. Das Amt des Reichskanzlers, das Ziel, das in den vorangegangenen Monaten unerreichbarer denn je geschienen hatte, rückte erneut in greifbare Nähe.

Auch Franz von Papen bekam mit dem Kölner Treffen politisch erneut Auftrieb. Er hatte das Haus von Baron von Schröder als gescheiterter ehemaliger Reichskanzler betreten, der in seiner kurzen Amtszeit wenige Bewunderer gewonnen, sich aber viele politische Feinde geschaffen und die Unterstützung der eigenen Partei verloren hatte. Aus dem Treffen ging er mit der Hoffnung hervor, sich mit Hilfe der wachstumsträchtigsten politischen Massenbewegung im Land an jenem Mann rächen zu können, der ihn an die Macht gebracht und dann gestürzt hatte. Natürlich stand Hitlers mangelnde Bereitschaft zum Verzicht auf die Kanzlerschaft Papens Ehrgeiz auf eine Rückkehr in dieses Amt entgegen. Aber Papen konnte hoffen, der Führer der NSDAP werde angesichts von Hindenburgs wiederholtem Widerstand gegen seine Ernennung schon klein beigeben. Keine Schwierigkeiten sah er dagegen für seine eigene Wiederernennung voraus, schließlich hatte er auf den Reichspräsidenten persönlichen Einfluß. Um ihn im Amt zu halten, hatte sich Hindenburg im Vorjahr zweimal zu einem Verfassungsbruch bereit erklärt; er hätte den Reichstag aufgelöst, ohne innerhalb der vorgeschriebenen sechzig Tage Neuwahlen anzuberaumen. Und nach Papens Sturz hatte der Reichspräsident ihn gebeten, Schleichers Angebot, als deutscher Botschafter nach Frankreich zu gehen, abzulehnen und statt dessen als sein politischer Berater in Berlin zu bleiben.[28] So hatte Papen einigen Grund anzunehmen, daß Hindenburg überredet werden könnte, ihn in das ersehnte einflußreiche Amt zurückzurufen.

Das Kölner Treffen war allerdings insofern kein voller Erfolg, als die Bemühungen um Geheimhaltung scheiterten. Bereits am Vortag hatte eine Berliner Zeitung eine Begegnung zwischen Hitler und Papen vorausgesagt.[29] Papen dementierte sofort kategorisch,[30] ebenso Goebbels' Berliner Boulevardblatt *Der Angriff*.[31] Als der Ex-Kanzler am 4. Januar 1933 vor Baron von Schröders Haus aus einem Taxi stieg, blickte er, unangenehm überrascht, in die

Kamera eines Fotografen.[32] Papen vermutete, daß der Geheimdienst auf Schleichers Geheiß sein Telefon abgehört und so von dem Treffen erfahren habe. In Wahrheit war der Fotograf von einem Berliner Zahnarzt geschickt worden, der dadurch über gute politische Verbindungen verfügte, daß er Patienten wie Ex-Reichskanzler Brüning, Gregor Strasser und Schleicher behandelte.[33]

Der Zahnarzt hatte von dem geplanten Treffen wahrscheinlich durch Brüning Wind bekommen, der später berichtete, er habe Ende Dezember von Gregor Strasser davon erfahren, der seinerseits wohl von einem Freund in der NSDAP alarmiert worden sei.[34] In der Hoffnung, Strasser und Schleicher gleichermaßen nützen zu können, setzte der Zahnarzt einen Gefolgsmann Strassers mit dem Auftrag, Fotos zu machen, auf Papen an. Sobald sicher war, daß die Begegnung zwischen dem Ex-Reichskanzler und Hitler tatsächlich stattgefunden hatte, leitete der Zahnarzt die Nachricht sofort an die *Tägliche Rundschau* weiter, ein Berliner Blatt, das Schleicher nahestand. Dem Reichskanzler schickte er einen Abzug des Fotos von Papen. Als die Nachricht in der Zeitungsredaktion eintraf, wurden die Druckerpressen für die Ausgabe vom 5. Januar mittendrin gestoppt und die Meldung ganz oben auf die erste Seite gesetzt. Die Schlagzeile lautete: »Hitler und Papen gegen Schleicher.«[35]

Die Nachricht vom Kölner Treffen schlug bei den deutschen Politikern nach der relativen Ruhe während der Feiertage wie eine Bombe ein. Tagelang beherrschten Artikel zum Thema überall im Land die Titelseiten der Zeitungen. In einer Antwort versuchten die Verschwörer dem Treffen einen harmlosen Anstrich zu geben. Am 5. Januar gab Papen eine Erklärung heraus, in der die Anschuldigungen, das Treffen sei gegen Schleicher gerichtet gewesen, als »frei erfunden« abgetan wurden.[36] Hitler und er hätten lediglich eine Frage diskutiert, mit der sie sich bereits seit einem halben Jahr befaßt hätten, nämlich wie die NSDAP in ein breit angelegtes rechtes Kabinett einbezogen werden könne. Am 6. Januar erklärte sich Baron von Schröder am Zustandekommen des Treffens für allein verantwortlich.[37] Ziel sei es gewesen, Möglichkeiten der Verständigung zwischen allen nationalen – sprich rechten – Kräften zu sondieren. Ebenfalls am 6. Januar gaben Hitler und Papen eine gemeinsame Verlautbarung heraus, wonach sie lediglich »die Möglichkeit einer großen nationalen, politischen Einheitsfront« erkundet hätten.[38] Einen Meinungsaustausch über das Kabinett Schleicher stritten sie explizit ab. Am selben Tag verkündete Goebbels' Blatt *Der Angriff*, ein derartiger Informationsaustausch zwischen Politikern sei nichts Ungewöhnliches.[39] In der NSDAP-Zeitung *Völkischer Beobachter*, die das Treffen in der Ausgabe vom 6. Januar zunächst als »zwanglose Unterhaltung über die politischen Vorgänge der letzten Woche« charakterisiert hatte,[40] hieß es allerdings am folgenden Tag, Papen habe den Wunsch gehabt, Hitler »gewisse interessante Einzelheiten über die Vorgeschichte mitzuteilen, die zum Sturze seiner Regierung im November v. J. führten«.[41]

Diese unbeholfene Vernebelungstaktik wurde in der Öffentlichkeit nicht mit der notwendigen Kritik durchleuchtet, weil die Zeitungen mit voreiligen Schlüssen aufwarteten. Ein Großteil der Presse verfiel bei dem Versuch, das Kölner Treffen zu erklären, in die bei deutschen Intellektuellen damals beliebten antikapitalistischen Ressentiments. Zu dieser Zeit war der Mythos, wonach die Nationalsozialisten vom deutschen Kapital finanziert würden, in vielen Kreisen bereits zum festen Bestandteil des politischen Credos geworden.[42] Als sich jetzt Hitler und Papen im Haus eines Bankiers getroffen hatten, witterten die kommunistischen und sozialdemokratischen Journalisten ebenso wie Schreiber liberaler Blätter und sogar die abtrünnige konservative Zeitung, die die Lawine losgetreten hatte, die *Tägliche Rundschau*, sofort eine Verschwörung des Kapitals. Eine Schlagzeile der überregionalen Zeitung *Vorwärts* der Sozialdemokraten brachte es auf den Punkt: »In flagranti ertappt!«[43] Und die Leser der kommunistischen *Roten Fahne* erfuhren: »Da Hitler von vielen Gruppen der Rheinisch-Westfälischen Industrie finanziell stark unterstützt worden ist und da derartige Subventionen gewöhnlich über private Bankhäuser geleitet werden, klären sich die Hintergründe dieses Vorfalls.«[44]

In den folgenden Tagen wimmelte es in der Presse von aus der Luft gegriffenen Behauptungen, wonach dunkle, politisch einflußreiche Kreise hinter den Kulissen aktiv geworden seien.[45] Hitler und Papen wurde in diesen Spekulationen zweitrangige Bedeutung zugewiesen, so daß sie als reine Schachfiguren mächtiger wirtschaftlicher Kräfte erschienen. Noch andere Versionen stifteten zusätzlich Verwirrung. Einige Journalisten nahmen die Dementis der Beteiligten des Treffens für bare Münze,[46] während andere spekulierten, Papen habe sich mit Schleichers Wissen bemüht, Hitler zur Unterstützung des amtierenden Kabinetts zu bewegen.[47] Nur eine Minderheit erkannte die einfachste Lösung auch als die wahrscheinlichste:[48] daß zwei Politiker, die Grund zur Feindschaft mit Reichskanzler Kurt von Schleicher hatten, sich heimlich getroffen hatten, um sich gegen ihn zu verschwören.

Zu denen, die das Offensichtliche nicht begriffen, gehörte auch Schleicher selbst. Von der Nachricht aus Köln überrascht, war er über Papens eigenmächtiges Handeln zutiefst verärgert. Er beschwerte sich bei Hindenburg und verlangte, Papen derlei Alleingänge in Zukunft zu verbieten.[49] Allerdings nahm er Papen zu wenig ernst, um ihm böse Absichten zuzutrauen. Seine geringe Meinung von ihm spiegelte sich in einer Bemerkung seines wichtigsten Beraters Erwin Planck zu Papens Rede vor dem Herrenklub Mitte Dezember wider. Auf die Warnungen eines Zuhörers, wonach Papen sich als Feind Schleichers zeige und seine Beziehungen zu Hindenburg eine Gefahr darstellten, antwortete der Staatssekretär: »Lassen Sie ihn doch reden, völlig bedeutungslos. Den nimmt kein Mensch mehr ernst. Herr von Papen ist ein Wichtigtuer. Diese Rede ist der Schwanengesang eines schlechten Verlierers.«[50]

Statt die Gefahr zu erkennen, die von dem Kölner Treffen ausging, vermutete Schleicher, Papen habe in der Hoffnung, seine Gunst zurückzugewinnen, auf einen schlechten Rat hin eigenmächtig den Versuch unternommen, Hitler mit dem Kabinett Schleicher auszusöhnen. Deutlich zum Ausdruck kam diese Sichtweise in einem vertraulichen Gespräch, das Schleicher am Spätnachmittag des 6. Januar beim Tee mit dem französischen Botschafter François-Poncet führte. Er unterhielt zum Botschafter herzliche Beziehungen, auch deshalb, weil Schleicher der Meinung war, Frankreich müsse versöhnlich gestimmt werden in der Hoffnung auf seine Zustimmung zu einer Revision der im Versailler Vertrag festgelegten deutschen Ostgrenze. Bei seinen Erklärungsversuchen zum Kölner Treffen äußerte der Reichskanzler, Papen habe einen schweren Fehler begangen, er habe ihm aber nicht schaden wollen. Der Botschafter berichtete nach Paris: »›Er ist leichtfertig‹, sagte mir Monsieur Schleicher. ›Er hat sich wohl vorgestellt, er werde ein Meisterstück vollbringen und uns Hitler auf dem Tablett servieren. Als habe Hitler nicht schon oft gezeigt, daß man ihm nicht trauen darf! Jetzt ist Papen in Verlegenheit. Er fürchtet unsere Vorwürfe. Ich werde ihn nicht schelten. Ich sage ihm einfach: ›Mein Fränzchen, du hast schon wieder einen Schnitzer begangen!‹‹«[52]

Am Montag, den 9. Januar traf Papen wieder in Berlin ein und suchte Schleicher auf.[53] Die Begegnung schilderte er später als herzliche Aussöhnung zweier Freunde, die alle Mißverständnisse bezüglich seines Treffens mit Hitler vollständig ausgeräumt habe. Zur Stützung seiner Behauptung zitierte Papen das Kommuniqué, das er und Schleicher später gemeinsam der Presse vorlegten. Die Aussprache habe die »völlige Haltlosigkeit« von Berichten ergeben, wonach zwischen ihnen Differenzen bestünden.

Schleicher seinerseits hinterließ keinen Bericht seiner Unterredung mit Papen am 9. Januar, aber seine inoffiziellen Bemerkungen vier Tage später vor einer kleinen Gruppe Journalisten, die er zum Abendessen eingeladen hatte, lassen erschließen, was Papen gesagt hatte.[54] Papen habe ihn informiert, teilte Schleicher den Journalisten am 13. Januar mit, daß Hitler für sich persönlich die Posten von Reichswehr- und Innenminister verlangt habe. Diese Darstellung deckt sich in keiner Weise mit den Eintragungen in Goebbels Tagebuch, wonach Papen Hitler eine Besetzung dieser Posten mit Parteimitgliedern seiner Wahl angeboten hatte, wenn Hitler sich seinerseits damit abfand, daß Papen wieder Reichskanzler wurde.[55] Schleicher präzisierte den Journalisten gegenüber nicht, wer Papen zufolge als Kanzler des Kabinetts vorgesehen war, das er mit dem Naziführer besprochen hatte. Jedoch angesichts Papens Berichts, daß Hitler sowohl das Reichswehr- wie auch das Innenministerium wollte, hätte Papen kaum plausibel behaupten können, der Naziführer habe zusätzlich das Kanzleramt für sich beansprucht.

Andererseits dürfte Papen Schleicher kaum gesagt haben, daß er mit Hitler die Möglichkeit eines zweiten Kabinetts Papens diskutiert hatte. So blieb als einzige Möglichkeit ein Kabinett Schleicher. Das heißt, Franz von Papen gab Kurt von Schleicher am 9. Januar die gleiche verlogene Darstellung des Kölner Treffens, die er nach dem Zusammenbruch des Dritten Reiches mannigfach wiederholen sollte: Danach hatte er nur versucht, Hitler zu einer Unterstützung des Kabinetts Schleicher zu bewegen. Und wie Schleicher später einräumte, war er, nachdem Papen seine

Hand genommen, ihm tief in die Augen geblickt, ihre alte Freundschaft beschworen und ihm sein Ehrenwort gegeben hatte, »töricht genug, ihm zu glauben«.[56]

Nach seiner Unterredung mit Schleicher am 9. Januar suchte Papen Reichspräsident von Hindenburg auf und gab ihm eine weitere Version der Unterredung in Köln. Otto Meißner, der Staatssekretär im Reichspräsidialamt, erinnert sich in seinen Memoiren, Papen habe Hindenburg zufolge darauf hingewiesen, daß Hitler von seiner Forderung nach der Reichskanzlerschaft in einem Präsidentialkabinett mit Notstandsvollmachten abgerückt sei.[57] Der Führer der NSDAP stimme jetzt einer Teilnahme seiner Partei an einer Regierungskoalition mit konservativen Kräften zu. Hindenburg habe daraus geschlossen, daß er einen anderen Reichskanzler würde finden müssen, denn von Hitler sei nicht zu erwarten, daß er das Kabinett Schleicher unterstützen würde. Der richtige Mann dafür, so habe Hindenburg ihm, Meißner, zu verstehen gegeben, sei Papen. Weiterhin vertraute Hindenburg Meißner an, er habe zugestimmt, daß Papen auf einer persönlichen und streng vertraulichen Basis weiter Kontakt zu Hitler halte.

Nach Papens Memoiren soll Hindenburg ihm am 9. Januar mitgeteilt haben, Schleicher betrachte sein Treffen mit Hitler als Verrat und habe den Reichspräsidenten aufgefordert, ihn nicht mehr bei sich zu empfangen.[58] Nach seiner Aussprache mit Hindenburg, so Papen, habe ihm dieser dagegen versichert, er sei von Anfang an überzeugt gewesen, daß Schleichers Darstellung der Vorgänge falsch sei. Entsprechend habe er ihm versichert, das Kölner Treffen werde ihre Beziehung nicht im mindesten trüben. Noch drei Tage zuvor hatte Reichskanzler von Schleicher den Botschafter François-Poncet informiert, der Reichspräsident sei über das nicht genehmigte Treffen »heftig schockiert« gewesen.[59] Jetzt hatte eine einzige Unterredung mit Papen genügt, um Hindenburgs Verärgerung auszuräumen. Meißner soll nach eigenem Bekunden vom Reichspräsidenten am 9. Januar angewiesen worden sein, Schleicher zu verschweigen, daß er Papen seine Zustimmung zu weiteren Kontakten mit Hitler gegeben habe.[60] Damit wurde das Staatsoberhaupt, die mächtigste Person im Staate, die den Kanzler ernannte und ihn mit den Notstandsvollmachten ausstatten konnte, möglicherweise unbeabsichtigt zum Mitwirkenden an einer Verschwörung zum Sturz jenes Mannes, den er fünf Wochen zuvor ins Amt des Reichskanzlers berufen hatte.

3

Die Krise der NSDAP und ein zweifelhafter Triumph Hitlers

Sofort nach seinem Treffen mit Papen am 4. Januar stürzte sich Hitler in den Wahlkampf im Zwergstaat Lippe, wo für den 15. desselben Monats Landtagswahlen anberaumt waren.[1] Zwischen Lippe und Köln lagen knapp zweihundert Kilometer; aufgrund der winterlichen Straßenverhältnisse traf Hitler in der kleinen Stadt Bösingfeld, in der er am Abend seine erste Rede halten sollte, erst mit zwei Stunden Verspätung ein. Als er schließlich um zehn Uhr abends in dem vollbesetzten kalten Zelt erschien, in dem die Teilnehmer der Veranstaltung geduldig gewartet hatten, wurde er stürmisch begrüßt. Nach einer über einstündigen Rede vor einer begeisterten Zuhörerschaft reiste er in die Landeshauptstadt Detmold weiter, wo ihn gegen Mitternacht weitere Zuhörer, die gleichfalls stundenlang gewartet hatten, ähnlich begeistert empfingen. In den folgenden elf Tagen hielt Hitler fünfzehn weitere Reden, zumeist in den abgelegenen Kleinstädten von Lippe.[2] Zugleich traten im Verlauf dieses Wahlkampfes von noch nicht dagewesener Intensität in Lippe ein Dutzend andere landesweit bekannte Nationalsozialisten in dreiundzwanzig weiteren Wahlkundgebungen auf.

Hitler war sich bewußt, daß ein Rückschlag bei dieser Wahl nach den Rückschlägen Ende 1932 die wachsende Überzeugung der Öffentlichkeit bestätigen würde, daß der Nationalsozialismus im Niedergang begriffen sei. Er hatte deshalb beschlossen, diese Wahlen mit einem gewaltigen Einsatz zu bestreiten. Ein Wahlerfolg der NSDAP in einem der siebzehn Länder der Weimarer Republik würde in ganz Deutschland zur Kenntnis genommen werden. Mit seinem persönlichen Einsatz und dem anderer prominenter Führer der NSDAP im Wahlkampf war er auf Zugewinne aus, die der NSDAP das Prestige einer erstarkenden Partei verleihen und die sinkende Moral der Anhänger wieder aufrichten sollten. Gleichwohl barg die ganze Aktion beträchtliche Risiken. Wenn die Partei schlecht abschnitt, obwohl die oberste Führung alle Kräfte für einen Erfolg aufgeboten hatte, war der Schaden um so größer. Wie so oft in seiner Karriere setzte Hitler alles auf eine Karte, ohne die Folgen einer Niederlage zu bedenken.

Daß in Lippe Wahlen stattfanden, war einer der zahlreichen Glücksfälle, die Hitler genau dann zu Hilfe kamen, wenn er verzweifelt nach einer Gelegenheit suchte, zu zeigen, daß seine Bewegung nichts an Schlagkraft verloren hatte. Lippe bot hierfür zahlreiche Vorteile. Nach Fläche und Bevölkerung machte es kaum mehr als ein Viertelprozent von Gesamtdeutschland aus, und das ermöglichte den Nationalsozialisten, das Land mit zahlreichen Wahlveranstaltungen und einer Flut von Propaganda zu überziehen, wie es in anderen Gebieten Deutschlands kaum möglich gewesen wäre. Lippe gehörte zudem zu den Ländern, in denen die NSDAP in der Wählergunst ganz oben stand. 95 Prozent der Einwohner waren Protestanten, und 60 Prozent, doppelt so viele wie im Landesdurchschnitt, lebten auf dem Land oder in Dörfern. Die Nationalsozialisten schnitten vor allem in den industriellen Ballungsgebieten schlecht ab, wo die Arbeiter vornehmlich sozialdemokratisch oder kommunistisch wählten. Auch hier bot Lippe günstige Aussichten. Im Land gab es keinen bedeutenden Bergbau, und die industrielle Massenfertigung lag weit unter dem nationalen Durchschnitt. Statt der gewaltigen Industrieanlagen, von denen es etwas weiter westlich im Ruhrgebiet nur so wimmelte, gab es hier vor allem kleine Fabriken, in denen Meerschaumpfeifen oder Möbel hergestellt wurden. In Lippe hatte Hitler beste Erfolgschancen.

Auch die geographische Lage des Landes begünstigte Hitlers Partei. Da es von dichter besiedelten Regionen umgeben war, konnte die NSDAP ihre Kräfte vor Ort leicht verstärken. Wie journalistische Beobachter bemerkten, bestanden die Zuhörer auf den Wahlversammlungen der Partei zu einem großen Teil aus auswärtigen Gruppen.[3] Da es sich zumeist um Parteimitglieder handelte, fielen sie nicht nur zahlenmäßig ins Gewicht, sondern sorgten auch für begeisterte Reaktionen. Am Tag von Hitlers ersten beiden Kundgebungen brachten nicht weniger als sechs Sonderzüge sowie zahlreiche Busse und Lastwagen Teilnehmer nach Lippe, eine Region, die nicht gerade als Wintersportparadies galt.[4] Schon zuvor waren sechs- bis siebenhundert SA-Männer zur Verstärkung der örtlichen Einheiten eingetroffen, viele mit dem Fahrrad.[5] Sie kamen oft in unbeheizten Scheunen oder Speichern unter und schliefen dort auf Stroh. Wie alle Anhänger der NSDAP empfanden sie es nicht als unpassend, daß Hitler, der bekanntlich gerne Klassenunterschiede anprangerte, während des Wahlkampfes im Schloß eines Barons residierte.[6]

Angesichts der politischen Lage in Lippe war der NSDAP ein Wahlerfolg praktisch sicher. Die letzten Landtagswahlen hatten 1929 stattgefunden, also unmittelbar vor der großen Wirtschaftskrise, die den Nationalsozialisten Millionen von Wählern in die Arme getrieben hatte. Da sie bisher nur über einen der einundzwanzig Landtagssitze verfügten, konnten sie mit dramatischen Stimmengewinnen rechnen. Zudem sahen sie sich einer schwachen Konkurrenz gegenüber. Reichskanzler von Schleicher konnte für den Wahlkampf in Lippe nicht Mittel der Reichsregierung nutzbar machen, da keine der angetretenen Parteien in sein Kabinett eingebunden war. Die Liberalen, die in Lippe einst ein politischer Faktor gewesen waren, hatten 1933 nach massiven Verlusten bei den Reichstagswahlen fast keine Bedeutung mehr. Das Zentrum, ein Stützpfeiler der Weimarer Republik, hatte als katholische Partei im vornehmlich protestantischen Lippe noch nie eine große Rolle gespielt.

Die reaktionäre Deutschnationale Volkspartei, die schärfste Konkurrenz der Nationalsozialisten in Lippe mit seinen vielen konservativen Bauern und Kleinstädtern, ging im Januar mit einem Handikap in den Wahlkampf. Parteichef Alfred Hugenberg hoffte, die seit einem Jahr erbittert ausgetragene Fehde zwischen den beiden Rechtsparteien beenden zu können; er verzichtete deshalb auf Angriffe auf die Nationalsozialisten und wirkte auf die Leitartikel der wichtigsten deutschnationalen Zeitung in Lippe entsprechend mäßigend ein.[7] Ernsthafte Herausforderer waren lediglich die Sozialdemokraten, die einen engagierten Wahlkampf auf die Beine stellten. Allerdings wurden sie stark mit der Arbeiterschaft identifiziert und hatten deshalb nur geringe Aussichten, ihre Basis in einem Land mit so wenigen Industriearbeitern verbreitern zu können.

Wie in den vorangegangenen Jahren überall in Deutschland konnten die Zuhörer, die im Januar 1933 in Lippe an Wahlkundgebungen der NSDAP teilnahmen, mit einem Spektakel rechnen, das keine andere Partei bot.

Der nüchterne Wahlkampfstil, den die demokratischen Parteien der Weimarer Republik entwickelt hatten, kam bei vielen Deutschen nach dem farbenprächtigen Gepränge des Kaiserreiches nur sehr schlecht an. Die Nationalsozialisten machten sich das zunutze, indem sie ihre Kundgebungen in regelrechte Theatervorstellungen umfunktionierten.[8] Bereits eine Stunde vor Beginn zogen Kapellen der SA mit mitreißender Marschmusik durch die Stadt oder machten direkt vor dem Veranstaltungsort auf die Kundgebung aufmerksam. Der Veranstaltungsort wurde von Einheiten von Saalordnern bewacht, die bekannt dafür waren, daß sie mit kritischen Zwischenrufern kurzen Prozeß machten, oft unter Einsatz von Gewalt. Wenn Vorredner die Stimmung angeheizt und die Spannung bis zum Zerreißen gesteigert hatten, marschierte der Hauptredner zu einem Tusch der Kapelle durch ein Spalier von SA- oder SS-Leuten herein. Wie der britische Botschafter bemerkte, hatten die Veranstaltungen der Nationalsozialisten im Verleich zu den langweiligen Wahlversammlungen der anderen Parteien »die magische Anziehungskraft einer Jazz-Band«.[9]

Die Wahlkampfreden der NSDAP in Lippe verliefen ganz nach Schema.[10] Nachdem der Redner die Schuld am deutschen Elend einem angeblich von Juden und Marxisten beherrschten republikanischen »System« zugeschoben hatte, folgte das Versprechen eines reinrassigen, stolzen und starken Deutschlands unter Führung des Nationalsozialismus. Die Wahl wurde hingestellt als Entscheidungsschlacht um die Zukunft des Landes, die sich nationalsozialistische Patrioten und marxistische Verräter lieferten. Die regionalen Belange der Wähler von Lippe fanden dagegen kaum Beachtung. Die amtierende Landesregierung stand seit der Revolution von 1918 unter der Führung eines Ministerpräsidenten der SPD, die in den vorigen Landtagswahlen die meisten Stimmen erhalten hatte. Der Ministerpräsident hatte in den zwanziger Jahren mit den gemäßigten nichtsozialistischen Parteien zusammengearbeitet und sich ihren Respekt und ihr Vertrauen erworben. Trotzdem versuchten die Wahlkämpfer der NSDAP ihn und seine Partei auf die gewohnte Weise zu diskreditieren, indem sie sie als vaterlandslose Internationalisten und Marxisten brandmarkten. Dabei wurde die SPD mit ihren Erzfeinden, den Kommunisten, die in Lippe nahezu bedeutungslos waren, kurzerhand über einen Kamm geschoren.

Sich selbst präsentierten die Nationalsozialisten als Erben des Cheruskerfürsten Arminius, der 9 n. Chr. im nahegelegenen Teutoburger Wald die römische Armee des Varus vernichtend geschlagen hatte. Wie die republiktreue Berliner *Vossische Zeitung* allerdings schrieb, paßte ein bescheidener sozialdemokratischer Ministerpräsident schlecht zur Rolle eines römischen Feldherrn.[11] Und die Nationalsozialisten, bemerkte ein Blatt aus dem nahen Bielefeld, ähnelten mit ihren organisierten Kampftruppen und ihrem dem Römertum entlehnten Hitler-Gruß eher Arminius' Gegnern in der legendären Schlacht.[12]

Zum allgemeinen Charakter des Wahlkampfes der Nationalsozialisten kam, daß Hitler seine Auftritte in Lippe zugleich zur Rechtfertigung seiner Strategie des Alles-oder-nichts nutzte. Bereits in seiner ersten Rede am Abend des 4. Januar kam er auf sämtliche Punkte zu sprechen, die er in den folgenden zehn Tagen immer wieder zum Thema machen sollte.[13] Nach gewohnter Praxis verschwieg er, daß er ein Angebot Hindenburgs im vorigen November abgelehnt hatte, wonach er Reichskanzler hätte werden können, wenn er eine parlamentarische Mehrheit hinter sich gebracht hätte. Statt dessen bezog er sich nur auf Papens und Schleichers Angebote, ihn zum Vizekanzler zu ernennen. Er habe diese Angebote abgelehnt, weil er nicht bereit sei, seinen guten Namen und den der nationalsozialistischen Bewegung für »einen Titel ohne Macht« herzugeben. Anschließend trat er der Auffassung entgegen, er hätte das Angebot annehmen müssen, um auf Umwegen an die Macht zu kommen. »Ich kann das nicht, dies ›Hintenherum‹«, rechtfertigte er sich. »Und ich will es auch nicht lernen.« Angesichts dieser Versicherung nur wenige Stunden

Der alte Generalfeldmarschall Paul von Hindenburg, der als Reichspräsident der Weimarer Republik am 30. Januar 1933 Adolf Hitler zum Reichskanzler ernannte. [BAK]

Oberst Oskar von Hindenburg, Sohn und Militäradjutant des Reichspräsidenten, trug dazu bei, daß sein Vater Reichskanzler Kurt von Schleicher fallenließ und durch Hitler ersetzte. [LbsB]

Oskar von Hindenburg wohnte mit Frau und Kindern bei seinem verwitweten Vater in dessen Amtssitz in der Berliner Wilhelmstraße. [BAK]

Reichspräsident von Hindenburg spaziert mit seinen Enkeln im Garten hinter seinem Amtssitz. [LbsB]

Der frühere General Kurt von Schleicher, Hitlers Vorgänger als deutscher Reichskanzler, dessen Unfähigkeit dem Dritten Reich den Weg bahnte. [UB]

General Kurt von Schleicher (links) mit General Kurt von Hammerstein. [BPKb]

Reichskanzler Kurt von Schleicher und seine Frau. Sie wurden im Juni 1934 von Handlangern des Hitlerregimes in ihrem Haus ermordet. [LbsB]

General Kurt von Schleicher (zweiter von rechts) und General Kurt von Hammerstein bei einem diplomatischen Empfang in Berlin. [BSV]

General Kurt von Schleicher und Franz von Papen (rechts) als Freunde 1932. [BSV]

Franz von Papen, von Juni bis Dezember 1932 deutscher Reichskanzler; seine Intrigen führten im Januar 1933 Hitlers Ernennung zum Kanzler herbei. [BAK]

Reichskanzler Franz von Papen (rechts) mit dem Staatssekretär im Reichspräsidialamt Otto Meißner (links), 1932. [BAK]

Franz von Papen 1934 bei einer Rede als Hitlers Vizekanzler. [BPKb]

Reichskanzler Franz von Papen (links) und Otto Meißner bei einem Ausritt im Berliner Tiergarten 1932. [DHM]

Der Staatssekretär im Reichspräsidialamt Otto Meißner; er schloß sich im Januar der Verschwörung an, durch die Reichskanzler von Schleicher gestürzt und Hitler zu dessen Nachfolger gemacht werden sollte. [BAK]

Alfred Hugenberg, Vorsitzender der Deutschnationalen Volkspartei und vom 30. Januar bis 27. Juni 1933 Reichswirtschafts- und -ernährungsminister im Kabinett Hitler. [*BPKb*]

Joseph Goebbels, nationalsozialistischer Gauleiter von Berlin, wurde im März 1933 von Hitler zum Propagandaminister ernannt. Er bestärkte Hitler im Januar 1933 in seiner Strategie des Alles-oder-nichts. [UB]

Der Nationalsozialist Hermann Göring, vom September 1932 bis Januar 1933 Reichstagspräsident, wurde im Januar 1933 in Hitlers Kabinett Reichsminister ohne Geschäftsbereich und Reichskommissar für das preußische Innenministerium. [BPKb]

Gregor Strasser, Reichsorganisationsleiter der Nationalsozialisten, trat im Dezember 1932 zurück, weil er mit Hitlers Strategie des Alles-oder-nichts nicht einverstanden war. [BSV]

Wilhelm Frick fürchtete die Konfrontation mit dem Kabinett Schleicher, wurde aber trotzdem Innenminister in Hitlers Kabinett. [BAK]

Die Nationalsozialisten Wilhelm Frick (links) und Gregor Strasser nähern sich in Parteiuniform dem Reichstag. [BAK]

Joseph Goebbels und Ernst »Putzi« Hanfstaengl (links), Harvard-Absolvent und am Neujahrstag 1933 Hitlers Gastgeber. [BAK]

22. *»Der neue Angriff«, republikanischer Kommentar zu den finanziellen Schwierigkeiten der NSDAP, die dazu führten, daß uniformierte SA-Männer auf der Straße Geld sammelten.* [Berliner Tageblatt, *15. Dezember 1932 (Nr. 593)]*

»Der Sieg«, satirischer Kommentar zur Behauptung der Nationalsozialisten, mit dem Gewinn von 5000 Stimmen im Zwergstaat Lippe einen großen Sieg errungen zu haben. [Berliner Tageblatt, *19. Januar 1933 (Nr. 31)]*

»Ertappt!« Republikanische Satire auf das vergeblich geheimgehaltene Treffen Hitlers mit Papen am 4. Januar 1933. [Vorwärts, *7. Januar 1933 (Nr. 12)*]

»Beim Geldsack«, sozialdemokratische Karikatur, die das verbreitete Mißverständnis spiegelt, Hitler werde vom deutschen Großunternehmertum finanziert. Der Kommentar unter dem Titel, »Hitler speiste am Mittwoch mit dem Schwerindustriellen Fritz Thyssen«, war falsch. [Vorwärts, *19. Januar 1933 (Nr. 32)*]

»Schleicher überlegt«: Gezeigt wird, wie der Reichskanzler versucht, sich zwischen den beiden Nationalsozialisten Hitler und Gregor Strasser zu entscheiden. [Vorwärts, *17. Januar 1933 (Nr. 28)*]

Otto Braun, sozialdemokratischer Ministerpräsident von Preußen, dessen Angebot der gemeinsamen Front gegen Hitler im Januar 1933 von Reichskanzler von Schleicher zurückgewiesen wurde. [BAK]

Fritz Schäffer von der Bayerischen Volkspartei, dessen Versuch, Hitler zu einem parlamentarischen, von einer Reichstagsmehrheit abhängigen Kanzler zu machen, von Franz von Papen verhindert wurde. [UB]

Erwin Planck, Staatssekretär in der Reichskanzlei unter Schleicher, wurde als Teilnehmer der gescheiterten Verschwörung gegen Hitler 1944 hingerichtet. [UB]

Günther Gereke, Schleichers Reichskommissar für die Arbeitsbeschaffung; sein Arbeitsbeschaffungsprogramm trug zum wirtschaftlichen Aufschwung bei, der dann Hitler zugeschrieben wurde. [LbsB]

nach dem geheimen Treffen mit Franz von Papen ahnt man, was Hitler an diesem Abend besonders beschäftigte.

Obwohl die örtlichen Gegebenheiten in Lippe die Nationalsozialisten begünstigten, kam die Wahl zu einem Zeitpunkt, als Hitlers Strategie, die Macht auf legalem Wege über den Urnengang anzustreben, in den Augen vieler NSDAP-Mitglieder in eine Sackgasse geraten war.

Die Tatsache, daß es ihm nicht gelungen war, nach dem Wahlsieg im vorigen Juli Reichskanzler zu werden, und die schweren Verluste vom November sorgten in den Reihen der Partei zunehmend für Enttäuschung und Verbitterung. Wer sich der NSDAP in der Hoffnung angeschlossen hatte, bald die Früchte des Sieges kosten zu können, sah alle Hoffnung zerstört; dasselbe galt für viele, die Hitler in der Zuversicht gefolgt waren, er verfüge über ein Patentrezept gegen ihre wirtschaftliche Not. In der Folge machte sich auch an der Basis Enttäuschung breit. Ende Dezember konstatierte die politische Polizei der Republik, die mit der Beobachtung der NSDAP in München, ihrer Geburtsstadt und Hochburg, beauftragt war, in einem Bericht erste Auflösungserscheinungen: »Nicht nur, daß die Neuaufnahmen fast ganz ausgeblieben, macht sich auch eine zunehmende Flauheit unter den Mitgliedern bemerkbar; zahlreiche Austritte sind an der Tagesordnung, die Beiträge gehen stockend ein und Streichungen wegen Beitragsrückstand werden immer häufiger… Die Partei macht in allen ihren Teilen, in der politischen Organisation, in der SA. und SS., den Eindruck, daß sie abgekämpft ist. Die Anschauung, daß der Höhepunkt überschritten ist und vielleicht günstige Aussichten verpaßt wurden, ist Gemeingut vieler Nationalsozialisten geworden.«[14]

Zudem stürzte die Krise die nationalsozialistische Bewegung in ernsthafte finanzielle Schwierigkeiten. Nachdem die Ausgaben für die zwei Runden der Präsidentschaftswahl, für zwei Reichstagswahlen und für die Landtagswahl im großen Land Preußen die Parteikassen 1932 bereits weitgehend geleert hatten, hatte die Partei jetzt auch noch mit einer Verringerung ihrer Einkünfte zu kämpfen. Bislang hatte sich die NSDAP durch Mitgliedsbeiträge als Haupteinnahmequelle weitgehend selbst finanziert.[15] Als die Partei in den Jahren der Wirtschaftskrise massiven Zulauf erhielt, kamen im Überfluß Gelder herein, deren Wert durch die Deflation noch gesteigert wurde. Jetzt aber verebbte der Zustrom an neuen Mitgliedern,[16] während sich Austritte häuften.[17] Viele Parteimitglieder waren mit ihren Beiträgen säumig. Und als die Hoffnung auf einen Wahlsieg schwand, kamen Mitglieder, die ihre Beiträge pünktlich bezahlt und sich darüber hinaus freigebig gezeigt hatten, den Spendenaufrufen der Partei immer weniger bereitwillig nach. Auch Spenden von außerhalb wurden seltener, als der Weg der Partei an die Macht weniger sicher schien. Eine wichtige Geldquelle der Ortsgruppen, die Eintrittsgelder für Parteiveranstaltungen, versiegte zusehends, als Ende 1932 die Besucherzahl abfiel, und dies trotz drastisch verringerter Eintrittspreise, mit denen man das nachlassende öffentliche Interesse an der Partei auszugleichen hoffte.[18]

Zum Jahreswechsel 1932/33 steckte die NSDAP in einer akuten Finanzkrise. Da Ausrüstungen und Materialien für die vorangegangenen Wahlkämpfe häufig auf Kredit beschafft worden waren, bedrängten Gläubiger die örtlichen Parteifunktionäre und verlangten von ihnen persönlich die Begleichung der Parteischulden.[19] Die Beschaffung weiterer Kredite zur Deckung dieser Schulden wurde immer schwieriger oder sogar unmöglich. Zum Problem wurden außerdem die Personalkosten des aufgeblähten Parteiapparates. Während der fetten Jahre, als das Einkommen der Partei stetig gestiegen war, hatten Tausende von Parteimitgliedern hauptamtliche Funktionärsposten mit Gehältern erhalten, die sich, gemessen an den Verhältnissen der Wirtschaftskrise, sehen lassen konnten. Allein das Personal der Münchner Reichsleitung wuchs von 56 Mitgliedern im Jahr 1930 auf 275 im Jahr 1932 an.[20] Angesichts schwindender Einkünfte und gleichbleibend hoher Ausgaben für Personal und Leistungen vergifteten jetzt Vorwürfe der Unterschlagung und Korruption die innerparteiliche Atmosphäre.[21] Zu Reibereien zwischen den verschiedenen Organisationen der Bewegung kam es, als Partei und SA angesichts schwindender Ressourcen um die rarer werdenden Spenden rivalisierten.[22] Die Finanzkrise der NSDAP wurde auch in der Öffentlichkeit deutlich, als uniformierte SA-Männer mit klappernden Sammelbüchsen auf den Straßen auftauchten.[23] Zur Aufbesserung der Finanzen veranstaltete die Partei an manchen Orten Lotterien, bei denen die Mitglieder zum Kauf von Losen gedrängt wurden.[24]

Angesichts der angespannten Finanzlage wäre ein gut organisierter Wahlkampf mit intensiver Agitation außerhalb eines überschaubar kleinen Territoriums wie Lippe kaum durchführbar gewesen.[25] Die Transportkosten waren dort minimal, die Unterbringung von Gefolgsleuten und Veranstaltungsräume relativ billig. Parteimitglieder erledigten fast die gesamte Arbeit ehrenamtlich, während die Lautsprecherwagen, mit denen überall die Veranstaltungen angekündigt wurden, kostenlos zur Verfügung standen. Stimmenfänger der Partei versuchten überall in Lippe die Wähler an der Haustür zu gewinnen. Aus Gründen der Sparsamkeit wurden die Wahlplakate von der Reichstagswahl im November zur Wiederverwendung mit neuen Informationen überklebt und durch selbstgefertigte Plakate der Parteimitglieder ergänzt. Da bei den meisten Versammlungen bekannte NS-Größen als Redner auftraten, fanden die Eintrittskarten trotz der Preise, die für die Verhältnisse der Wirtschaftskrise gesalzen waren, durchaus

Absatz. Und die Unkosten der Veranstaltungen waren gering. Die meisten Redner der NSDAP waren Reichstagsabgeordnete, die kostenlos mit der Eisenbahn fahren durften, oder bezahlte Parteifunktionäre, so daß Fahrtspesen und Honorare keine große Ausgaben verursachten. Und wo sich die Besitzer von Wirtshäusern oder Versammlungsräumen nicht zu einer Senkung der Saalmiete überreden ließen, begnügten sich die Veranstalter mit drei gemieteten Zelten.[26]

Trotz der günstigen Bedingungen in Lippe saßen den Nationalsozialisten während des gesamten Wahlkampfes im Januar die Geldsorgen im Nacken. Um die dürftigen Ressourcen der lippischen Ortsgruppen der NSDAP aufzubessern, schoß Hitler ganz gegen frühere Gewohnheiten Geld aus den Tantiemen seines Buches *Mein Kampf* zu.[27] Bei einer Gelegenheit bat ein verzweifelter Wahlveranstalter Hitlers Pressechef Otto Dietrich, ihm persönlich eine stattliche Summe Geld zu leihen, weil er den verlangten Vorschuß für die Miete des Saales nicht zahlen konnte, in dem der Parteiführer am nächsten Tag seine Rede halten sollte.[28] Bei anderer Gelegenheit beschlagnahmte ein Gerichtsvollzieher die Kasse mit den Einnahmen einer Wahlveranstaltung, um aufgebrachte örtliche Gläubiger zu befriedigen.[29]

Aber nicht nur finanzielle Schwierigkeiten überschatteten den Wahlkampf der NSDAP in Lippe. Zugleich herrschte Unsicherheit über die weiteren Absichten Gregor Strassers, des ehemaligen Reichsorganisationsleiters der Partei. Da Strasser sich nach seinem Rücktritt Anfang Dezember von der Öffentlichkeit fernhielt, sorgten sich Hitler und Vertraute wie Joseph Goebbels über hartnäckige Gerüchte in der Presse, denen zufolge er hinter den Kulissen Pläne zur Spaltung der Partei und zu ihrem Eintritt in das Kabinett Schleicher schmiedete. Ihre Sorge war nicht ganz unberechtigt. Einige von Strassers Bewunderern, darunter Reichstagsabgeordnete und Gauleiter, dachten nicht daran, die in ihn gesetzten Hoffnungen aufzugeben.[30] Nach seinem Rücktritt organisierten sie inoffiziell die Fortführung dessen, was sie als sein Erbe begriffen: die sozialistischen Aspekte des Nationalsozialismus ernstzunehmen. Im Januar gelangten in verschiedenen Teilen Deutschlands Rundschreiben mit abweichlerischen Anschauungen in Umlauf. Ein Anhänger Strassers, der Gauleiter von Hessen-Darmstadt, der auch Reichstagsabgeordneter war, trat Mitte Dezember von seinem Posten in der Partei zurück oder wurde hinausgeworfen.[31] In den folgenden Wochen versuchte er durch Artikel in einem der Rundschreiben Unterstützung für Strasser zu mobilisieren. Zusammen mit anderen publizierte er Strassers Warnung vor Hitlers Strategie des Alles-oder-nichts, die zu einer Auflösung des im November gewählten Reichstages führen und die Partei bei Neuwahlen weitere Stimmen kosten würde.

Nach dem Schema, das während der gesamten Existenz der Partei gepflegt wurde, machten die Abtrünnigen für Strassers Rücktritt nicht Hitler selbst, sondern seine »Paladine« wie Goebbels und Göring verantwortlich, die den Führer angeblich gegen die Realität abschirmten und ihn durch schlechte Ratschläge fehlleiteten. Anfänglich behaupteten die Abweichler, sie strebten nur eine Aussöhnung an, die Strasser an Hitlers Seite zurückführen würde. Mit der wachsenden Enttäuschung über Strassers abwartendes Verhalten im Januar kamen in ihren Erklärungen allerdings immer mehr Vorbehalte gegen den Parteikurs unter Hitler zum Ausdruck.

Das Problem Strasser bereitete Hitler und Goebbels während des Wahlkampfes in Lippe einiges Kopfzerbrechen. Am 10. Januar trafen beunruhigende Nachrichten ein, wonach Sympathien für Strasser in Hamburg die Loyalität gegenüber der Parteiführung untergruben.[32] Der dortige Ortsgruppenführer galt als heimlicher Anhänger des Abtrünnigen. »Strasser will kämpfen unter der Parole: Gegen Göring und Goebbels«, vermerkte der spätere Propagandaminister in seinem Tagebuch.[33] Als am 12. Januar die Nachricht in Lippe eintraf, Strasser habe sich mit Reichspräsident von Hindenburg getroffen, schienen sich die schlimmsten Befürchtungen der nationalsozialistischen Parteiführung zu bewahrheiten. Goebbels vertraute seinem Tagebuch an: »Strasser wühlt. War bei Hindenburg ...! So stell ich mir einen Verräter vor. Ich habe immer klar gesehen. Hitler ist sehr bestürzt.«[34]

Ebenfalls am 12. Januar gelangten in Lippe peinliche Meinungsverschiedenheiten in den Reihen der Nationalsozialisten an die Öffentlichkeit.[35] Ein Lokalblatt publizierte die zornige Rücktrittserklärung eines Arztes, der altgedienter Nationalsozialist und lokaler Parteiführer war. Er brandmarkte Hitlers Strategie, über Wahlen an die Macht zu kommen, als Fehler und warf den Parteifunktionären Unfähigkeit vor. Zuviele »kleine politische Charlatane, Cagliostros, Zauberlehrlinge [und] Schaumschläger« hätten allein aufgrund ihrer demagogischen Fähigkeiten hohe Parteiämter ergattert. Er kritisierte harsch den »überhandnehmenden Byzantinismus«, durch den die Partei sich die Mitglieder der Ortsgruppen abspenstig mache: »Mit Sklavenseelen führt man keinen Freiheitskampf.« Wiederholt beteuerten Sprecher der NSDAP in Lippe in öffentlichen Erklärungen, es handle sich im Falle des Arztes um einen Einzelgänger. Obwohl es tatsächlich bei diesem einen Austritt blieb, ging in den letzen Tagen des Wahlkampfes in Lippe unter den Nationalsozialisten das Gespenst der Rebellion um.

Hitler hatte nicht nur mit der Demoralisierung innerhalb der politischen Organisation seiner Bewegung zu kämpfen. Auch in den Reihen der vierhunderttausend Mann starken SA, die der Partei nur zum Teil angehörten, wurde die Kritik immer lauter.[36] Das Verhältnis zur Führung der NSDAP war schon oft gespannt gewesen. Einige SA-Führer waren Hitlers Entscheidung, die Macht mit legalen Mitteln anzustreben, von Anfang an mit Skepsis begegnet und hätten lieber den gewaltsamen Sturz der Republik durch die SA in die Wege geleitet. Die Reibungen zwischen SA und Partei verschärften sich, als Hitler 1932 sein Ziel, die Macht über die Wahlen zu erringen, nicht erreichte. Mit dem Schwund der Mitgliederzahlen verringerte sich auch der Anteil der SA an den Monatsbeiträgen. Die Zweifel einiger SA-Gruppenführer am politischen Kurs der Partei schienen bestätigt. Mit der wachsenden Verbitterung im Sommer und Herbst 1932 häuften sich die gewaltsamen Übergriffe und Morde an politischen Gegnern durch SA-Leute dramatisch. In einigen Fällen geschahen sie auf Befehl örtlicher Gruppenführer, in anderen waren sie das Ergebnis eines Zusammenbruchs der Disziplin. Wo der Terror der SA besonders heftig und brutal war, machten die Parteifunktionäre die öffentliche Empörung über diesen Terror für die schweren Verluste bei den Reichtstagswahlen vom November verantwortlich.[37] Vielerorts beklagten sich die Parteifunktionäre auch über eine unzulängliche Teilnahme der SA-Leute am Wahlkampf.[38] Ende 1932 verschlechterten sich die Beziehungen zwischen SA und Partei zusehends. Anfang Januar 1933 übte ein hochrangiger Befehlshaber der SA in einer unabhängigen Zeitung ganz ungewohnt öffentlich Kritik an Hitlers Versuch, die Macht mit legalen Mitteln zu erobern, und rief zu direkteren Methoden auf.[39]

Mitten im Wahlkampf in Lippe kam es in der SA zu einer größeren Rebellion.[40] Der Unruheherd lag im vorwiegend protestantischen Mittelfranken, das lange Zeit eine nationalsozialistische Hochburg gewesen war. In der zweiten Hälfte von 1932 entbrannte ein immer erbitterterer Streit zwischen dem dortigen SA-Gruppenführer Wilhelm

Stegmann und dem Gauleiter von Mittelfranken, Julius Streicher. Stegmann, ein Veteran der Bewegung und Reichstagsabgeordneter, legte wie Strasser Wert auf das Adjektiv »sozialistisch« im Parteinamen. Er geriet wiederholt mit dem selbstherrlich regierenden und bestechlichen Streicher aneinander, dem berüchtigten Herausgeber des antisemitischen Hetzblattes *Der Stürmer.* Der Streit eskalierte Ende 1932, als Stegmann dem Gauleiter den Bruch einer Abmachung vorwarf, der zufolge die örtliche SA ihre gewaltigen Auslagen für den Wahlkampf hätte ersetzt bekommen sollen. Im Gegenzug warf Streicher Stegmann Unterschlagung vor und erreichte bei der Reichsführung der SA seine Absetzung, über die sich Stegmann allerdings dank der Gefolgschaft seiner SA-Leute hinwegsetzen konnte.

In der zweiten Januarwoche geriet der Streit in Franken in die Schlagzeilen.[41] Einer von Stegmanns Männern brach in das SA-Hauptquartier in Nürnberg ein, sperrte einen Angehörigen der SA, der Gauleiter Streicher treu ergeben war, ein und entwendete offizielle Unterlagen. Daraufhin kam es im Hauptquartier der Partei zu einer blutigen Schlägerei zwischen Stegmanns Gefolgsleuten und Anhängern des Gauleiters. Als Reaktion darauf enthob Hitler Stegmann aller seiner Ämter. Am letzten Tag vor der Wahl in Lippe zitierte er Stegmann zu sich. Im Kreis von Hitlers Getreuen mußte Stegmann eine der wütenden Tiraden, mit denen der Führer Abtrünnige einzuschüchtern pflegte, über sich ergehen lassen. Schließlich unterschrieb er eine Erklärung seiner bedingungslosen Unterwerfung unter den Parteiführer, die sofort an die Presse weitergeleitet wurde. Die zu Wahlkampfzwecken inszenierte Aussöhnung war zwar von kurzer Dauer, aber sie erfüllte ihren Zweck, denn die Wähler in Lippe gingen mit dem Eindruck an die Urnen, daß in den Reihen der Nationalsozialisten wieder Einigkeit herrsche.

Das Ergebnis der Wahl in Lippe vom Sonntag, dem 15. Januar, der letzten wirklich freien Wahl in Deutschland vor dem Dritten Reich, wird gewöhnlich als Sieg für Hitler und seine Partei dargestellt. Die Zahlen scheinen dies auf den ersten Blick zu rechtfertigen. Mit 39,5 Prozent der Stimmen ging die NSDAP aus der Wahl als stärkste von neun Parteien hervor und stellte mit 9 von 21 Sitzen im Landtag die meisten Abgeordneten. Gegenüber den Landtagswahlen von 1929 bedeutete dies einen Zuwachs von fast 70 Prozent. Anders sieht das Ergebnis allerdings aus, wenn man es mit den Ergebnissen der beiden Reichstagswahlen von 1932 vergleicht. Die NSDAP hatte von den knapp 100 000 abgegebenen Stimmen in Lippe etwas mehr als 39 000 erhalten, ungefähr 5000 mehr als bei den Reichstagswahlen im November, aber 3500 weniger als bei den Reichstagswahlen vom Juli. Außerdem konnte sie den Linksparteien, die sie im Wahlkampf besonders heftig angegriffen hatte, keine Stimmen abnehmen; vielmehr verbesserten die Sozialdemokraten ihr Ergebnis vom November um 3000 Stimmen. Wenn man von der Mobilisierung von Nichtwählern absieht, steigerte die NSDAP ihr Ergebnis vor allem auf Kosten der Deutschnationalen, die gegenüber der Wahl vom November fast 4000 Stimmen einbüßten. Die Stimmenverteilung zwischen den Parteien der Rechten und Linken blieb somit im wesentlichen unverändert, obwohl die NSDAP versprochen hatte, den »Marxismus« aus Lippe zu verbannen.

Angesichts des gewaltigen Einsatzes im Wahlkampf und der zahlreichen Vorteile in Lippe war das Ergebnis der NSDAP nicht besonders eindrucksvoll. Objektiv betrachtet hatte Hitlers Partei den Trend abwärts zwar gestoppt, sie hatte es aber nicht geschafft, die Verluste vom November wettzumachen. Die untypische Situation in dem kleinen Lippe ließ ferner die Behauptung zweifelhaft erscheinen, wonach der dortige Zugewinn der NSDAP von 5000 Stimmen einen Trend bei den über 35 Millionen deutschen Wählern widerspiegle, die in den beiden Reichstagswahlen 1932 ihre Stimme abgegeben hatten. Eine katholische Zeitung im nahen Paderborn widersprach denn auch den Versuchen der Nationalsozialisten, das Wahlergebnis von Lippe als repräsentativ für die allgemeine öffentliche Meinung hinzustellen: »Warum? Weil keine Partei in Deutschland a) soviel Geld, b) soviel Wahlredner, c) soviele Zelte, Autos, Motorräder, Lautsprecher besitzt, noch erlangen, noch aufwenden, noch schaffen kann, um das Verfahren von Lippe zu wiederholen und jeden einzelnen Wahlbezirk dermaßen unter alleräußersten Hochdruck zu stellen, wie es zur Erkämpfung des Ergebnisses von Lippe geschehen ist.«[42] Ähnlich äußerte sich auch Botschafter François-Poncet: »Das Ergebnis hat etwas Künstliches.«[43] Theodor Wolff, der kluge Chefredakteur des republiktreuen *Berliner Tageblatts*, drückte es noch farbiger aus: »In Wahrheit hat Hitler aus seinem Heldenkampf in Lippe doch nur eine auf der Spitze seines Degens aufgespießte Fliege heimgebracht.«[44]

Derlei treffende Beobachtungen hielten die Nationalsozialisten nicht davon ab, das Ergebnis von Lippe als glänzenden Sieg und verheißungsvolles Fanal für die Hitlerbewegung zu feiern. Das Parteiblatt, der *Völkische Beobachter*, verkündete, daß der Wahlsieg »in seiner politischen Bedeutung als Gradmesser für die allgemeine Stimmung im Volke nicht hoch genug eingeschätzt werden [kann]. Er widerlegt nicht nur in überzeugender Weise die gegnerischen Behauptungen von einem Rückgang der nationalsozialistischen Bewegung, sondern ist auch der durch nichts mehr abzuleugnende Beweis dafür, daß die Stagnation der N.S.D.A.P. völlig überwunden ist und daß eine neue Aufwärtsentwicklung nunmehr begonnen hat... Für faule Kompromisse, die der Stärke und Bedeutung der nationalsozialistischen Bewegung nicht entsprechen, ist nach dieser Wahl für die N.S.D.A.P. weniger die Zeit denn je.«[45]

In seinem Hetzblatt *Der Angriff* räumte Goebbels ein, Lippe sei kein sehr bedeutender Schauplatz für politische Aktionen gewesen, ließ dann aber statt einer nüchternen Analyse typische Nazipropaganda folgen: »Von diesem kleinen Grabenstück aus ist die Offensive gegen das System wieder eröffnet worden. Die Lawine der Volkserhebung ist aufs neue ins Rollen gekommen, und wir werden schon dafür sorgen, daß man sie nicht mehr zum Stillstand bringt.«[46] Das Wahlergebnis bestätigte laut Goebbels die Richtigkeit von Hitlers Strategie des Alles-oder-nichts und seine wiederholte Zurückweisung von Angeboten einer Regierungsbeteiligung. Ohne Strasser namentlich zu erwähnen, berief er sich auf die Zugewinne der Partei, um die »Neunmalklugen« am »Rande unserer eigenen Partei«, die das Wachstum der NSDAP für beendet gehalten und deshalb Kompromisse zur Sicherung des Erreichten verlangt hätten, mit Hohn zu übergießen. Die Wahl habe den Defätisten eine bittere Lektion erteilt. Sofern nicht unbelehrbar, hätten sie reuig zur Kenntnis zu nehmen, daß ein Volk niemals wanke, wenn die Führer stark blieben. Und mit gewohnter Großspurigkeit folgerte der zukünftige Propagandaminister, Reichskanzler Schleicher könne nach diesem erneuten Stärkebeweis der NSDAP in Lippe nicht mehr davon ausgehen, daß eine Reichstagsauflösung weitere Verluste der NSDAP zur Folge haben würde.

Bei allen Zweifeln am lauthals verkündeten Triumph der Nationalsozialisten in Lippe war der Wahlerfolg für Hitler doch sehr vorteilhaft. Er kam gerade rechtzeitig, um die schwindende Hoffnung in den Reihen der Partei wiederzubeleben, daß Hitlers kompromißlose Haltung zur unumschränkten Herrschaft führen und Abweichler in der Partei Lügen strafen würde. Hitler schlachtete den

Erfolg sofort aus. Mit seiner gewohnten unerschütterlichen Zuversicht hatte er schon vor der Wahl im festen Vertrauen auf den Sieg Parteifunktionäre aus ganz Deutschland zu einer Klausurtagung nach Weimar einbestellt, die am Nachmittag des 15. Januar beginnen sollte. Bei einem enttäuschenden Ergebnis wäre das Zusammentreffen mit den Männern, ohne deren Unterstützung er die unumschränkte Macht in der Partei verloren hätte, sehr peinlich geworden. Unter ihnen waren, wie Hitler sehr wohl wußte, Anhänger Gregor Strassers, die nach wie vor an seiner Strategie des Alles-oder-nichts zweifelten. Hitler begrüßte die Teilnehmer in Weimar am Nachmittag des 15. Januar noch vor Bekanntwerden des Wahlergebnisses mit der zuversichtlichen Prognose, das Ergebnis werde zeigen, daß der Nationalsozialismus wieder im Aufwind sei.[47]

Nachdem er seine Prophezeiung erfüllt sah, hielt er am Montag, dem 16. Januar, hinter verschlossenen Türen eine Ansprache an die Gauleiter.[48] Da die Gauleiter in Angelegenheiten der Partei in ihren Bezirken weitgehend unabhängig operierten, bildeten sie das Rückgrat der Reichsorganisation. Um mit der wachsenden Unruhe in der Partei fertigzuwerden, mußte Hitler sie für sich gewinnen. Da auf eine Rede des Führers üblicherweise weder eine Diskussion noch eine Abstimmung folgte, hing alles von seiner unmittelbaren Wirkung auf die Zuhörer ab. Hitler sprach drei Stunden lang. Er redete mit einer »schroffen Intransigenz«, wie Goebbels es charakterisierte,[49] die seine Entschlossenheit demonstrierte, das Amt des Reichskanzlers für sich zu beanspruchen. Dann spielte er seinen Trumpf aus, die soeben eingetroffene Siegesmeldung aus Lippe, und setzte zur Generalabrechnung mit seinem langjährigen Verbündeten Gregor Strasser an. Vorbereitet hatte er sie bereits in der Woche zuvor, indem er die Führer der von Strasser aufgebauten nationalsozialistischen Arbeiterorganisation nach Lippe gerufen und ihnen eine wichtige Rolle in seinen Zukunftsplänen in Aussicht gestellt hatte.[50] Jetzt richtete sich sein geballter Zorn gegen den Abtrünnigen, den er als Verräter beschimpfte und dem er zahlreiche Verfehlungen in früheren Jahren vorwarf.

Indem Hitler zu verstehen gab, daß jeder, der an ihm zweifelte, als Verbündeter des in Ungnade gefallenen Strasser zu betrachten sei, unterdrückte er unter den Gauleitern geschickt jede abweichende Meinung. Noch wenige Tage zuvor hatte Goebbels in seinem Tagebuch die Befürchtung geäußert, Strasser könne die Bewegung mit einem Eintritt ins Kabinett Schleicher verraten. Jetzt jubelte er über die Reaktionen der Gauleiter auf Hitlers Hetzrede: »Am Ende alles wie rasend. Hitler hat einen vollen Sieg errungen. Der Fall Strasser ist ausgestanden ... Armer Gregor! Seine besten Freunde werden ihm geschlachtet ... Alles fällt von Strasser ab.«[51] Entgegen der sonstigen Praxis der Nationalsozialisten, jedes Wort Hitlers sofort hinauszuposaunen, wurde die Weimarer Rede nicht in der Parteipresse abgedruckt. Mit der Geheimhaltung seiner Angriffe auf Strasser hoffte Hitler offenbar, den politischen Schaden, den das öffentliche Eingeständnis einer Kluft innerhalb der eigenen Reihen angerichtet hätte, von der Partei abzuwenden. Trotzdem erfuhr Schleicher nach wenigen Tagen von Hitlers endgültigem Bruch mit Strasser.[52]

Goebbels' Jubel stellte sich als berechtigt heraus. Strasser war politisch vernichtet. Hitlers Weimarer Rede hatte jeder Möglichkeit einer Aussöhnung einen Riegel vorgeschoben. Strasser hatte die Überlegung, Hitler herauszufordern, wahrscheinlich schon viel früher aufgegeben, wenn er dies überhaupt je ernsthaft in Betracht zog. Dazu fehlten dem etwas phlegmatischen ehemaligen Apotheker aus einer Kleinstadt in der bayrischen Provinz das Selbstbewußtsein und der Wille zur Macht. Außerdem lähmte ihn die Einsicht, daß die Bewegung ohne Hitler nicht auskommen würde.[53] Strasser glaubte noch immer an den Nationalsozialismus und konnte sich nicht dazu durchringen, gegen einen Mann anzutreten, der für den Nationalsozialismus Prophet und Messias zugleich war. Am Ende der dritten Januarwoche suchte er Göring auf und erklärte sich demütig bereit, zwei Jahre lang auf jede politische Tätigkeit zu verzichten.[54] Nach Hitlers Machtergreifung zog er sich ganz aus der Politik zurück und trat eine Stelle in einer Berliner Pharmafirma an.[55] Aber obwohl er Parteimitglied blieb und dem Führer stets Treue bekundete, war Strasser ein gezeichneter Mann. Während der blutigen Säuberungsaktion der Nazis Ende Juni 1934, die als Nacht der langen Messer bekannt wurde, ließ ihn der Diktator, zu dessen Aufstieg er beigetragen hatte, durch seine Schergen schließlich ermorden.[56]

Nach den ermutigenden Erfolgen von Lippe und Weimar reiste Hitler nach Berlin weiter, mit dem festen Vorsatz, aus dem Aufschwung so rasch wie möglich Kapital zu schlagen. Am Dienstag, den 17. Januar traf er mit Alfred Hugenberg zusammen, dem Führer der Deutschnationalen Volkspartei, den er für ein eventuelles Kabinett Hitler zu gewinnen hoffte. Das Verhältnis der beiden Männer war gespannt.[57] Für Hugenberg waren die Nationalsozialisten wenig besser als Pöbel und hatten gefährlich radikale soziale und wirtschaftliche Vorstellungen. Andererseits erkannte er, daß sie es viel besser verstanden als seine Partei, die Massen zu mobilisieren, und er hoffte, sie zur Zerschlagung der Republik und zur Errichtung eines autoritären rechten Regimes einspannen zu können. Für Hitler dagegen waren Hugenberg und seine Partei unbelehrbare Reaktionäre, die die Uhr zurückdrehen wollten und sich dem notwendigen radikalen Wandel der deutschen Gesellschaft verschlossen. Hitler glaubte allerdings, die Deutschnationalen könnten ihm wegen ihres Ansehens in einflußreichen konservativen Kreisen nützen.

Im Jahr 1929 hatte Hugenberg Hitler Schützenhilfe gegeben durch Einbindung rechtsstehender Kräfte in den Reichsausschuß, der das erfolglose Volksbegehren gegen den Youngplan zur Regelung der deutschen Reparationszahlungen getragen hatte. Für Hitler bedeutete das einen beträchtlichen Zugewinn an Ansehen, und obwohl schon bald Millionen Wähler von den Deutschnationalen zu den Nationalsozialisten überliefen, hofierte Hugenberg Hitler weiter. Im Herbst 1931 nahmen beide unter reger Anteilnahme der Presse an einer gegen die Weimarer Republik gerichteten Kundgebung in Bad Harzburg teil. Anhänger der Republik befürchteten die Bildung einer rechten »Harzburger Front«, doch kam es zwischen Nationalsozialisten und Deutschnationalen rasch zum Zerwürfnis. Vertieft wurde der Graben bei den Präsidentschaftswahlen 1932 durch Hugenbergs Weigerung, Hitlers Kandidatur zu unterstützen. Im selben Sommer warf Hitler Hugenberg und den Deutschnationalen Unterstützung des Kabinetts Papen vor. Bei den Reichstagswahlen im Juli brachte die NSDAP Hugenbergs Partei dann schwere Verluste bei. Bei der Wahl im November konnten die Deutschnationalen die Verluste allerdings zu einem großen Teil wieder wettmachen, indem sie den Nationalsozialisten verantwortungslosen Radikalismus vorwarfen. In der Hoffnung, Hitler sei durch die Rückschläge der NSDAP umgänglicher geworden, strebte Hugenberg eine Aussöhnung mit dem noch immer starken Nationalsozialismus an. Nach einem geheimen Treffen beider Männer im Dezember[58] hielt sich Hugenberg während der Wahlen in Lippe mit Angriffen auf die Nationalsozialisten zurück.

Vier Tage vor dem für den 17. Januar anberaumten Treffen mit Hitler hatte Hugenberg mit Reichskanzler von Schleicher konferiert.[59] Obwohl die Unterredung ergebnislos verlaufen war, hoffte Hugenberg daraufhin auf ein Arrangement, das ihn zum für die gesamte Wirtschaftspolitik zuständigen Kabinettsmitglied machen würde. Er reagierte deshalb nicht, als Hitler ihm einen Ministerposten anbot, wenn er im Gegenzug seine Ernennung zum Reichskanzler unterstütze.[60] Statt dessen schlug er vor, sie sollten beide in Schleichers Kabinett eintreten und von dort aus dafür sorgen, daß es nicht zu einer Rückkehr zur parlamentarischen Ordnung kam. Hitler weigerte sich zwar, von seiner Forderung nach dem Amt des Reichskanzlers abzurücken, erklärte sich aber bereit, Schleicher als Reichswehrminister zu akzeptieren, wenn die Nationalsozialisten dafür die Erlaubnis bekamen, den »Marxismus«, also die sozialdemokratischen und kommunistischen Kräfte, durch Gewalt zu zerschlagen. Als Hugenberg daran erinnerte, daß Hitlers Forderung am Widerstand Hindenburgs scheitern würde, nannte der Führer der NSDAP den Reichspräsidenten verächtlich »eine Grammophon-Platte« mit einem politischen Vokabular von achtzig Sätzen.[61] Nach der Unterredung teilte Hitler Goebbels mit, auf Hugenbergs Äußerung, er halte es für ausgeschlossen, daß der Reichspräsident ihn zum Kanzler ernenne, habe er geantwortet: »Quatsch, seine Einbläser wollen nicht.«[62] Die Begegnung hatte keine Annäherung der beiden rechten Führer gebracht.

Auf seiner fortgesetzten Suche nach Unterstützung bemühte Hitler sich um ein weiteres Treffen mit Ex-Reichskanzler von Papen. Als Mittelsmann diente ihm der Sekthändler und spätere Außenminister Joachim von Ribbentrop.[63] Ribbentrop, ein ehemaliger Offizier, hatte gesellschaftliche und politische Ambitionen, aber abgesehen von guten Manieren kaum Fähigkeiten. Wie Goebbels sarkastisch formulierte, hatte er seinen adligen Namen gekauft und sein Geld geheiratet;[64] er hatte eine verarmte adlige Verwandte dazu gebracht, ihn gegen eine Rente zu adoptieren, und anschließend die Tochter eines reichen rheinischen Sektabfüllers geheiratet. Im Sommer 1932 hatte er Hitler angeboten, den Kontakt zum damaligen Reichskanzler Papen zu vermitteln, den er im Ersten Weltkrieg in der Türkei kennengelernt hatte.[65] Hitler machte von dem Angebot keinen Gebrauch, aber Ribbentrop trat dennoch in die NSDAP ein und ließ wissen, er stehe dem Führer weiterhin zur Verfügung.

Als Mitarbeiter Hitlers Ribbentrop im Januar aufforderten, mit Papen ein vertrauliches Treffen zu arrangieren, willigte er begierig ein.[66] Papen erklärte sich bereit, die Verhandlungen mit Hitler schon am 10. Januar wieder aufzunehmen, einem Tag, an dem Hitler nicht im Wahlkampf in Lippe auftrat und einen Abstecher nach Berlin machen wollte. Doch bekam Ribbentrop vom Führer die Anweisung, zunächst die Wahlergebnisse in Lippe abzuwarten.[67] Das Teffen wurde deshalb um eine Woche verschoben. Am Nachmittag des 18. Januar nahm Hitler schließlich in Begleitung des Reichsführers der SS Heinrich Himmler und des Stabschefs der SA Ernst Röhm in Ribbentrops Villa im eleganten Berliner Stadtviertel Dahlem an einem Mittagessen mit Franz von Papen teil.

Bei diesem Mittagessen wiederholte Hitler seine Forderung nach dem Amt des Reichskanzlers.[68] Angesichts der Zugewinne der NSDAP bei den Wahlen in Lippe schloß er nun mit Nachdruck aus, in einem Kabinett Papen als zweiter Mann zu dienen. Papen beteuerte, er habe bei Hindenburg nicht genug Einfluß, um dessen Widerstand gegen Hitlers Ernennung zum Reichskanzler zu brechen. Wie zwei Wochen zuvor in Köln schlug er erneut vor, Schleicher gemeinsam zu stürzen, um den Weg für ein von ihm geführtes und von den Nationalsozialisten gestütztes Kabinett zu bahnen. Doch das kam für Hitler nach wie vor nicht in Frage. Das Arbeitsessen endete wie der Meinungsaustausch mit Hugenberg am Vortag ergebnislos. Der Ex-Reichskanzler und der Führer der NSDAP trennten sich ohne feste Pläne für ein weiteres Treffen.

Wieder versuchten die Nationalsozialisten, die Begegnung geheimzuhalten, indem sie verbreiteten, Hitler habe am 18. Januar anderswo an einem Mittagessen teilgenommen, und später jede Kenntnis von einem Kontakt zwischen ihrem Führer und Papen abstritten.[69] Einige Journalisten bekamen von der Begegnung dennoch Wind und veröffentlichten sofort Berichte, die in den meisten Fällen allerdings mit falschen Details ausgeschmückt wurden.[70]

Angesichts der ergebnislosen Treffen mit Hugenberg und Papen hatte Hitler wenig in der Hand, als es darum ging, der Krise in seiner Partei entgegenzutreten. Nach wie vor waren die Parteiführer auf allen Ebenen in akuter Finanznot. Mitte Januar berichtete der Geschäftsträger der amerikanischen Botschaft in Berlin, ein »getreuer Stellvertreter« Hermann Görings sei auf ihn »mit der Frage nach der Möglichkeit einer Anleihe der nationalsozialistischen Partei in den Vereinigten Staaten« herangetreten.[71] Die Parteizeitungen verloren Abonnenten, der Straßenverkauf schrumpfte.[72] Einige wurden zahlungsunfähig oder konnten ihre Redakteure nur noch mit größten Schwierigkeiten bezahlen. Überall im Land fehlte der Partei Geld, belagerten Gläubiger die Funktionäre. Innerhalb der Bewegung häuften sich Vorwürfe von Vetternwirtschaft und finanziellen Unregelmäßigkeiten,[73] und manche Ortsgruppen standen aufgrund der daraus resultierenden Spannungen kurz vor dem Auseinanderbrechen.

Immerhin konnten diese Schwierigkeiten nach außen bis zu einem gewissen Grad kaschiert werden. Nicht möglich war das beim erneuten Ausbruch einer Rebellion in der SA. Nur eine Woche nachdem Hitler am Vorabend der Wahl in Lippe die Aussöhnung mit dem abtrünnigen Wilhelm Stegmann in Szene gesetzt hatte, schoß der fränkische SA-Gruppenführer erneut quer.[74] Er sagte Gauleiter Streicher öffentlich den Kampf an und gründete eine unabhängige paramilitärische Organisation, der sich die meisten der sechs- bis siebentausend mittelfränkischen SA-Leute anschlossen. Hitler schloß Stegmann daraufhin aus der Partei aus. In den seltenen Fällen, in denen es früher, während der Wachstumsphase der Partei, zu einer Rebellion in den Reihen der Nationalsozialisten gekommen war, hatte Hitler die Rädelsführer mit seinem Bann isolieren und ausschalten können. Angesichts der Demoralisierung zahlreicher Nationalsozialisten konnte sich Stegmann jedoch über den Bann erfolgreich hinwegsetzen, und die meisten seiner Anhänger unter den fränkischen SA-Leuten hielten treu zu ihm. Auch sie wurden öffentlich beschimpft und ausgeschlossen. Trotzdem breitete sich der Zwist weiter aus. Ortsgruppen der fränkischen NSDAP schlossen sich entweder Gauleiter Streicher oder Stegmann an, und diese Teilung legte die Partei in ihrer einstigen Hochburg praktisch lahm.

Anfangs legte Stegmann Wert darauf zu betonen, daß er mit dem Gauleiter und nicht mit Hitler selbst im Streit liege. Nach seinem Ausschluß verrieten seine öffentlichen Erklärungen aber, daß auch Zweifel an Hitlers politischem Kurs ein Grund seiner Rebellion waren. Wie viele andere SA-Gruppenführer und Kriegsveteranen stand Stegmann der Strategie, die Macht über Wahlen anzustreben, schon lange mit Skepsis gegenüber. Er hatte die von ihm geführten SA-Männer für den Kampf ausgebildet und ausgerüstet; sie sollten im entscheidenden Kampf um die Macht eingesetzt werden. Daß Hitlers legalistischer Kurs sie zur Untätigkeit verdammte, war ihm ein Dorn im Auge. Auf einer gutbesuchten Kundgebung in Nürnberg am 24. Januar kritisierte Stegmann Hitlers Strategie, vermied allerdings nach wie vor einen persönlichen Angriff auf den Parteiführer. Seinen Anhängern erklärte er, daß »der historische Augenblick der Bewegung verpaßt« worden sei,[75] und er prophezeite der Partei, sie werde »jeden weiteren Wahlkampf ... verlieren«. Die Massen, die auf eine Machtübernahme auf legalem Weg gehofft hätten, so warnte er, würden den Glauben an die Bewegung verlieren. Die SA dürfe nicht länger nur »Feuerwehr« oder »Palastwache« für die Partei spielen. Statt weiter den »Legalitätsfimmel« zu pflegen, sei es an der Zeit, den Kampf um die Macht »brutaler und revolutionärer« zu führen.

Stegmanns Revolte war symptomatisch für die Unzufriedenheit, die im Januar 1933 als Folge der Enttäuschungen der vorangegangenen Monate in der SA herrschte. Seine Hilferufe nach seinem Parteiausschluß fielen in mehreren Gegenden auf fruchtbaren Boden.[76] In Hessen kam es wiederholt zu Aufständen, in deren Folge zahlreiche Mitglieder die SA verließen; andere wurden hinausgeworfen.[77] Wie bei Stegmanns Revolte organisierten die hessischen Abtrünnigen anschließend einen eigenen paramilitärischen Verband.[78] Mitte Januar griff im hessischen Kassel die Polizei ein, als abtrünnige SA-Männer aus Protest gegen angebliche finanzielle Unregelmäßigkeiten lokaler Parteiführer ein örtliches SA-Hauptquartier besetzten. Wenig später wurde in Stuttgart ein Wohnheim für SA-Leute wegen Korruptionsvorwürfen geschlossen.[79] Am 21. Januar berichtete die Münchner Polizei, die dortige SA befinde sich in einem rapiden Zerfall: Im Dezember seien aus der Münchner SA wegen Pflichtvernachlässigung fünfunddreißig, im Januar fünfzehn weitere Mitglieder ausgeschlossen worden.[80]

In Berlin warteten Anhänger Gregor Strassers in der SA den ganzen Januar über vergeblich auf ein Signal des Mannes, von dem sie hofften, daß er Hitler die Parteiführung streitig machen würde.[81] Aus Verbitterung lieferten sich einige SA-Männer mit Kommunisten oder Sozialdemokraten monatelang blutige Straßenschlachten. Mancherorts gerieten Einheiten der SA mit denen der kleineren Sonderorganisation der Schutzstaffel (SS) aneinander. Das elitäre Auftreten der SS und die Praxis ihrer Führer, besonders diensteifrige SA-Leute dazu zu ermuntern, ihr braunes Hemd gegen die elegante schwarze Uniform der SS einzutauschen, erregte den Zorn der frustrierten SA-Leute, die vorwiegend aus kleinen Verhältnissen stammten.[82] Auch die SS-Leute waren gegen die um sich greifende Demoralisierung nicht gefeit, wie der geschlossene Rücktritt einer Einheit im sächsischen Meißen zeigte.[83] In verschiedenen Teilen des Landes liefen enttäuschte Mitglieder der Kampftruppen zu den Kommunisten über, die sie rasch in ihre paramilitärischen Einheiten eingliederten.[84]

Entmutigend waren nicht nur diese Anzeichen einer sinkenden Moral bei den Kampftruppen. Zugleich ließen nüchterne Analysen der starken Verluste der NSDAP bei den Reichstagswahlen vom November des Vorjahres die Zukunft der Partei in einem zunehmend düsteren Licht erscheinen. Bei dem Versuch, ihre Anhängerschaft unter den Arbeitern zu vergrößern, hatte die Partei im Wahlkampf im Herbst klassenkämpferische Töne angeschlagen und das Kabinett Papen als Werkzeug der Reichen und Privilegierten gegeißelt. Im Ergebnis machte sie bei den Arbeitern allenfalls minimale Zugewinne und verlor andererseits zahlreiche Wähler des Mittelstandes, die zu ihrem früheren kometenhaften Aufstieg wesentlich beigetragen hatten. Das bedeutete, daß die NSDAP bei jedem Schritt nach rechts oder links mit Einbußen rechnen mußte.

Eine parteiinterne vertrauliche Analyse nach dem Wahldebakel vom November kam zu dem Schluß, die NSDAP habe ihr Wählerpotential bereits voll ausgeschöpft.[85] Sie enthüllte zugleich die weitgehende Einigkeit der Parteiführer darüber, daß die Wähler, die der Partei im November den Rücken gekehrt hätten, von der Sache der Bewegung nicht wirklich überzeugt gewesen seien. Protestwähler und Opportunisten, die im Vertrauen auf Patentlösungen zu einer raschen Bewältigung der Krise für die NSDAP gestimmt hätten, würden an der Partei jetzt das Interesse, die Geduld oder beides verlieren. Angesichts der entmutigenden Ergebnisse kam die interne Analyse zum Schluß, es dürfe »jedenfalls nicht mehr zu einer Wahl kommen«. Sollte sich die NSDAP dem Wählerwillen erneut stellen müssen, »wären [die Folgen] nicht auszudenken«. Mit Blick auf die Zukunft warnte die Studie: »Mit Worten, Plakaten und Flugblättern ist nichts mehr zu machen. Es muß jetzt gehandelt werden.« Was das konkret hieß, blieb freilich dahingestellt. Ausgedrückt wurde nur ganz allgemein die Hoffnung, »die Stimmung im nationalsozialistischen Lager [werde sich] zur alten Kampfesfreudigkeit wandeln«, wenn es Hitler nur gelinge, »eine politische Umgestaltung in Deutschland zu vollbringen und damit als ein Mann der Tat vor das deutsche Volk zu treten«.

Die wachsenden Schwierigkeiten der NSDAP blieben in Regierungskreisen keineswegs verborgen. Am 19. Januar beschrieb Bernhard von Bülow, Staatssekretär im Auswärtigen Amt und ein erfahrener Beamter mit Zugang zu zahlreichen Informationsquellen, den Zustand der Nationalsozialisten in einem Brief an den Deutschen Botschafter in Washington in drastischen Worten: »Den Nationalsozialisten geht es keinesfalls gut, das Parteigefüge ist schwer erschüttert und die finanzielle Lage ziemlich trostlos. Manche Leute machen sich sogar Gedanken, ob nicht unter Umständen ein Zusammenbruch der Partei zu schnell kommen könnte, so schnell, daß eine Resorption der Wähler nicht möglich sei und viele von ihnen zu den Kommunisten überliefen.«[86] Einen Monat zuvor hatte der österreichische Generalkonsul in München den Nationalsozialismus als Bewegung charakterisiert, die nur durch die Verneinung aller Aspekte der bestehenden Ordnung zusammengehalten werde.[87] Er prognostizierte, die Partei werde über den Entscheidungen, wie sie sich konkret politisch zu verhalten habe, auseinanderbrechen; gegenwärtig schienen in der Partei diejenigen Kräfte vorzuherrschen, die jede praktische Antwort auf Deutschlands Probleme als »Anfang des Endes« betrachteten.

Das gesamte Ausmaß der Krise, die sich im Januar 1933 bei den Nationalsozialisten bemerkbar machte, wird wahrscheinlich nie genau bestimmt werden. Über zahlreiche Zerwürfnisse gibt es keine Aufzeichnungen, weil die Parteifunktionäre sie vor der Öffentlichkeit möglichst geheimhalten wollten. Als Hitler am Ende des Monats plötzlich zum Reichskanzler ernannt wurde, versuchten viele Abtrünnige vermutlich, die Spuren ihrer Auflehnung schleunigst zu verwischen, um sich am Gerangel um die Siegesbeute beteiligen zu können. Die erhaltenen Belege der innerparteilichen Gärung bleiben wahrscheinlich weit hinter den tatsächlichen Verhältnissen zurück. Der größte Unmut richtete sich gegen die örtlichen Parteileiter. Zwar wurde die Person Hitlers dadurch abgeschirmt, doch beeinträchtigten die Streitigkeiten die Handlungsfähigkeit der Partei. Die erhaltenen Aufzeichnungen machen unter anderem deutlich, daß sich die führenden innerparteilichen Kritiker vom Wahlsieg in Lippe nicht beeindrucken ließen.[88] Als altgediente politische Kämpfer sahen sie Lippe als das, was es war: als billigen Propagandasieg ohne wirkliche Bedeutung. Ein Erforscher der Geschichte der SA schrieb denn auch, die Organisation habe unmittelbar vor Hitlers Machtübernahme, als ihr Schicksal buchstäblich über Nacht eine Wende erfuhr, kurz vor dem Zusammenbruch gestanden.[89] Seine Erkenntnisse und die Belege für die Auflösungserscheinungen des Nationalsozialismus legen den Schluß nahe, daß nur Hitlers Ernennung zum Reichskanzler der wachsenden Unzufriedenheit mit seiner Führung ein Ende setzte. Ohne diesen unverhofften und umwälzenden Glücksfall wären die Erbitterung darüber, daß die Partei noch immer nicht an die Macht gekommen war, und die Unzufriedenheit mit dem politischen Kurs des Parteiführers weiter gewachsen.

In den Tagen nach den fruchtlosen Gesprächen mit Hugenberg und Papen bemühte sich Hitler, der Demoralisierung in seiner Partei durch eine Reihe von Reden entgegenzuwirken, die darauf angelegt waren, den Mut der Parteifunktionäre aufzurichten. In dem brauen Rock, den braunen Reithosen und den schwarzen Stiefeln, die zu seiner Parteiuniform geworden waren, hielt er am 20. Januar im Berliner Sportpalast vor Funktionären der Berliner Partei eine Ansprache. Sie dürften nicht vergessen, rief er seinen Zuhörern zu, daß sie in den entscheidenden Kampf eingetreten seien, der die Zukunft des deutschen Volkes für Jahrhunderte bestimmen werde. Wie Preußen im vorigen Jahrhundert die Zersplitterung der Nation überwunden und die nationale Einheit zustande gebracht habe, so werde die starke nationalsozialistische Bewegung die politischen Parteien und Interessengruppen, die Deutschland jetzt spalteten, überwinden. Den Gegnern des Nationalsozialismus hielt er herausfordernd entgegen: »Uns könnt ihr Schläge versetzen, besiegen aber niemals! Immer wieder werden wir den Kampf aufs neue anfangen und werden niemals die Fahne verlassen. Meine Mission ist es, als Fahnenträger der Bewegung ununterbrochen voranzugehen. So lange mich das Schicksal leben läßt, so lange werde ich diese Fahne tragen und niemals einstreichen, niemals einrollen!«[90] Die Partei werde siegen, verkündete er den Zuhörern, wenn ihre Führer in ihrer Entschlossenheit nicht wankten. Politik war für Hitler wie immer letztlich eine Willensfrage.

Bei allem demonstrativen Selbstbewußtsein schwang in Hitlers Rede auch ein defensiver Unterton mit. Er räumte Rückschläge der Partei ein, lehnte aber Kompromisse oder »taktische Winkelzüge« anstelle von »Grundsätzen«, wie er es nannte, erneut ab. In solch kritischen Situationen, so ermahnte er seine Anhänger, müßten sie sich an ihre Rolle als »Gewissen der Nation« erinnern und entschlossen bleiben. Zu »heroischem Entschluß« sollten sie sich »durchringen« und »dem Defaitismus das Genick brechen«. Obwohl Hitler auf eine namentliche Nennung Strassers verzichtete, war doch deutlich, daß die letzte Formulierung auf den ehemaligen Organisationsleiter und seine Sympathisanten zielte. Für den Erfolg der Partei, so mahnte er, sei die Einheit unentbehrlich, und er erinnerte daran, was den guten Nationalsozialisten ausmache: »Parteigenosse, Volksgenosse, wenn Du hier eintrittst, dann mußt Du Deinen Willen verschmelzen zu einem Willen von Millionen anderen, dann mußt Du aufgehen in diesem großen Willen, Du mußt Mann werden und Dich einem Führer anvertrauen.« Zwar könne selbst er als oberster Führer sich irren, aber letztlich komme es darauf an, »wer die wenigsten Fehler am Ende zu verzeichnen hat«. Der Widerstand der Feinde könne die Nationalsozialisten nur stählen, und seine Überwindung sei die Rechtfertigung ihres Sieges.

In den folgenden Tagen appellierte Hitler auf weiteren Versammlungen von Parteifunktionären an das blinde Vertrauen seiner Zuhörer. In einer Depesche nach Paris kommentierte Botschafter François-Poncet Hitlers Rede im Sportpalast mit der angemessenen Skepsis: »Es ist wirklich schwierig zu unterscheiden, bis zu welchem Punkt Monsieur Hitler dabei eine persönliche Überzeugung zum Ausdruck bringt oder Erfordernissen der Propaganda gehorcht.«[91] Nach dem Urteil des Botschafters war die innere Krise der Nationalsozialisten beileibe nicht ausgestanden, und er vermutete, daß Hitler glaubte, seine Gefolgsleute seien am besten mit Hetzreden bei der Stange zu halten.

Auffallend an Hitlers Reaktion auf seine prekäre Lage in der zweiten Januarhälfte war die Gelassenheit, die er trotz der entmutigenden Umstände an den Tag legte. Obwohl seine Strategie des Alles-oder-nichts bisher kein greifbares Ergebnis gebracht hatte und der ausbleibende Erfolg die Bewegung gefährdete, die zu seinem einzigen Lebenszweck geworden war, zeigte er keine Panik. Der unerschütterliche Glaube an seine Berufung zum Führer Deutschlands, mit dem er so vielen Anhängern blindes Vertrauen einflößte, verließ ihn auch in dieser schwierigen Situation nicht. Unfähig zu jedem Gedanken an eine mögliche Niederlage, wartete er zuversichtlich auf seine Stunde. Daß die Macht bald ihm gehören würde, davon war er überzeugt. Bis dahin führte er das ungebundene Leben des Beinahe-Bohemiens, wie er es, von den Zwängen des Daseins freigestellt, während seiner ganzen bisherigen politischen Laufbahn hatte führen können. Zum Nachmittagskaffee versammelte sich gewöhnlich ein Kreis von Bewunderern und Getreuen um ihn. In Berlin fanden diese Zusammenkünfte im prunkvollen Café des eleganten Hotels Kaiserhof statt, Hitlers Residenz in der Hauptstadt. Die Abende, die er gewöhnlich mit engen Vertrauten und Anhängern verbrachte, dauerten bis in die frühen Morgenstunden.[92]

Am Mittwoch, dem 18. Januar, als Hitlers politisches Schicksal nach den fruchtlosen Gesprächen mit Hugenberg und Papen in der Schwebe hing, sah er sich abends den neuen Film *Der Rebell* an, der in einem Berliner Kino soeben angelaufen war. Die melodramatische Handlung, in der ein Student gegen die Napoleonische Besatzung der österreichischen Provinz Tirol heldenhaft Widerstand leistet, löste bei ihm Begeisterung aus. Er sei »Feuer und Fett«, notierte Goebbels, der ihn begleitet hatte, in seinem Tagebuch.[93] Hitler war so begeistert, daß er den Film am folgenden Abend ein zweites Mal ansah. Wahrscheinlich erkannte er sich in dem Helden wieder, der durch seinen glühenden Patriotismus und seine begeisterte Rhetorik über seine bescheidene Herkunft hinauswächst und zum

Anführer seines Volkes wird, dessen Aufstand gegen Fremdherrschaft zuletzt erfolgreich ist. Wie Hitler lehnt auch der Held in *Der Rebell* jeden Kompromiß ab. Er widmet sein Leben ohne zu zögern der Sache und vertritt eine Weltanschauung, die, wie ein prominenter zeitgenössischer Filmkritiker später schrieb, die Kapitulation, nicht aber die Niederlage ausschließt.[94] Mit seiner fanatischen Überzeugung übt der fiktive Tiroler Student auf andere den gleichen Einfluß aus wie Hitler mit seinem unerschütterlichen Glauben an das eigene Schicksal. Daß *Der Rebell* mit dem Märtyrertod des Helden endet, konnte Hitlers Begeisterung keinen Abbruch tun. Auch er war zum Martyrium bereit, wie er es seinen Gefolgsleuten im Berliner Sportpalast verkündet hatte: »Ich habe dieses Werk gewählt, weil ich niemals in meinem Leben etwas anderes wählen konnte, … weil es für mich selbstverständlich ist, daß das mein Lebenswerk ist, mit dem ich entweder steige oder falle.«[95]

4

Schleicher fällt Illusionen zum Opfer

Während Hitler am Abend des Neujahrstages in München den Klängen von Wagners *Die Meistersinger* lauschte, wohnte Reichskanzler Kurt von Schleicher in Berlin einer Aufführung von Jacques Offenbachs Operette *Die Prinzessin von Trapezunt* bei.[1] An einem Wendepunkt der Handlung, die vor einem orientalischen Hintergrund spielt, steht die verzweifelte Frage eines Mitwirkenden: »Was machen wir nun?« In der Berliner Aufführung antwortete ein anderer Schauspieler abweichend vom Libretto: »Wir bilden eine neue Regierung und lösen den Reichstag auf.« Dieser aktuelle Bezug zum Zeitgeschehen löste unter den Zuschauern schallendes Gelächter aus und entlockte dem Reichskanzler eine amüsierte Grimasse, die darauf hindeutete, daß die Instabilität der politischen Situation ihm nicht entgangen war. Die anhaltenden Unruhen im Land spiegelten sich in den Berichten der Tagespresse wider, die für die Silvesternacht trotz des Burgfriedens über den Feiertag zahlreiche politische Gewalttaten meldete. Allein in Berlin hatte es bei blutigen Zusammenstößen zwischen Nationalsozialisten und Kommunisten, die sich schon seit drei Jahren Straßenschlachten lieferten, Dutzende von Verletzten und rund sechzig Festnahmen gegeben. Eine Näherin erlag Schußverletzungen, die ihr ein Angehöriger der Nazi-Kampftruppen, den sie noch nie gesehen hatte, auf dem nächtlichen Nachhauseweg durch ein Arbeiterviertel der Hauptstadt beibrachte.[2] Der Mörder, der bei seiner Flucht auf einem Fahrrad »Heil Hitler!« schrie, sagte später aus, er habe das Opfer mit einer Kommunistin verwechselt.[3] In derselben Nacht erstach in einem anderen Berliner Viertel ein Nationalsozialist einen neunzehnjährigen Kommunisten,[4] während vermutlich Kommunisten einen sechzehnjährigen Angehörigen der Hitlerjugend mit dem Messer erstachen.[5] Auch in anderen Teilen Deutschlands überschattete die anhaltende politische Gewalt den Optimismus, mit dem die Anhänger der Republik das neue Jahr begrüßten.

Die politischen Gewalttaten ereigneten sich vor dem Hintergrund eines Massenelends, das drei Jahre tiefster Wirtschaftskrise hervorgerufen hatte. Die Anzeichen einer Erholung, die seit Mitte 1932 auf den Aktien- und Rentenmärkten spürbar waren, hatten sich noch nicht auf die Situation der über sechs Millionen Arbeitslosen und ihrer Familien ausgewirkt. Anfang 1933 waren bei über der Hälfte der Berliner Arbeitslosen die Ansprüche an die staatliche Arbeitslosenversicherung erloschen, so daß sie auf die spärliche Unterstützung der Gemeinden angewiesen waren, die kaum zum Überleben reichte.[6] Ein amerikanischer Journalist rechnete vor, mit welcher Lebensmittelration eine dreiköpfige Familie pro Tag auskommen mußte: mit sechs kleinen Kartoffeln, fünf Scheiben Brot, einem kleinen Kohlkopf, ein paar Gramm Margarine und einem halben Liter Milch für das Kind. Fleisch kam nicht auf den Tisch; sonntags reichte das Budget für einen Hering pro Kopf.[7] Besonders bei Kindern war Unterernährung zu einem akuten Problem geworden.[8] Viele, die das Dach über dem Kopf verloren hatten, weil sie die Miete nicht mehr zahlen konnten, lebten von den Suppenküchen der Wohlfahrt und kamen im Winter in Wohnheimen oder städtischen Wärmhallen unter.[9] Wer noch Arbeit hatte, mußte befürchten, bald ebenfalls auf der Straße Äpfel oder Bleistifte verkaufen oder mit einem um den Leib gebundenen Schild um irgendeine Beschäftigung betteln zu müssen. Auch wenn es mit der Wirtschaft allmählich wieder bergauf ging, waren die Folgen der Krise nach wie vor sehr gegenwärtig.

In einer landesweit gesendeten Rundfunkansprache Mitte Dezember hatte Reichskanzler Schleicher ein Regierungsprogramm zur Linderung der Not der Arbeitslosen versprochen, das nur aus zwei Wörtern bestehen sollte: »Arbeit schaffen!«[10] Im Gegensatz zu seinem Vorgänger Papen, der den Arbeitsmarkt indirekt durch Steuererleichterungen für die Wirtschaft anzukurbeln gehofft hatte, setzte der neue Reichskanzler auf die staatliche Finanzierung von Projekten, die auf direktem Weg neue Stellen schaffen würden. Zugleich versprach er verstärkte Bemühungen, das von früheren Kabinetten begonnene Programm zur Ansiedlung städtischer Arbeitsloser auf Landparzellen in den dünn besiedelten Gebieten im Nordosten des Reiches beschleunigt durchzuführen und auszuweiten. Als Reaktion auf die Proteste der Gewerkschaften verkündete er die Rücknahme einer Verordnung des Kabinetts Papen, die den Arbeitgebern eine Bezahlung unterhalb der ausgehandelten Tariflöhne ermöglicht hatte. Ebenso lehnte er die von Papen eingeführte Bedürftigkeitsprüfung für Arbeitslosenhilfe ab und bekannte sich zur Wiederherstellung des gesetzlichen Anspruchs auf Unterstützung. Der neue Reichskanzler erklärte sich als weder dem Kapitalismus noch dem Sozialismus zugehörig und versprach eine pragmatische Lösung der wirtschaftlichen Probleme. Um Zweifel an seiner Bürgernähe auszuräumen, informierte er seine Hörer, er habe nichts dagegen, wenn man ihn einen »sozialen General« nenne, ein Etikett, das im Einklang mit der von der Armee gepflegten Tradition einer Solidarität zwischen Offizieren und Soldaten stehe.

Schleicher nutzte die Rundfunkansprache zugleich dazu, die Verteidiger der Republik über seine politischen Absichten zu beruhigen. Er habe die Ernennung zum Regierungschef nur mit großen Vorbehalten angenommen – mit Vorbehalten auch deshalb, weil ein Reichswehrminister als Reichskanzler nach Militärdiktatur rieche. In seinem Falle seien die Befürchtungen allerdings unbegründet: »Ich habe es schon verschiedentlich zum Ausdruck gebracht und wiederhole es heute: Es sitzt sich schlecht auf der Spitze der Bajonette, d. h. man kann auf die Dauer nicht ohne eine breite Volksstimmung hinter sich regieren.« Auffallend war, daß er sich nicht zu der von Papen vorgeschlagenen Verfassungsänderung äußerte. In bezug auf sein neues Amt bat Schleicher darum, in ihm »nicht nur den Soldaten, sondern den überparteilichen Sachwalter der Interessen aller Bevölkerungsschichten für eine hoffentlich nur kurze Notzeit zu sehen, der nicht gekommen ist, das Schwert zu bringen, sondern den Frieden«. Für die Arbeit der Regierung erhoffte sich der Reichskanzler, der Reichstag, dem er »eine starke Dosis gesunden Mißtrauens zubillige«, werde der Regierung »ohne Hineinreden und ohne die hinlänglich bekannten parlamentarischen Methoden« Gelegenheit geben, »ihr Programm durchzuführen«.

Abseits der Öffentlichkeit war Schleicher dem Reichstag gegenüber allerdings weniger versöhnlich eingestellt. Um seine Ziele zu erreichen, meinte er sich von den parlamentarischen Fesseln für mindestens zwei Jahre befreien zu müssen.[11] In dieser Zeit sollte der Reichstag nur alle paar Monate zu einer Sitzung zusammenkommen, in der die Abgeordneten gegebenenfalls ihrem Ärger Luft machen konnten, freilich ohne die Arbeit der Reichsregierung zu behindern. Zusätzlich versuchte Schleicher, die innenpolitischen Auseinandersetzungen, die während der Wirtschaftskrise tiefe Gräben im Land aufgerissen hatten, in den Hintergrund zu drängen, indem er die nationale Sicherheit in den Blickpunkt der Öffentlichkeit rückte.[12] Die Siegermächte des Ersten Weltkrieges gestanden Deutschland kurz nach Schleichers Amtsantritt nach zähen Verhandlungen eine prinzipielle militärische Gleichberechtigung zu. Statt sich einer allgemeinen Abrüstung zu unterziehen, wie im Versailler Vertrag vorgesehen war, zogen sie es vor, eine Aufrüstung Deutschlands innerhalb eines noch zu errichtenden Sicherheitssystems zu akzeptieren. Obwohl noch nicht genau geklärt war, was dieses Zugeständnis praktisch bedeutete, machte es in Schleichers Augen den Weg frei für die Einrichtung einer Miliz auf der Basis der Wehrpflicht, die der erste Schritt zur Einführung der allgemeinen Wehrpflicht sein würde.[13] In anderen Worten, Schleicher wollte sein Kabinett auf die Aufrüstung verpflichten und sich das politische Verdienst erwerben, die militärische Ohnmacht der Nation beendet zu haben.

In der ersten Januarwoche, nach einem Monat im Amt, war Schleicher seinen Zielen noch kaum näher gerückt. Zwar hatte er mit der Rücknahme der unpopulärsten Maßnahmen seines Vorgängers die Gefahr eines Bürgerkrieges, die am Ende von Papens Kanzlerschaft als Damoklesschwert über dem Land gehangen hatte, bannen können, doch sah er sich jetzt mit dem Problem konfrontiert, wie er beim voraussichtlichen Zusammentreten des Reichstages am 24. Januar ein ähnlich massives Mißtrauensvotum wie das gegen Papen vor dessen Sturz würde abwenden können. Hatte Papen wenigstens die Unterstützung der Deutschnationalen genossen, so verfügte Schleicher im Reichstag immer noch über keinen festen Rückhalt außer dem der beiden kleinen, politisch bedeutungslosen liberalen Parteien.

Mit seinen versöhnlichen Gesten gegenüber den Gewerkschaften hatte der Reichskanzler sich immerhin etwas

Kredit erworben. Die Führer der christlichen Gewerkschaften, die eng mit dem katholischen Zentrum verbündet waren, reagierten auf seine Avancen mit vorsichtig positiven Signalen. Die Führer der größten Arbeiterorganisation, der Freien Gewerkschaften, betrachteten die versprochenen staatlich finanzierten Arbeitsbeschaffungsmaßnahmen ebenfalls mit Wohlwollen, ließen sie doch auf einen Rückgang der hohen Arbeitslosenquote unter ihren Mitgliedern hoffen. Allerdings hatte die Haltung der Freien Gewerkschaften für Schleicher nur einen beschränkten politischen Wert, da die eng mit ihnen verbundene SPD dem neuen Reichskanzler entschieden mit Kälte begegnete und sein Kabinett als Neuauflage der verhaßten Reichsregierung Papen ablehnte. Die Sozialdemokraten sahen Schleicher in die Absetzung der preußischen Landesregierung durch Papen verwickelt, die für die Partei die wichtigste Quelle der Ämtervergabe gewesen war. Deshalb bezogen ihre 121 Reichstagsabgeordneten gegenüber Schleichers Regierung eine unversöhnlich oppositionelle Haltung, ebenso wie die 100 kommunistischen Abgeordneten, deren Feindschaft gegenüber den Sozialdemokraten freilich jede Zusammenarbeit, die über die gemeinsame Ablehnung des Kabinetts Schleicher hinausging, unmöglich machte.

Um Hitler von der Macht fernzuhalten, war allerdings ein prominenter Sozialdemokrat bereit, gegen den Willen seiner Parteigenossen die Differenzen mit Schleicher beiseite zu legen. Am 6. Januar suchte Otto Braun, der langjährige Ministerpräsident von Preußen und ein herausragender sozialdemokratischer Politiker, den Reichskanzler auf und schlug einen gewagten Handel vor.[14] Schleicher sollte Hindenburg dazu bringen, das Kabinett Braun in Preußen wieder einzusetzen; im Gegenzug würden er und Schleicher den Reichspräsidenten drängen, den Reichstag und das preußische Abgeordnetenhaus aufzulösen, ohne innerhalb der verfassungsmäßig vorgeschriebenen Fristen Neuwahlen anzuberaumen. Gemeinsam würden sie dann bis zum Frühjahr mit Notvollmachten regieren und die Nationalsozialisten so in Schach halten.

Braun verwies darauf, daß es mit Hitlers Partei bereits wieder bergab gehe. Bei einer Wahl einige Monate später würde sie verheerende Verluste erleiden, zumal wenn deutlich würde, daß die Talsohle der Wirtschaftskrise überwunden und Besserung in Sicht sei. Ein dann gewählter Reichstag und preußischer Landtag würden wieder voll funktionsfähig sein. Doch Schleicher erteilte Braun eine Absage. Er könne nicht hoffen, sagte er, den Reichspräsidenten dazu zu bewegen, das von jeher spannungsgeladene Verhältnis zwischen der Reichsregierung und der preußischen Landesregierung wiederherzustellen. Ungesagt blieb, daß er selbst der Zusammenarbeit mit der größten Partei der Weimarer Republik faktisch einen Riegel vorgeschoben hatte, indem er neben anderen Hindenburg zur Amtsenthebung Brauns und der anderen Minister überredet hatte.

Anders als Braun suchte Schleicher nicht nach Wegen, die Nationalsozialisten zu schwächen, sondern wollte sie vielmehr für seine Zwecke einspannen. Er hoffte noch immer, mit Hilfe ihrer 196 Reichstagsabgeordneten eine parlamentarische Mehrheit zusammenzubekommen, die sein Kabinett unterstützen oder zumindest dulden würde. Wie er später schrieb, erschien ihm die Aussicht auf einen »modus vivendi« mit den Nationalsozialisten günstig.[15] In der ersten Januarhälfte setzte er seine Hoffnungen noch vornehmlich auf Gregor Strasser, obwohl dieser bereits einen Monat zuvor von seinen Parteiämtern zurückgetreten und nach Italien abgereist war. Wie Schleicher bei einer Versammlung von Generälen Mitte Dezember erklärt hatte, versuchte er eine »Mitarbeit der Nazi[s] unter Strasser unter Messiassegen H[itler]s« zustande zu bringen.[16] Im Januar, so verkündete er den Generälen, werde er den Nazis die Frage stellen: »Spielst du mit?« Lehnten sie ab, war der Zeitpunkt zum Kampf gegen sie gekommen und die Auflösung des Reichstages unausweichlich. Um moralisch im Vorteil zu bleiben, so Schleicher, werde er alles daransetzen, die Nationalsozialisten in die Regierungsverantwortung einzubinden. Im Falle einer Konfrontation werde er jedoch nicht lange fackeln und die Partei heftig bekämpfen. Allerdings liege es nicht im Staatsinteresse, die NSDAP zu zerschlagen. Wie schon früher übersah Schleicher die barbarischen Züge der nationalsozialistischen Bewegung, die er für seine Zwecke zu nutzen hoffte. Bei einem Zusammenbruch der Partei würden, so befürchtete er, ihre Energien und Fähigkeiten den Kommunisten zufließen.[17]

Zu dieser Zeit vermuteten die Führer der NSDAP, Schleicher habe Gregor Strasser in der Hoffnung, ihre Partei zu spalten, einen Posten in seinem Kabinett angeboten, eine Ansicht, die von vielen Beobachtern geteilt und von den meisten Historikern übernommen wurde.[18] Sie ist allerdings falsch. Zwar verlief Schleichers Begegnung mit Strasser Anfang Dezember anscheinend positiv, und dasselbe gilt offenbar auch für eine Visite Strassers bei Hindenburg, die Schleicher für den 6. Januar in aller Heimlichkeit arrangiert hatte;[19] der Reichspräsident soll dabei, erleichtert darüber, daß Strasser offenbar kein Radikaler war, seine Bereitschaft ausgedrückt haben, ihn als Vizekanzler zu akzeptieren.[20] Aber trotz des positiven Eindrucks von Strasser gibt es keinen Hinweis darauf, daß Schleicher ihm tatsächlich irgendwann einen Kabinettsposten angeboten hat. Auch gibt es keine Beweise dafür, daß der Reichskanzler versucht hat, Strasser zur Spaltung der NSDAP zu benutzen, um einen Teil ihrer Abgeordneten zur Unterstützung seiner Regierung zu gewinnen, wie damals weithin angenommen wurde und seitdem von den meisten Historikern wiederholt worden ist. Schon die damaligen Mehrheitsverhältnisse im Reichstag schlossen dies aus. Schleicher selbst ging davon aus, daß ungefähr 60 der insgesamt 196 Reichstagsabgeordneten der NSDAP Strasser folgen würden.[21] Selbst wenn Strasser erfolgreich eine Spaltung herbeigeführt hätte, hätten sie zusammen mit den Abgeordneten der Parteien der Mitte und der rechten Mitte nicht ausgereicht, um eine die Regierung Schleicher duldende Mehrheit zustande zu bringen. Die verbleibenden rund 130 Abgeordneten der NSDAP hätten zusammen mit den 121 Sozialdemokraten und den 100 Kommunisten im Reichstag mit seinen 584 Sitzen jederzeit ein Mißtrauensvotum durchbringen können.

Wie Schleicher gegenüber seinen Ministern am 16. Januar einräumte, reichte der Rückhalt einer Abspaltung der NSDAP unter Führung Strassers nicht aus, um die Probleme der Regierung im Reichstag zu lösen; eine ihn tolerierende Mehrheit im Reichstag war nur mit Hitler zu erreichen.[22] Das Problem des Reichskanzlers bestand darin, Hitler von seinem immer wieder geäußerten Entschluß abzubringen, gegen jede Reichsregierung zu opponieren, die nicht von ihm selbst geführt wurde. Schleicher wollte Strasser als Druckmittel einsetzen, um Hitler umzustimmen, er beabsichtigte aber nicht, mit ihm einen Keil in die NSDAP zu treiben. Damit die Rechnung aufging, mußte in Hitler der Glauben geweckt werden, der Partei drohe tatsächlich die Spaltung. In dieser Situation war Strasser für den Reichskanzler außerhalb des Kabinetts wertvoller als im Kabinett. Strassers Ernennung zum Minister hätte zum endgültigen Bruch Hitlers mit seinem ehemaligen Stellvertreter geführt und die Opposition der NSDAP gegen die Regierung zementiert. Schleicher sorgte also dafür, daß das Gerede um eine Spaltung in den Reihen der Nationalsozialisten unter Führung Strassers nicht verstummte.[23]

Ein weiteres Druckmittel Schleichers gegen Hitler war

die Drohung mit einer neuen Reichstagswahl. Angesichts der schweren Verluste der NSDAP in den letzten Monaten des Jahres 1932 und ihrer finanziellen Schwierigkeiten nahm Schleicher an, die Perspektive eines weiteren kostspieligen Wahlkampfs und weiterer Verluste würde Hitler schon in die Knie zwingen. Er hätte diese Kraftprobe zwar lieber vermieden, da bei Verlusten der NSDAP eine Stärkung der Kommunisten zu befürchten war. Aber um Druck auf Hitler auszuüben, ließ er über die Presse verbreiten, er werde einem Mißtrauensvotum notfalls dadurch zuvorkommen, daß er mit einer Verordnung des Reichspräsidenten die Kammer auflösen und Neuwahlen ansetzen würde.[24] Um Hitler keine Zeit zu geben, der Alternative Kooperation oder Neuwahlen aus dem Weg zu gehen, gaben Schleicher und sein Beraterstab zu verstehen, falls die NSDAP eine Verlängerung der Sitzungspause des Reichstages unterstütze oder die Vertrauensabstimmung zurückstelle, werde der Reichskanzler das öffentlich als Zustimmung zur Regierung des Kabinetts durch Notverordnungen werten.[25] Dies wäre faktisch einer Einbindung der NSDAP in die Kabinettspolitik gleichgekommen, und die NSDAP hätte nicht mehr die politisch vorteilhafte Möglichkeit gehabt, sich in einer Zeit größter wirtschaftlicher Not aus der Regierungsverantwortung herauszuhalten. Zugleich hätte Hitler damit die Aura des trotzigen Oppositionsführers verloren, die er so erfolgreich gepflegt hatte.

Obwohl Hitler in der Öffentlichkeit erneut seinen Kurs des Alles-oder-nichts bestätigte, drückte Schleicher in der ersten Januarhälfte wiederholt seine Zuversicht aus, der Führer der NSDAP werde nachgeben. Hitler sei »in geradezu verzweifelter Stimmung«, versicherte er einem Journalisten am 10. Januar, »weil er fühle, daß ihm die Partei zerbröckele, ohne daß er sie jemals irgendwie an maßgebender Stelle habe einsetzen können«.[26] Bei einem inoffiziellen Abendessen für Journalisten am 13. Januar antwortete der Reichskanzler auf eine Frage zu den Nationalsozialisten mit einem Lächeln und einer abfälligen Geste. »Die werde ich schon klein kriegen [sic]«, versicherte er. »Sie werden mir bald aus der Hand fressen.«[27] Sein Ziel bestehe darin, sie von ihrem »überspitzten Messiasglauben« abzubringen und sie so sehr zu schwächen, daß sie einer autoritären Regierung unter seiner Führung zustimmen müßten.[28] Auf die bevorstehenden Wahlen in Lippe angesprochen, veranschlagte Schleicher die Aussichten der NSDAP als düster. Hitlers persönliche Teilnahme am dortigen Wahlkampf sei »dasselbe, wie wenn er zur Kartenlegerei ginge«.[29] Die Beobachtung eines Offizierskollegen über Schleicher während des Ersten Weltkrieges galt gewiß noch immer: »Vielleicht denkt er zu leicht über Überwindung von Schwierigkeiten.«[30]

Die Zuversicht des Reichskanzlers, Hitler für seine Zwecke einspannen zu können, beruhte auf drei gefährlichen Illusionen. Die offenkundigste war seine Annahme, der Führer der NSDAP werde auf Bedrohungen wie eine Rebellion unter Strasser und eine neue Reichstagswahl besonnen und rational reagieren. Die meisten Politiker hätten in dieser Situation die Segel gestrichen und mit Kompromissen eine Schadensbegrenzung angestrebt. Doch obwohl Schleicher sich mehrfach ausführlich mit Hitler unterhalten hatte, war ihm entgangen, daß sein Gesprächspartner kein gewöhnlicher Politiker war. Der Führer der NSDAP glaubte nicht nur, als einziger die Formel für Deutschlands Zukunft in Händen zu halten, er wähnte überdies das Schicksal auf seiner Seite und hielt sich für unbesiegbar. In der unerschütterlichen Überzeugung, daß er schließlich die totale Macht gewinnen würde, zeigte er nicht die geringste Neigung zu Kompromissen, mit denen er den politischen Schwierigkeiten, die Schleicher ausnutzen wollte, aus dem Weg hätte gehen können. Die Strategie des Reichskanzlers beruhte folglich auf einem völlig falschen Bild von Hitlers geistiger Verfassung.

Die zweite Illusion war Schleichers Annahme, Hitler sei politisch noch immer isoliert. In diesem Punkt saß er seiner falschen Einschätzung Franz von Papens auf. Er betrachtete Papen als willenloses Werkzeug, als harmlosen Tölpel, der nicht ernst genommen zu werden brauchte. Da er ihm kein Doppelspiel zutraute, hatte er ihm die Lüge abgenommen, er habe sich nur deshalb in Köln mit Hitler getroffen, um ihn für eine Unterstützung des Kabinetts Schleicher zu gewinnen. Folglich nahm er auch die Verschwörung nicht wahr, die sein ehemaliger Freund gegen ihn angezettelt hatte. Und am wenigsten konnte Schleicher sich vorstellen, daß an ihr auch Reichspräsident von Hindenburg, der ihn ins Amt gerufen hatte, beteiligt war. Am 10. Januar, nur einen Tag, nachdem Hindenburg Papen ermächtigt hatte, als sein geheimer Verbindungsmann zu Hitler zu fungieren, versicherte Schleicher einem Journalisten, Hitler habe in Köln vergeblich auf eine Kontaktaufnahme zum Reichspräsidenten gehofft: »Auf Hindenburg«, so fügte er hinzu, »wirkte Hitler beinahe so schlimm wie ein Kommunist.«[31]

Die dritte und am schwersten nachvollziehbare Illusion Schleichers bestand in seinem Glauben, Hitler strebe das Amt des Reichskanzlers gar nicht wirklich an. So äußerte er Mitte Dezember vor einer Versammlung von Generälen die Vermutung, Hindenburgs Angebot, Hitler zum Reichskanzler eines parlamentarischen Kabinetts zu ernennen, sei nur deshalb gescheitert, weil Hitler das Amt im »Gr[unde] s[eines] Herz[ens] gar nicht gewollt« habe.[32] Mitte Januar war diese Vermutung zu einer festen Überzeugung geworden. Dahinter stand einmal mehr Schleichers Gutgläubigkeit, was Papens falsche Darstellung des Gesprächs in Köln anging: Danach hatte Hitler als Gegenleistung für die Unterstützung einer Regierung Schleicher durch die NSDAP das Reichswehrministerium und das Innenministerium verlangt, eine Behauptung, in der Schleicher ein Verhaltensmuster Hitlers bestätigt sah. Wie er bei dem Essen mit Journalisten am Abend des 13. Januar erklärte, sei die Forderung des NSDAP-Führers offensichtlich an die Adresse des Reichspräsidenten gerichtet gewesen, denn Hitler habe ja davon ausgehen können, daß Papen den Inhalt ihrer Unterredung gleich an Hindenburg weiterleiten würde.[33] Im übrigen habe Hitler mit seiner Forderung nach den Ministerien, die ihm die Kontrolle über Reichswehr und Polizei verschafft hätten, ganz bewußt mehr verlangt, als er von Hindenburg hätte erwarten können. Das gleiche Verhalten habe Hitler ja schon in den vergangenen Monaten gezeigt: In den entscheidenden Augenblicken habe er an den Reichspräsidenten überzogene Forderungen gestellt, um eine Ablehnung zu provozieren. Wie Schleicher den Journalisten und am 16. Januar – also zwei Wochen vor seiner Ablösung durch Hitler – auch seinem Kabinett anvertraute, sei nur eine Schlußfolgerung denkbar: Der zukünftige Diktator wolle die Macht nicht.

Weder Schleichers Minister noch die Journalisten, denen er die Augen über Hitlers angebliche Abneigung gegen eine Machtstellung öffnen wollte, widersprachen ihm. Vielleicht gingen sie davon aus, der Reichskanzler sei besser informiert und verfüge über zuverlässigere Quellen. In gut unterrichteten Berliner Kreisen glaubte man vielfach, Schleicher verfüge als Reichswehrminister über ein ausgeklügeltes Netz allgegenwärtiger Spione. So argwöhnten die ehemaligen Reichskanzler Brüning und Papen, ferner Hindenburgs Staatssekretär im Reichspräsidialamt Otto Meißner und mindestens ein Mitglied von Schleichers Kabinett, ihre Telefone würden abgehört.[34] Allerdings kamen niemals Beweise ans Tageslicht, die diesen Verdacht erhärtet hätten. In Wahrheit verfügte Schleicher über alles andere als über eine Vielzahl von Informationen, und er schien im Gegenteil über Haltung und Tun der anderen politischen Akteure ausgesprochen schlecht unterrichtet. Besonders spärlich waren seine Kenntnisse von den Vorgängen innerhalb der NSDAP. In dieser Hinsicht stützte er sich besonders auf Briefe, die der ehemalige deutsche Kronprinz Wilhelm ihm zugeschickt hatte. Wilhelm hatte die Briefe seinerseits von einem fünfundsechzigjährigen General a. D. erhalten, der in der Münchner SA-Verwaltung eine periphere Stellung bekleidete.[35] Als Getreuer des Hitler zunehmend entfremdeten Gregor Strasser dürfte dieser Informant zu brisantem Material kaum Zugang gehabt haben, und in seinen Mitteilungen an den Ex-Kronprinzen mischten sich häufig irreführende Gerüchte, vor allem nach Strassers Rücktritt im Dezember. So spricht alles dafür, daß der Reichskanzler im Januar 1933 nur sehr wenig über die Aktivitäten und die Absichten seines baldigen Nachfolgers sowie über die Krise der NSDAP wußte.

Als Schleichers Bemühungen fehlschlugen, Hitler durch Einschüchterungen zur Zusammenarbeit zu zwingen, verstärkte er seinen Druck. Am 10. Januar spielten er und sein Pressechef der Presse Berichte zu Plänen einer politischen »Untermauerung« seines Kabinetts durch die Ernennung dreier neuer Minister zu.[36] Gregor Strasser wurde darin als Vizekanzler und Innenminister der Reichsregierung und zugleich als Ministerpräsident von Preußen genannt. Adam Stegerwald, ein prominenter Abgeordneter des Zentrums und zugleich Führer der christlichen Gewerkschaft, war als Reichsarbeitsminister vorgesehen, die beiden Ministerien für Landwirtschaft und Wirtschaft waren Alfred Hugenberg, dem Führer der Deutschnationalen Volkspartei zugedacht. Selbst nach dieser Umbildung, so präzisierte Schleicher einem Journalisten gegenüber, sei sein Kabinett noch immer mehr ein Präsidial- als ein parlamentarisches Kabinett, da es zu den Parteien der drei neuen Minister keine förmlichen Beziehungen gebe.[37] Gleichwohl drückte er die Erwartung aus, ihre Einbeziehung werde bei diesen Parteien, die zusammen über eine komfortable Mehrheit im Reichstag verfügten, zu einer kooperativen Haltung führen.

Doch Schleicher bluffte. Er hatte Hugenberg kein derartiges Angebot unterbreitet, geschweige denn die Einwilligung des streitsüchtigen Politikers erhalten, seinem Kabinett beizutreten. Auch mit Stegerwald hatte er keinerlei Sondierungsgespräche über einen Kabinettsposten geführt, und die Verhandlungen mit Strasser waren noch nicht in eine konkrete Phase getreten. Es ging Schleicher bei diesem Täuschungsmanöver offenbar darum, den Druck auf Hitler zu erhöhen. Er wollte den Führer der NSDAP mit Drohungen zur Aufgabe seiner Opposition gegen das Kabinett zwingen: Wenn er nicht rasch einlenke, würde sein früherer Stellvertreter einen wichtigen Posten in einer auf einer breiten Basis gebildeten Reichsregierung erhalten und zudem die Führung der preußischen Landesregierung mit ihren zahlreichen Ämtern übernehmen. Mit den dann zu vergebenden Posten konnte Strasser Anhängern, die Hitler verließen und ihm folgten, eine reiche Belohnung bieten.

Um die Daumenschrauben weiter anzuziehen, leitete Schleichers Pressechef am 10. Januar die Nachricht von Strassers heimlicher Zusammenkunft mit Hindenburg in der Woche zuvor an die Presse weiter.[38] Zugleich ließ der Reichskanzler durch Journalisten verbreiten, er selbst wolle bei einem Treffen mit Hitler zwar nicht die Initiative ergreifen, doch stehe seine Tür dem NSDAP-Führer immer offen.[39] Aber wieder einmal hatte Schleicher sich verrechnet, indem er erwartete, Hitler würde angesichts der drohenden Gefahr mit politischer Vernunft reagieren. Obwohl die Nachricht von Strassers Besuch beim Reichspräsidenten über die Führer der NSDAP mitten im Wahlkampf in Lippe hereinbrach und sie momentan erschreckte, dachte

Hitler gar nicht daran, den Reichskanzler um ein Gespräch zu ersuchen. Wie ihm zweifellos bewußt war, hätte er sich damit in die Rolle des Bittstellers begeben und seine Verhandlungsposition geschwächt.

Schleichers Täuschungsmanöver verlor binnen einer Woche jede Glaubwürdigkeit. Informierte politische Beobachter reagierten skeptisch auf seine Absicht, sein Kabinett parlamentarisch zu »untermauern«.[40] Schon einen relativ gemäßigten Nationalsozialisten wie Strasser in die Regierung einzubinden wäre schwierig gewesen. Außerdem trennte ein tiefer politischer Graben den republikanisch gesinnten Gewerkschafter Stegerwald von dem Deutschnationalen Hugenberg, einem Demokratiegegner und Erzfeind der Arbeiterbewegung, so daß eine Zusammenarbeit der beiden höchst unwahrscheinlich erschien. Dies bestätigte sich auch bald. Als bei einem Gespräch am Freitag, dem 13. Januar, Schleicher Hugenberg die Reichsministerien für Landwirtschaft und Wirtschaft anbot,[41] machte Hugenberg deutlich, er werde einem Kabinett nur dann beitreten, wenn der Reichskanzler zur Errichtung eines radikal autoritären Regimes bereit sei, das mindestens ein Jahr lang ohne Rücksicht auf den Reichstag regieren würde.[42] Das aber war für Stegerwalds Zentrumspartei völlig inakzeptabel. Am folgenden Montag, dem 16. Januar, stand in der Zeitung der christlichen Gewerkschaften unmißverständlich, eine Einbindung Stegerwalds in ein Kabinett mit Hugenberg komme nicht in Frage.[43] Am selben Morgen suchte der Chef der Deutschen Zentrumspartei Prälat Ludwig Kaas den Reichskanzler auf, um ihm die gleiche Botschaft zu überbringen.[44] Später an diesem Tag vollzog Hitler in seiner Rede vor den Gauleitern in Weimar den endgültigen Bruch mit Strasser.

Schleicher erfuhr davon zwar erst einige Tage später, aber am Vormittag des 16. Januar waren die Unmöglichkeit einer Zusammenarbeit von Hugenberg und Stegerwald sowie die Zugewinne der NSDAP bei den Wahlen in Lippe allgemein bekannt. Als der Reichskanzler auf einer Kabinettssitzung am selben Vormittag auf das Wahlergebnis von Lippe nicht einging und statt dessen seine bereits hinfälligen Pläne enthüllte, die Regierung parlamentarisch zu untermauern, wirkte das deshalb, als sei er entweder erschreckend schlecht informiert oder als habe er den Bezug zur Realität verloren. Das einzige Zugeständnis an die Realität bestand darin, daß er Stegerwald nicht namentlich nannte und statt dessen von einem »Vertreter des Zentrums« als drittem Minister neben Strasser und Hugenberg sprach.[45]

In der Woche nach der Kabinettssitzung vom 16. Januar verflogen die letzten Hoffnungen Schleichers, auch nur die Deutschnationalen hinter sein Kabinett zu bringen. Hugenberg, der seine Bedingungen für einen Beitritt zum Kabinett beim Reichskanzler nicht hatte durchsetzen können, geriet bei den Radikalen seiner Partei zunehmend unter Druck, gegen Schleicher eine totale Opposition zu betreiben.[46] Am Freitag, dem 20. Januar, stimmte er einer scharf formulierten Parteiresolution zu, in der die Ablösung der Regierung verlangt wurde.[47] Schleicher wurde »eine Politik des Hinhaltens und Zauderns« vorgeworfen, die den autoritären Kurs, den Reichspräsident von Hindenburg zur Zeit von Papens Ernennung zum Reichskanzler eingeleitet hatte, zu unterminieren drohe. In Anspielung auf Schleichers Zustimmung zur Aufteilung bankrotter landwirtschaftlicher Betriebe in Siedlungsparzellen machte die Resolution in dessen Politik »ein neues Abgleiten in sozialistisch-internationale Gedankengänge« aus, die »die Gefahr eines Bolschewismus auf dem flachen Lande« heraufbeschworen. Der geharnischte Text der Resolution wurde erst am 24. Januar veröffentlicht, aber der Reichskanzler bekam ein Exemplar schon am 21. von einem prominenten deutschnationalen Abgeordneten überreicht.[48] Von da an stand fest, daß Schleicher von Hugenberg und seiner Partei nur kompromißlose Opposition zu erwarten hatte. Am 21. Januar widerrief der Reichskanzler denn auch selbst jede Absicht einer Kabinettsumbildung.[49]

Schon vor dem Zusammenbruch dieser Pläne hatte Schleicher seine Lage unnötig erschwert, indem er Verwirrung über seine Absichten gestiftet hatte. Bei dem Abendessen mit Journalisten am 13. Januar reagierte er ärgerlich auf Vorwürfe von rechts, er umwerbe Gewerkschaften und andere republikfreundliche Interessengruppen, um die Unterstützung des Reichstages zu gewinnen.[50] Sein Ziel, so betonte er, sei vielmehr eine starke, autoritäre und vom Reichstag unabhängige Regierung. Diese Behauptung paßte allerdings schlecht zu seinen wenige Tage zuvor geäußerten Plänen, er wolle sich mit einer Kabinettsumbildung die Unterstützung des Reichstages sichern. Beim gleichen Abendessen mit Journalisten relativierte Schleicher auch seine Drohung, Neuwahlen anzusetzen, falls ihn die Aussicht auf ein Mißtrauensvotum zur Auflösung des Reichstages zwingen würde.[51] Im November des Vorjahres, verkündete er den Journalisten, seien alle für erneute Wahlen gewesen, doch jetzt habe sich die Stimmung im Land gewandelt. Weder die Parteien noch die Wähler, die Wirtschaft oder die Gewerkschaften hätten etwas dagegen, wenn Neuwahlen nach einer Reichstagsauflösung erst nach der verfassungsmäßigen Frist von sechzig Tagen stattfinden würden. Drei Tage später, am 16. Januar, wiederholte Schleicher dasselbe sinngemäß vor seinem Kabinett.[52] Daraufhin wurde in der Presse spekuliert, der Reichskanzler wolle die Verfassung brechen, um Neuwahlen zu verhindern.[53]

Mit der Überlegung, Neuwahlen womöglich zu umgehen, griff Schleicher einen Plan auf, den er während Papens Kanzlerschaft bereits zweimal erwogen, schließlich aber fallengelassen hatte. Bis Mitte Januar war ihm vermutlich bewußt geworden, daß Neuwahlen die NSDAP zwar Stimmen kosten, die Sitzverteilung im Parlament aber wahrscheinlich nicht spürbar zu seinen Gunsten verändern würden. Eine Zeitlang hatte er mit dem Gedanken gespielt, eine neue »Präsidial-Partei« zu etablieren, die den Wählern die Möglichkeit geben würde, eine allein Hindenburg verantwortliche Reichsregierung zu unterstützen, doch unternahm er nichts zur Umsetzung dieses Konzeptes.[54] Was immer seine Motive waren, jedenfalls beging er einen taktischen Fehler, als er durchblicken ließ, daß er die Drohung mit Neuwahlen, falls seine Bemühungen um Zusammenarbeit mit der NSDAP fehlschlugen, womöglich nicht wahrmachen würde. Auch wenn dies kaum die Ursache für Hitlers Unnachgiebigkeit gewesen ist, dürften die Presseberichte darüber möglicherweise Hitlers Entschlossenheit gefestigt haben. Sie deuteten nämlich darauf hin, daß Schleicher nicht eben zuversichtlich war, daß die Nationalsozialisten bei Neuwahlen nochmals schwere Verluste erleiden würden. Wenn Hitler sich fragte, ob Schleicher die NSDAP tatsächlich mit Neuwahlen in Bedrängnis bringen wollte, dann waren diese Signale für ihn sicher ermutigend.

Bei den Verteidigern der Republik haben die Presseberichte über Schleichers Überlegung, Neuwahlen vielleicht zu verhindern, für Alarmstimmung gesorgt. Vor allem die Führer des Zentrums, einer der Parteien, um deren Unterstützung Schleicher sich vornehmlich bemühte, befürchteten einen solchen Verfassungsbruch.[55] Als politische Vertreter der katholischen Minderheit, die unter Bismarck verfolgt worden war, wachten die Zentristen besonders genau über die Einhaltung der republikanischen Verfassung. Daß Schleicher offenbar mit dem Gedanken spielte, einen Artikel der Verfassung in flagranter Weise zu verletzen, vergrößerte ihren Argwohn gegenüber dem Reichskanzler. Die Sozialdemokraten sahen dagegen nur ihre schlimmsten Befürchtungen bestätigt.[56] Im Gegensatz dazu begrüßten republikfeindliche Konservative die Berichte als willkommenes Signal für die Bereitschaft des Kanzlers, die verhaßte Weimarer Verfassung und die parlamentarische Demokratie offen außer Kraft zu setzen.[57] Als die Reichskanzlei wenige Tage später jede Absicht Schleichers dementierte, Neuwahlen unter Umgehung der Verfassung zu verschieben, herrschte allerorts Verwirrung. Das Mißtrauen gegen Schleicher wuchs.[58] Wie jetzt deutlich wurde, hatte der Reichskanzler die politische Isolation, die er zu durchbrechen gehofft hatte, durch seine unachtsamen Äußerungen noch vergrößert.

Diese Isolation reichte bis in sein Kabinett. Statt sich bei seinem Amtsantritt nach neuen, ihm treu ergebenen Ministern umzusehen, hatte Schleicher mit zwei Ausnahmen Papens gesamtes Kabinett konservativer, unpolitischer Fachleute übernommen. Auf die besorgte Bemerkung eines jungen Offiziers im Reichswehrministerium, Schleicher werde damit auch die Unbeliebtheit des vorigen Kabinetts übernehmen, hatte dieser geantwortet: »Ja, Kerlchen, Sie haben ja völlig recht; aber ich kann diese Leute nicht entbehren, denn ich habe keine anderen.«[59] Schleicher betrachtete die Zusammensetzung seines Kabinetts von Anfang an als Übergangslösung und machte keinen Hehl aus der Bereitschaft, amtierende Minister gegen Leute auszutauschen, die ihm zusätzlichen politischen Rückhalt verschaffen würden. Er zog es vor, sich bei der Erstellung seiner Strategien und Taktiken nicht auf das Kabinett zu stützen. Dessen immer selteneren Sitzungen drehten sich meist um Routinefragen.[60] Bei den wenigen Gelegenheiten, bei denen Schleicher auf die politische Situation zu sprechen kam, verriet er den Ministern von seinen Absichten nur wenig. Folglich hatten einige von ihnen auch völlig falsche Vorstellungen von seinen Absichten.

Es überrascht nicht, daß die Moral im Kabinett ziemlich

schlecht war. Dazu trug Schleichers geheimniskrämerische und selbstherrliche Art während der Kabinettssitzungen ebenso bei wie seine Weigerung, sich mit Sachfragen der Regierungsarbeit zu befassen. Wenn Kabinettsmitglieder in kniffligen Angelegenheiten seine Unterstützung suchten, zeigte er sich kaum oder überhaupt nicht kooperativ. Diese Erfahrung machte selbst Günther Gereke, ein energischer Konservativer, der für eine aktive Regierungspolitik eintrat. Schleicher hatte ihn als Kommissar für Arbeitsbeschaffung und für das landwirtschaftliche Siedlungsprogramm ins Kabinett geholt, zwei Themen, denen Schleicher erste Priorität zugesichert hatte.[61] Gerekes Aufgabe war es, die staatlichen Programme zum Abbau der hohen Arbeitslosigkeit, dem noch immer drängendsten innenpolitischen Problem, beschleunigt umzusetzen. Er war deshalb zutiefst enttäuscht, als Schleicher Anfang Januar seine Bitte an ihn ablehnte, sich persönlich für den Abbau bürokratischer Hemmnisse zur beschleunigten Umsetzung der Projekte einzusetzen.

Ebenso ging Schleicher dem dornigen Problem der Handelspolitik aus dem Weg. Die Minister für Landwirtschaft und Wirtschaft, die er von Papen übernommen hatte, lagen über dieser Frage schon seit langem im Streit. Angesichts dauerhaft niederer Lebensmittelpreise drängten die agrarischen Interessengruppen auf eine staatliche Intervention zugunsten der Lebensmittelproduzenten. Vor allem verlangten die Vertreter der Landwirtschaft höhere Einfuhrzölle und andere Handelshemmnisse zur Eindämmung der ausländischen Konkurrenz. Die Industriellenverbände warnten dagegen vor protektionistischen Maßnahmen; sie befürchteten, die Agrarexportländer könnten mit Strafmaßnahmen gegen die Ausfuhr deutscher Industriegüter reagieren. Der Landwirtschaftsminister vertrat die Interessen der Bauern, der Wirtschaftsminister stellte sich auf die Seite der Industriellen. Um sich mit der Streitfrage nicht im einzelnen befassen zu müssen, verlangte Schleicher den Ministern trotz der für sie unüberbrückbaren Gegensätze einen Kompromiß ab.[62] Doch während sie nach außen hin Einigkeit demonstrierten, arbeiteten sie hinter den Kulissen weiterhin gegeneinander und versuchten ihre Position durch Rücktrittsdrohungen zu stärken, ohne viel zu bewirken.[63] Der Landwirtschaftsminister beschrieb seine Tätigkeit im Kabinett Schleicher später als »eine wahre Tortur«.[64]

Weitaus größeren politischen Schaden als Schleichers Entfremdung von den Mitgliedern seines Kabinetts richtete die wachsende Kluft zwischen ihm und Reichspräsident von Hindenburg an, dem eigentlichen Herrn der Macht. Fast von Anfang an machten in Berlin Berichte die Runde, wonach der Reichspräsident Schleicher reserviert begegne.[65] In der zweiten Januarwoche räumten der Kanzler und seine Mitarbeiter Journalisten gegenüber ein, daß Schleicher zu Hindenburg ein weniger herzliches Verhältnis habe als vor ihm Papen, doch stelle dies kein Problem dar.[66] Die Ursachen für die Verschlechterung des Verhältnisses der beiden Männer werden vermutlich nie ganz geklärt werden. Beigetragen hat dazu wahrscheinlich ein nicht unbegründeter Verdacht des Reichspräsidenten, der Sturz seines Favoriten Franz von Papen sei auf eine Intrige Schleichers zurückzuführen. Dieselbe Ansicht wurde in den politischen Kreisen der Hauptstadt oft geäußert, obwohl der Reichskanzler und seine Mitarbeiter bemüht waren, ihr entgegenzutreten.[67]

Bei Schleichers Amtsantritt gab ihm Hindenburg zu verstehen, man erwarte von ihm, daß er seinen Vorgänger gegen Kritik an seiner Amtsführung in Schutz nehme, ein Anliegen, das vom neuen Reichskanzler bald vernachlässigt wurde.[68] Im Januar äußerte er sich Journalisten gegenüber sarkastisch über Papens Leistungen als Reichskanzler; einige dieser Journalisten standen über geheime

Kanäle in Verbindung mit Papen, der Berichte über solche Indiskretionen dem Reichspräsidenten kaum verschwiegen haben dürfte.[69] Eine andere Informationsquelle Hindenburgs war Schleichers unzufriedener Kommissar für Arbeitsbeschaffung Gereke. Dadurch, daß er im Frühjahr die Finanzen der Kampagne zur Wiederwahl des Reichspräsidenten leitete, war Gereke ein Vertrauter der Familie Hindenburg geworden.[70] Besonders enge Beziehungen unterhielt er zum Sohn des alten Feldmarschalls, seinem Adjutanten Oberst Oskar von Hindenburg. Angesichts von Gerekes zunehmenden Vorbehalten gegenüber Schleicher dürften die Hindenburgs von ihm kaum Positives über den Reichskanzler gehört haben.

Zur Verschlechterung des Verhältnisses zwischen Schleicher und Hindenburg trug in besonderem Maße sicher Papen bei. Der gekränkte, heimlich auf Rache sinnende Ex-Reichskanzler hatte immer noch bevorzugten Zutritt zum Reichspräsidenten. Auf Hindenburgs Bitte war er in der Wohnung im Innenministerium an der Wilhelmstraße geblieben, in der er als Reichskanzler gewohnt hatte.[71] Dort trennte ihn nur das Reichsaußenministerium von der Reichskanzlei, in der Hindenburg im Frühjahr 1932 in die Wohnung eingezogen war, in der gewöhnlich der Reichskanzler residierte; das Präsidentenpalais drei Häuser weiter hatte wegen dringender umfangreicher Renovierungsarbeiten geräumt werden müssen.[72] Durch den Hinterausgang des Innenministeriums, die Tore zwischen den von der Wilhelmstraße nicht einsehbaren Gärten hinter den Regierungsgebäuden und dann den Hintereingang der Reichskanzlei gelangte Papen unbemerkt zum Reichspräsidenten. Da er keine Amtsgeschäfte mehr zu besorgen hatte, hatte er jede Menge Zeit, gegen seinen Nachfolger zu intrigieren.

Im Gegensatz zu Papen, der beim Reichspräsidenten ein- und ausgehen konnte, hatte Schleicher zum Staatsoberhaupt offenbar nur beschränkt persönlichen Kontakt. Beide Männer führten ihre Staatsgeschäfte in der Reichskanzlei, aber Hindenburgs Arbeitszimmer im älteren Teil des großen, verwinkelten Baus lag in einiger Entfernung von dem Schleichers in einem Anbau an der Wilhelmstraße vom Ende der zwanziger Jahre. Auch wohnte Schleicher im Gegensatz zu Papen nicht in den Regierungsgebäuden an der Wilhelmstraße.[73] Statt dessen hatte er vor kurzem mit seiner Frau, die er vor einem Jahr geheiratet hatte, eine etwas weiter weg gelegene Privatwohnung bezogen. Außerdem verbrachte er einen Großteil seiner Arbeitszeit im Reichswehrministerium, das von der Reichskanzlei über eineinhalb Kilometer entfernt war. Er stützte sich noch immer stark auf seinen dortigen Führungsstab, sogar in Fragen, die in die Zuständigkeit des Reichskanzlers fielen.[74]

Obwohl Schleicher Hindenburg über Jahre hinweg als enger Berater gedient hatte, wirkte sich ihre Zusammenarbeit als Reichspräsident und Reichskanzler auf ihr persönliches Verhältnis negativ aus. Dagegen hatte Papen sich als Kanzler beim alten Generalfeldmarschall beliebt gemacht, zu einem nicht unwesentlichen Teil durch einen Übereifer, der an Servilität grenzte. Nachdem Hindenburg sich an Papens ehrerbietige Art gewöhnt hatte, sah er sich jetzt mit dem brüsken, egozentrischen Schleicher konfrontiert, der auf Hindenburgs Empfindlichkeiten nicht ausreichend Rücksicht nahm.

In einer Unterredung, die Oskar von Hindenburg eine Woche nach Hitlers Ernennung zum Reichskanzler mit einem österreichischen Diplomaten führte, gab der Sohn des Reichspräsidenten einen erhellenden Einblick in die gespannten Beziehungen zwischen Schleicher und seinem Vater.[75] Der Hindenburgsohn lobte Papens »Charaktereigenschaften« und hob seine Amtsführung positiv von der eines »anderen Herrn« ab, mit dem er, wie der Diplomat sogleich erkannte, Schleicher meinte. Oskar von Hindenburg gab daraufhin zum Besten, wie sein Vater kürzlich bei der Bekanntgabe einer geplanten Regierungsmaßnahme ängstlich ausgerufen habe: »Nun wird man wieder über mich herfallen!« Der »andere Herr« habe daraufhin geantwortet: »Jawohl, das läßt sich eben nicht verhindern.« Dagegen habe Reichskanzler Papen Hindenburg vor nicht allzulanger Zeit auf eine ähnliche besorgte Äußerung hin beruhigt: »Wieso? Dafür bin doch ich da.« Derlei Schmeicheleien bedeuteten in der neufeudalistischen Sichtweise Oskar von Hindenburgs und wohl auch seines Vaters »ritterliche Treue«, eine Tugend, die er bei Schleicher vermißte. Der österreichische Diplomat merkte bei seiner Übermittlung des Gespräches nach Wien an: »Manches, was politisch vielleicht unverständlich erscheint, wird menschlich begreiflich, wenn man hinter die Kulissen blickt.«

Im Januar kam es in einer Frage, die Hindenburg besonders am Herzen lag, zwischen ihm und dem Reichskanzler zu weiteren Reibereien. Wie für viele Konservative seiner Generation hatte die Landwirtschaft für Hindenburg besondere Bedeutung. Sie war nicht nur ein Wirtschaftssektor neben anderen, sondern Grundlage des Lebens der Nation und Urquell eines gesunden Traditions- und Wertebewußtseins. Deshalb war er aufgebracht über eine Beschwerde des Reichslandbundes am 11. Januar, wonach das Kabinett Schleicher sein Versprechen, Papens Politik der Errichtung von Handelsbarrieren gegen billige Lebensmittelimporte fortzusetzen, nicht eingelöst habe.[76] Die Sprecher des Bundes verlangten zudem eine Verlängerung der Ende Dezember ausgelaufenen Verordnung Papens, bankrotten Landwirten bis zur Zwangsvollstreckung eine Gnadenfrist einzuräumen.

Seine verfassungsmäßigen Befugnisse überschreitend, reagierte Hindenburg auf diese Beschwerden mit einer unmißverständlichen Aufforderung an den Reichskanzler und die Minister für Landwirtschaft und Wirtschaft, sich noch am selben Tag in seinem Beisein mit den Führern des Reichslandbundes zu treffen.[77] In der Besprechung gelang es Schleicher und seinen Ministern, die Vertreter der Landwirte mit dem Hinweis zu beschwichtigen, die Maßnahmen zur Errichtung der geplanten Handelsschranken seien bereits unterwegs. Allerdings schreckte Schleicher davor zurück, die Erneuerung der Schonfrist vor Zwangsvollstreckungen zuzusagen, da dies wiederum für die Gläubiger eine unzumutbare Härte sei. Daraufhin schaltete sich Hindenburg ein und machte deutlich, er halte die Position des Kabinetts für unbefriedigend. Er wollte am folgenden Tag über Pläne zur Lösung des Problems informiert werden.

Schleicher ließ an jenem Nachmittag zwar die Einschüchterungsversuche des Reichspräsidenten im Beisein der Vertreter des Reichslandbundes über sich ergehen, verlor aber wenige Minuten nach der Besprechung die Geduld. Er wußte, daß der Reichslandbund schon lange kein wirtschaftlicher Zweckverband mehr war, sondern ein politisches Instrument der Hitler-Partei. Dank zahlreicher Anhänger unter den protestantischen Bauern hatten die Nationalsozialisten den Bund längst an der Basis unterwandert und auf allen Ebenen der Organisation eine starke Vertretung gewonnen.[78] Die Nationalsozialisten in der Führung des Bundes forderten von Schleicher nicht nur wirtschaftliche Zugeständnisse, sie wollten seinen Sturz, um den Weg für Hitler frei zu machen. Auf ihr Betreiben hin hatte die geschäftsführende Leitung am Morgen des 11. Januar eine scharf formulierte Resolution mit einer Breitseite gegen den Reichskanzler verabschiedet und an die Presse weitergeleitet.[79] Schleichers Kabinett wurde darin als Werkzeug der »allmächtigen Geldbeutelinteressen der international eingestellten Exportindustrie und ihrer Trabanten« diffamiert und beschuldigt, es dulde eine »Verelendung der deutschen Landwirtschaft«, wie man sie »selbst unter einer rein marxistischen Regierung nicht für möglich« gehalten hätte. Bei ihrem Gespräch mit dem Reichskanzler und dem Reichspräsidenten am Nachmittag erwähnten die Sprecher des Reichslandbundes die Resolution nicht. Schleicher erfuhr von ihr erst am Ende der Sitzung, als ihm ein Mitglied der Delegation ein Exemplar in die Hand drückte. Wütend über den hetzerischen Ton der Resolution und darüber, daß man sie ihm während der Besprechung vorenthalten hatte, ließ Schleicher der Presse über die Reichskanzlei sofort eine Erklärung zukommen. Darin warf er dem Bund Vertrauensbruch vor und erklärte die Verhandlungen seines Kabinetts mit den Führern des Bundes für beendet.[80]

Während Schleicher nationalsozialistische Drahtzieher ausmachte und zornig mit dem Reichslandbund brach, ließ Hindenburg in seiner Reaktion keinen Zweifel daran, daß er der Organisation noch immer gewogen war. Ihre Führer hatten einen verständnisvollen Zuhörer gefunden. Sie wußten sehr wohl, daß Hindenburg aus einer angesehenen ostpreußischen Familie stammte und auf seine Beziehungen zu den Junkern stolz war, die die Landwirtschaft im Osten Deutschlands dominierten. Als Berufsoffizier war er mit dem Landleben zwar nur beschränkt in Berührung gekommen und kannte die Landwirtschaft nicht aus erster Hand, aber im Alter wurde er ohne sein Zutun doch noch Grundbesitzer. Zu seinem achtzigsten Geburtstag bekam er – bezahlt hauptsächlich durch Industrieverbände – das ehemalige Landgut seiner Familie in Ostpreußen geschenkt.[81] Es wurde bald zu seinem bevorzugten Rückzugsort, an dem er die Annehmlichkeiten des Gutsherrenlebens genoß, sooft seine Amtsgeschäfte in der Hauptstadt es erlaubten.

Hindenburg pflegte dort den Umgang mit den Junkern der Nachbarschaft, die ihre wirtschaftlichen Interessen traditionell über den Reichslandbund vertraten. Dieser betrachtete den Reichspräsidenten folglich als Verbündeten. Nach Schleichers Bruch mit dem Bund am 11. Januar bekam Hindenburg von örtlichen Landbünden Protestbriefe und -telegramme.[82] Im gleichen Sinne dürften ihm die Junker in seiner Nachbarschaft zugesetzt haben. Am 12. Januar baten die Führer des Reichslandbundes in einem offenen Brief um Hilfe. Sie wiesen darin Schleichers Vorwürfe eines Vertrauensbruchs zurück und beriefen sich allein auf ihre Sorge um die notleidenden Bauern. Ihre Bitten verhallten nicht ungehört. Am 16. Januar stimmten Schleicher und sein Kabinett auf Hindenburgs Drängen hin zu, bankrotte Landwirte mit neuen Maßnahmen vor der Zwangsvollstreckung zu schützen. Einen Tag später richtete der Reichspräsident an die Führer des Bundes, mit denen der Reichskanzler keine Woche zuvor die Beziehungen offiziell abgebrochen hatte, einen herzlichen Brief.[83]

Am 18. Januar nahmen die Ereignisse eine Wende, die die Kluft zwischen Schleicher und Hindenburg weiter vertiefte. Auf einer Sitzung des Haushaltsausschusses des Reichstages erhob ein Abgeordneter des Zentrums schwere Vorwürfe gegen Junker, die von der sogenannten Osthilfe profitierten. Dieses staatliche Programm, das einige Jahre zuvor angelaufen war und überschuldete Grundbesitzer in den rückständigen Gebieten Ostpreußens vor dem Bankrott retten sollte, hatte bereits mehrere Millionen Reichsmark verschlungen. Gestützt auf detaillierte Finanzberichte ungenannter Herkunft warfen der Zentrumsabgeordnete und andere Republikanhänger einer Reihe prominenter Junker, darunter Freunde und Verwandte des Reichspräsidenten, vor, die Steuergelder des Programms widerrechtlich verwendet zu haben. Statt damit Kredite abzuzahlen und lebensnotwendige Betriebsinvestitionen zu tätigen, hätten sie die Zuschüsse zum Kauf weiteren Landes, für Rennpferde, teure Autos oder luxuriöse Ferienaufenthalte etwa an der französischen Riviera ausgegeben, und das zu einer Zeit, da Millionen Deutsche Not litten.[84]

Eine Woche lang sorgte die Untersuchung des Haushaltsausschusses landesweit in den Zeitungen für Schlagzeilen. Nichts deutet darauf hin, daß Schleicher mit den Vorwürfen in den sogenannten »Skandalen um die Osthilfe« irgend etwas zu tun hatte. Erst einen Monat zuvor hatte er die Fortsetzung von Sitzungen der Reichstagsausschüsse während der Sitzungspause des Plenums als »Narrenspiel« abgetan.[85] Trotzdem gab sein Ruf, gerne hinter den Kulissen zu agieren, Gerüchten Auftrieb: Ihnen zufolge hatte er dem Ausschuß belastendes Material zugespielt, um sich für die Angriffe des Reichslandbundes auf sein Kabinett zu rächen.[86] Angesichts seiner engen Beziehungen zu einigen Beschuldigten dürften Hindenburg – schon wegen seiner häufigen Kontakte zu Franz von Papen – diese Gerüchte ebenso zu Ohren gekommen sein wie die Verärgerung der befreundeten Junker darüber, daß der Reichskanzler die Untersuchung nicht blockiert hatte.

Die immer deutlicher werdenden Anzeichen der Verstimmung zwischen Hindenburg und Schleicher weckten in politischen Kreisen Zweifel daran, ob der Reichskanzler wie Papen im Sommer zuvor vom Reichspräsidenten gegebenenfalls eine Verordnung zur Auflösung des Reichstages bekommen würde. Auf die Anfrage eines Journalisten am 10. Januar räumte der Pressesprecher der Reichskanzlei ein, Schleichers Beziehungen zum Reichspräsidenten seien weniger herzlich als vormals die Papens. Er betonte aber, »daß Schleicher absolut die Auflösungsordre bekäme«. Damit hatte er immerhin verraten, daß der Reichskanzler das offizielle Dokument noch nicht besaß.[87] Schleicher seinerseits sprach bei dem Essen mit Journalisten am 13. Januar so zuversichtlich von der beabsichtigten Auflösung des Reichstages im Fall einer oppositionellen Mehrheit, daß die meisten Anwesenden davon ausgingen, er habe das Dokument bereits in Händen.[88]

Ein ganz anderer Eindruck entstand allerdings bei denjenigen Journalisten, die am Abend des 13. Januar als Schleichers Gäste an einem Tisch, getrennt von dem des Kanzlers, mit Günther Gereke zusammensaßen. Gereke verriet ihnen nämlich beim Essen, Oskar von Hindenburg habe ihm am Vortag anvertraut, Schleicher besitze weder eine Verordnung zur Reichstagsauflösung noch werde er von seinem Vater eine erhalten.[89] Gereke fügte hinzu, der jüngere Hindenburg sei einst ein Freund Schleichers gewesen, verachte ihn jetzt aber zutiefst. Ein Journalist, der von der Diskrepanz zwischen Gerekes Darstellung und Schleichers Selbstsicherheit überrascht war, bat nach dem Essen den Pressesprecher der Reichskanzlei um Aufklärung. Er erhielt die Zusicherung, daß Hindenburg Schleicher die Auflösungsverordnung fest zugesagt habe.[90] Als die Journalisten später ihre Eindrücke austauschten, herrschte hoffnungslose Verwirrung im Hinblick auf die zentrale Frage, ob der Reichspräsident den Kanzler unterstützen würde, wenn dieser sich einem feindlichen Reichstag gegenüber sah.

Trotz aller entgegengesetzter Anzeichen blieb Schleicher zuversichtlich, daß er die Auflösungsverordnung erhalten würde. Es sei ganz einfach, erklärte er seinen Mitarbeitern: Hindenburg habe ihm gleich zu Anfang zugesichert, er halte sämtliche Vollmachten zu seiner Unterstützung bereit; mehr brauche er nicht zu wissen.[91] An dieser Sicht hielt er hartnäckig fest, trotz der Alarmsignale, wie sie beispielsweise Otto Meißner, der Staatssekretär im Reichspräsidialamt, in der Kabinettssitzung am 16. Januar registrierte. Auf Schleichers Bekanntgabe, er wolle sein Kabinett durch die Aufnahme Gregor Strassers, Adam Stegerwalds und Alfred Hugenbergs parlamentarisch untermauern, warnte Meißner, ein solcher Schritt beeinträchtige den Präsidialcharakter der Reichsregierung und man laufe damit Gefahr, Hindenburgs Unterstützung zu verlieren.[92] In typisch selbstherrlicher Manier fegte Schleicher Meißners Einwände mit der Versicherung beiseite, er habe darüber bereits ausführlich mit dem Reichspräsidenten gesprochen. Auch wenn keines der anwesenden Kabinettsmitglieder fragte, haben sie sich sicher gewundert, warum diese Abstimmung gerade Meißner entgangen sein sollte, der mit Hindenburgs Ansichten doch bekanntlich bestens vertraut war. Wenige Tage später erwähnte Schleicher einem Minister gegenüber nebenbei, der Reichspräsident dränge ihn zu einer Reichstagsauflösung.[93] Am 19. Januar dagegen, einen Tag bevor der Ältestenrat in einer Sitzung über das Zusammentreten der Kammer entscheiden sollte, räumte die Pressestelle der Reichskanzlei Journalisten gegenüber ein, der Kanzler habe bislang noch keine Auflösungsverordnung erhalten.[94]

Mitte Januar verlor Schleicher zusehends die politische Initiative. Seine Bemühungen um eine politische Untermauerung seines Kabinetts waren im Sande verlaufen, und er hatte sein Versprechen, die Arbeitslosigkeit energisch mit staatlichen Maßnahmen zu bekämpfen, nicht einlösen können. Zur Erbitterung von Gereke, der mit einer beschleunigten Durchführung der Arbeitsbeschaffungsmaßnahmen und des ländlichen Siedlungsprogramms beauftragt war, blieben die Projekte wegen Schleichers mangelndem persönlichen Engagement in den Ausschüssen stecken, wo sie aufgrund bürokratischer Hemmnisse nur im Schneckentempo bearbeitet wurden.[95] Was das sensible Thema der Handelspolitik anging, blieb das Kabinett gespalten und handlungsunfähig, während Schleicher Zeit zu gewinnen suchte, indem er den agrarischen Interessengruppen protektionistische Maßnahmen versprach und den Vertretern der Industrie das Gegenteil versicherte.[96]

Angesichts dieser hartnäckigen und unerquicklichen Probleme konzentrierte Schleicher seine Aufmerksamkeit mehr und mehr auf die Aufrüstung, von der er hoffte, sie würde die innenpolitischen Fragen bald in den Hintergrund drängen. Bei dem Essen mit Journalisten am 13. Januar erläuterte er den größten Teil des Abends über seine Strategie, wie er aus dem Beschluß der Siegermächte einen Monat zuvor, Deutschland militärische Gleichberechtigung zuzubilligen, Kapital schlagen wollte.[97] So plane er den Aufbau einer wehrpflichtigen Miliz bis zum Frühjahr 1934 und dann die Einführung der allgemeinen Wehrpflicht. Schon bald, fügte er stolz hinzu, würden diese Streitkräfte über die schweren Waffen verfügen, die Deutschland im Versailler Vertrag verboten worden waren. Am 15. Januar nutzte er eine Rede vor einem Verband ehemaliger Offiziere, um sich öffentlich zu den Zielen der militärischen Gleichberechtigung und der allgemeinen Wehrpflicht zu bekennen.[98] Allerdings wurde dem offenbar als Propagandaaktion gedachten Auftritt nicht die erhoffte Aufmerksamkeit zuteil, da in den folgenden Tagen wiederholt Nachrichten über Mißerfolge des Kabinetts Schleicher eintrafen.

Am 18. Januar zerplatzten endgültig die Illusionen, die Schleicher sich über Papens Absichten gemacht hatte. Trotz der Bemühungen der Nationalsozialisten, Hitlers Treffen an diesem Tag mit dem Ex-Reichskanzler bei den Rippentrops geheimzuhalten, erschien die Neuigkeit abends in der Berliner Presse. Auf Anfrage eines Journalisten ließ die Pressestelle der Reichskanzlei in einem Kommentar den Eindruck entstehen, Schleicher habe das Treffen im voraus gebilligt und Papen sei es nur darum gegangen, die Differenzen zwischen dem Kabinett und den Nationalsozialisten durch Klärung bestimmter Sachfragen auszuräumen.[99] Schleicher wußte es allerdings besser. Wie bei Papens Treffen mit Hitler in Köln am 4. Januar hatte er von den Machenschaften seines ehemaligen Protegés keinerlei Kenntnis gehabt. Nach der Standpauke, die er ihm nach dem Kölner Alleingang erteilt hatte, konnte er Papens Flirt mit dem NSDAP-Führer jetzt nicht mehr als gutgemeinten Fauxpas auffassen. Die einzig mögliche Erklärung war, daß der Mann, den er einst ins Amt des Reichskanzlers gehievt und dann gestürzt hatte, gegen ihn konspirierte.

Als sich das Geschehen am Ende der dritten Januarwoche dramatisch zuspitzte, versteifte Schleicher sich weiterhin auf eine politische Strategie, deren Prämissen sich als falsch herausgestellt hatten. Schon zu dieser Zeit deutete vieles auf ein Scheitern seiner Bemühungen hin, Hitler dadurch zu einer Zusammenarbeit bringen zu können, daß er Gregor Strasser als Druckmittel benutzte und mit einer erneuten Reichstagswahl drohte, die die NSDAP weitere Stimmen kosten würde. Trotz seiner militärischen Schulung hatte Schleicher einen strategischen Kardinalfehler begangen: Er hatte sich für den Fall eines Scheiterns seiner Pläne keinen Rückzugsweg offen gehalten. Noch immer baute er auf ein Nachgeben Hitlers oder, wenn Hitler fest blieb, auf Hindenburgs Zustimmung zu einer Auflösung des Reichstages und der Verschiebung von Neuwahlen. Er dachte nicht daran, daß er durch eine defensive Haltung zumindest Zeit gewinnen konnte, um seine Macht zu konsolidieren, sondern forcierte statt dessen seine Angriffsstrategie, als habe sich nichts geändert. So verpaßte er die Gelegenheit, seine Amtszeit als Reichskanzler zu verlängern, indem er eine Konfrontation mit dem Reichstag vorerst vermied.

Diese Gelegenheit bot sich am Freitag, dem 20. Januar, als der Ältestenrat des Reichstages zur Überprüfung seines früheren Beschlusses zusammentrat, die Kammer zum 24. Januar einzuberufen.[100] Vom Ergebnis hing ab, wann es zur offenbar unausweichlichen Konfrontation zwischen dem Kabinett Schleicher und der oppositionellen Mehrheit des Reichstages kommen würde. In der Sitzung drängten die Sprecher der Sozialdemokraten und der Kommunisten auf Einhaltung des vereinbarten Termins; sie ließen keinen Zweifel an ihrer Absicht, sofort einen Mißtrauensantrag zu stellen. Dagegen nahm Wilhelm Frick, der Sprecher der Nationalsozialisten, trotz des propagandistischen Rufes in der NS-Presse nach einer baldigen Mißtrauensabstimmung eine eher versöhnliche Haltung ein.

Frick, ein ehemaliger Beamter, war für einen Nationalsozialisten ein verhältnismäßig vorsichtiger Mann.[101] Er teilte Gregor Strassers Zweifel an Hitlers Strategie des Alles-oder-nichts und hatte sich von dem Abtrünnigen erst im letzten Augenblick im Dezember distanziert. Wie Strasser befürchtete Frick, Neuwahlen nach einer Auflösung des Reichstages würden der Partei katastrophale Stimmenverluste bringen. Auch andere NS-Führer schreckten vor einem Kräftemessen zurück. Goebbels, sonst ein Aufwiegler, war mit Frick einer Meinung und notierte am 20. Januar in sein Tagebuch: »Wir müssen Zeit gewinnen.«[102] Nach einer Strategiebesprechung mit Hitler, Göring und Goebbels am Abend zuvor schlug Frick dem Ältestenrat am 20. Januar vor, die Sitzungspause zu verlängern, bis die Reichsregierung ihren Haushaltsplan vorlegen könne. Da Schleichers Finanzminister vor kurzen erst angekündigt hatte, der Haushaltsplan stehe vermutlich nicht vor dem Frühjahr bereit, hatten Frick und damit die Nationalsozialisten ganz offenbar die Absicht, die Einberufung der Kammer bis zu diesem Zeitpunkt hinauszuzögern.[103]

Wäre Fricks Vorschlag angenommen worden, es wäre vielleicht alles ganz anders gekommen. Bei einer Sitzungspause des Reichstages bis zur Vorlage des Haushaltsplans wäre es zu der erwarteten Konfrontation zwischen Kabinett und Reichstag erst im Frühjahr gekommen. Wäre dann ein Mißtrauensantrag angenommen und anschließend der Reichstag aufgelöst worden, hätten sich Neuwahlen selbst unter Einhaltung der verfassungsmäßigen Frist von sechzig Tagen bis Ende Frühjahr oder Anfang Sommer verschieben lassen. Und bis dahin hätte sich Schleichers Position möglicherweise spürbar verbessert. Der Reichskanzler hätte die Früchte des Arbeitsbeschaffungsprogramms ernten können, das Gereke auch ohne seine Unterstützung hartnäckig vorantrieb. Die langsame, aber spürbare Erholung der allgemeinen Wirtschaftslage, die in der zweiten Hälfte des Jahres 1932 eingesetzt hatte, hätte seinem Ansehen ebenfalls genutzt. Und Hitler hätte während der verlängerten Sitzungspause des Reichstages keine weitere Gelegenheit gehabt, die Moral seiner Getreuen durch einen Wahlerfolg wie in Lippe zu heben, denn die nächste Landtagswahl stand erst im Herbst an. Die Krise der NSDAP hätte sich aufgrund der wachsenden Enttäuschung nach den gescheiterten Versuchen Hitlers, die Macht zu erobern, womöglich rasch verschärft. Unter diesen Umständen hätte eine Reichstagswahl Ende Frühjahr oder Anfang Sommer den Nationalsozialisten und den Kommunisten wohl starke Einbußen beschert, und der Rückgang des politischen Extremismus hätte dem Reichskanzler zusätzlich den Rücken gestärkt.

Aber es sollte anders kommen. Obwohl es bei den Parteien im Ältestenrat ausreichend Unterstützung für Fricks Vorschlag gab, lehnte ihn Staatssekretär Erwin Planck als Vertreter der Reichsregierung kurzerhand ab.[104] Er verkündete, das Kabinett bestehe auf einer möglichst frühzeitigen Klärung der politischen Situation und sei gegen jede weitere Verlängerung der Sitzungspause. Die Annahme von Fricks Vorschlag wäre einem taktischen Rückzug des Reichskanzlers gleichgekommen. In den vorangegangenen Wochen hatte Schleicher in der Hoffnung, Hitler zur Kooperation zu zwingen, die gleiche unnachgiebige Haltung vertreten wie jetzt Planck im Ältestenrat. Nichts deutet darauf hin, daß Schleicher je in Erwägung zog, von dieser Position abzurücken und auf Zeit zu spielen, bis sich seine Lage konsolidiert und er von der wirtschaftlichen Erholung politisch profitiert hatte. Auch hatte Planck offenbar nicht genug Handlungsfreiheit, um auf unvorhergesehene Ereignisse wie Fricks Vorschlag flexibel zu reagieren. Jedenfalls war der Antrag der Nationalsozialisten mit Plancks Absage ohne Abstimmung vom Tisch. Dagegen erhielt das Zentrum mit seinem Vorschlag, die Sitzungspause für weitere Konsultationen um eine Woche zu verlängern, mit Zustimmung des Staatssekretärs eine Mehrheit im Ältestenrat. Damit wurde der 31. Januar zum Schicksalstag der deutschen Politik. Die verpaßte Gelegenheit vom 20. Januar brachte eine Wende. Auch wenn Schleicher es damals nicht wissen konnte, hatte er eine seiner wenigen Chancen vertan, dem Netz der Intrigen, das Papen um ihn spann, zu entrinnen. Papens Ziel war es, Hitlers Unterstützung zu gewinnen, Schleicher durch seinen Einfluß bei Hindenburg zu stürzen und sich dann als Architekt eines rechten Kabinetts unter Beteiligung der NSDAP zu profilieren. Eine längere Verschiebung des Kräftemessens zwischen Schleicher und dem Reichstag, wie Frick sie vorgeschlagen hatte, hätte die Erfolgsaussichten von Papens Plänen geschmälert. Vor allem wäre es Schleicher erspart geblieben, seinen Rückhalt beim Reichspräsidenten durch die Bitte um Auflösung des Reichstages auf die Probe zu stellen.

Mit der Ablehnung von Fricks Vorschlag sorgte der Reichskanzler dafür, daß die Frage nach seinem Rückhalt beim Reichspräsidenten ausgerechnet in dem Augenblick aktuell wurde, als die Verschwörung gegen ihn in die entscheidende Phase trat. Mit der Zustimmung zu einer einwöchigen Ausdehnung der Sitzungspause gab er den Verschwörern dagegen die dringend benötigte Zeit, um ihre

Differenzen auszuräumen und den Präsidenten für sich zu gewinnen. Die einzige Chance des Reichskanzlers, sich an der Macht zu halten, hing jetzt, also zu einem Zeitpunkt, an dem er noch wenig Erfolge als Kanzler vorzuweisen hatte, davon ab, ob er von Hindenburg eine Notverordnung zur Auflösung des Reichstages erhalten würde.

Kurt von Schleichers Versäumnis, taktische Alternativen zu erwägen, als am 20. Januar der Ältestenrat zusammentrat, beruhte auf einer weiteren Fehleinschätzung, die sich als besonders verhängnisvoll herausstellen sollte: seinem Glauben, er könne sich unter allen Umständen darauf verlassen, vom Reichspräsidenten die versprochenen Vollmachten zu bekommen. Die Ernüchterung ließ nicht lange auf sich warten. Kurz nach der Sitzung des Ältestenrates rief Erwin Planck erschüttert bei Ex-Reichskanzler Brüning an und sagte, alles sei »zu Ende«.[105] Wie er Brüning anschließend erläuterte, hatte der Standpunkt, den er im Namen Schleichers auf der Sitzung des Ältestenrates vertreten hatte, auf Zusicherungen Oskar von Hindenburgs beruht, wonach der Reichskanzler von seinem Vater die Verordnung zur Reichstagsauflösung erhalten würde. Erst danach habe Schleicher erfahren, daß Hindenburgs Sohn sich gegen ihn gewandt habe und er die Verordnung deshalb nicht bekommen würde. Ohne sie aber war Schleicher einem Mißtrauensantrag des Reichstages bei seinem Zusammentreten am 31. Januar schutzlos ausgeliefert. Brüning schlug vor, den Ältestenrat sofort erneut einzuberufen, was Planck als sinnlos ablehnte. Schleicher sei »erledigt«, stellte er resigniert fest. Das stand zwar noch nicht endgültig fest, aber die Illusionen des Reichskanzlers hatten seine Chancen auf ein politisches Überleben gewaltig verringert.

5

Die Verschwörung weitet sich aus und Schleicher versagt

Es war bitterkalt und der Himmel wolkenverhangen, als am späten Vormittag des 22. Januar, einem Sonntag, eine Einheit uniformierter Polizisten das Karl-Liebknecht-Haus besetzte, das Hauptquartier der Kommunistischen Partei am Bülowplatz im Herzen des Berliner Arbeiterviertels.[1] Die Polizisten trieben die Angestellten auf die Straße, darunter einen Redakteur der kommunistischen Tageszeitung *Die Rote Fahne,* der mit vorgehaltener Waffe hinausgeführt wurde. Dann durchsuchten sie das Haus. Kurz darauf trafen vor der Parteizentrale der Kommunisten weitere Polizeieinheiten ein. Sie verteilten sich auf dem schneebedeckten Platz, vertrieben die herbeiströmenden Schaulustigen und sperrten das Gebiet für den Durchgangsverkehr. An den Kreuzungen bezogen gepanzerte Polizeifahrzeuge und Maschinengewehrschützen Position, während weitere Polizeikräfte mit entsicherten Gewehren die menschenleeren, auf den Platz zuführenden Straßen abriegelten. Von den Dächern der umliegenden Häuser aus überwachten Polizisten mit Ferngläsern die Umgebung. Anwohner, die neugierig auf den Balkon ihrer Wohnung traten oder sich zum Fenster hinauslehnten, um zu sehen, was da vor sich ging, wurden angewiesen, wieder hineinzugehen und Fenster und Türen geschlossen zu halten; einige Wohnungen wurden durchsucht. Gegen 13 Uhr wurde der Grund für die drastischen Maßnahmen ersichtlich: Unter Polizeischutz marschierte eine Kompanie SA-Männer in braunen Hemden auf den Platz und sang: »Wir scheißen auf die Freiheit! Wir scheißen auf die Judenrepublik!«

Insgesamt versammelten sich rund 15 000 SA-Mitglieder auf dem Bülowplatz; ungefähr die gleiche Anzahl von Polizisten schützte sie vor möglichen Übergriffen der Anwohner. Anlaß dieser mit Billigung der Regierung durchgeführten Demonstration war nach außen der Marsch zu einem nahegelegenen Friedhof, auf dem Hitler ein Denkmal für Horst Wessel einweihte, den berüchtigten Berliner SA-Sturmführer, der drei Jahre zuvor von Kommunisten erschossen worden war. Doch das eigentliche Ziel der Aktion, dieser Machtdemonstration direkt vor den Toren der kommunistischen Zentrale, war die Stärkung der sinkenden Moral der nationalsozialistischen Bewegung. Das Ergebnis übertraf alle Erwartungen. Nicht genug, daß die Regierung eine angekündigte kommunistische Gegendemonstration untersagt hatte. Die zum Schutz der SA abgestellten Polizisten gerieten mehrfach mit kommunistischen Gegendemonstranten aneinander, wobei zwei Kommunisten angeschossen und siebzig weitere verhaftet wurden. Die Demonstration vom 22. Januar zeigte die Nationalsozialisten nicht nur an der Seite der Kräfte von Recht und Ordnung und verlieh ihnen damit eine Aura der Respektabilität, sie versetzte auch der deutschen Linken einen demoralisierenden Schlag. In den nächsten Tagen schlachtete die Nazipresse das Ereignis als einen großen Sieg für ihre Sache aus. Ein Berliner SA-Mann erinnerte sich in seinen drei Jahre später veröffentlichten Memoiren an die Demonstration als einen denkwürdigen Wendepunkt zum Besseren für die Partei,[2] und auch Goebbels konnte in seinen Tagebucheintragungen seine Begeisterung nicht verbergen: »Kommune tobt in den Seitenstraßen. Panzerwagen, Maschinengewehre. Schupo sorgt dafür, daß aus den Fenstern nicht auf uns geschossen wird ... S.A. marschiert vor dem Karl-Liebknecht-Haus auf. Eine tolle Sache! ... Wir haben eine Schlacht gewonnen!«[3]

Für Schleicher bedeutete der Erfolg der Nationalsozialisten einen herben Rückschlag, und einen selbstverschuldeten dazu. Goebbels hatte noch bis zum Vortag befürchtet, die Regierung werde die Demonstration untersagen.[4] Der Reichskanzler, so war ihm zu Ohren gekommen, habe den Umzug verbieten lassen wollen, sei davon aber durch Widerstand aus dem Reichswehrministerium abgehalten worden. Allerdings spricht nichts für diese Version der Ereignisse. Als Reichskommissar für Preußen hatte Schleicher, wie anläßlich der Machtübernahme der Reichsregierung in Preußen im vergangenen Juli festgelegt, letztlich die Befehlsgewalt über die Berliner Polizei. Damit hielt er die Mittel in der Hand, den SA-Marsch zu verbieten oder den Nationalsozialisten einen weniger provokanten Ort ihrer Demonstration vorzuschreiben. Statt dessen sah er tatenlos zu, wie die Schutzpolizei zu Wächtern derselben Schergen umfunktioniert wurde, die seit Jahren die Straßen Berlins und anderer deutscher Städte in Schlachtfelder verwandelten.

Die Gründe für Schleichers Passivität angesichts der offensichtlichen Provokation von seiten der Nationalsozialisten sind unklar. Vielleicht hoffte er, Hitler doch noch zur Kooperation mit seinem Kabinett bewegen zu können. In der Tat interpretierten verschiedene republikanische Zeitzeugen die Zurückhaltung der Reichsregierung als eine versöhnliche Geste gegenüber Hitler.[5] Andererseits könnte Schleicher auch die ihm erst kurz zuvor zugetragene Nachricht gelähmt haben, daß Hindenburg die gewünschte und schon sicher geglaubte Auflösungsorder für den Reichstag verweigerte. Ein Berlinkorrespondent der wichtigsten katholischen Zeitung der Hauptstadt, *Germania*, bescheinigte der Reichsregierung einen »unheimlichen Fatalismus«[6], der ihr offenbar jegliche Initiative raube, ein Korrespondent der *Frankfurter Zeitung* sah den Reichskanzler »in olympischer Ruhe«[7] verharren. Was auch immer die Gründe für Schleichers Untätigkeit gewesen sein mögen, dadurch, daß er die Demonstration nicht verhinderte und sie sogar unter den Schutz – und damit indirekt die Billigung – des Staates stellte, stärkte er Hitlers Position ungemein.

Am Abend desselben Tages saßen zwei Männer in Begleitung ihrer Ehefrauen in einer Loge des Berliner Opernhauses, wo *Das Liebesverbot* gegeben wurde, Richard Wagners Opernversion von Shakespeares *Maß für Maß*.[8] In der Pause mischten sich die beide Paare unter das Publikum und plauderten mit Bekannten. Als eine Klingel den Beginn des nächsten Aktes ankündigte, kehrten sie in ihre Loge zurück. Doch nachdem die Lichter im Zuschauerraum ausgegangen und die Musik wieder zu spielen begonnen hatte, standen die beiden Männer leise auf und gingen hinaus. An der Garderobe holten sie ihre Mäntel und Hüte ab, dann verließen sie das Opernhaus durch einen Hinterausgang. In dichtem Schneegestöber überquerten sie den Opernplatz und stiegen in ein Taxi. Erst nachdem sie sich mit einem Blick durch das Heckfenster versichert hatten, daß ihnen niemand gefolgt war, nannten sie dem Fahrer eine Straße im vornehmen Stadtteil Dahlem. Dort angekommen, bezahlten sie den Fahrer und setzten den Rest ihres Weges zu Fuß fort; das immer noch dichte Schneetreiben erschwerte ihnen die Orientierung. Ihr Ziel war das Haus Joachim von Ribbentrops, und die beiden geheimnisvollen Besucher waren Oskar von Hindenburg, der Sohn des Reichspräsidenten, und Hindenburgs Staatssekretär Otto Meißner. Als sie das Haus betraten, erwarteten sie dort der ehemalige Reichskanzler Franz von Papen und Adolf Hitler in Begleitung von Hermann Göring und zweier anderer prominenter Nationalsozialisten.

Drahtzieher des heimlichen Stelldicheins zu nächtlicher Stunde war Franz von Papen. Nachdem Hitler beim gemeinsamen Mittagessen in Ribbentrops Haus am 18. Januar unnachgiebig auf seiner Forderung nach dem Kanzlerposten beharrt hatte, hatte Papen die – wie sich herausstellen sollte – folgenreichste Entscheidung seines Lebens getroffen: Er war zu dem Schluß gekommen, der einfachste Weg zurück an die Macht sei für ihn, Hitler den Posten des Reichskanzlers zuzugestehen, allerdings zu Bedingungen, die es ihm, Papen, erlauben würden, den Naziführer für seine Zwecke zu gebrauchen. Er wollte deshalb die Erfolgsaussichten eines Kabinetts Hitler ausloten, in dem er dank seiner engen Beziehungen zu Hindenburg der eigentliche starke Mann sein würde. Sollte sich dieser Weg als nicht gangbar erweisen, war er bereit, trotz des massiven Widerstandes, der ihm während seiner ersten Amtszeit sowohl von der Linken wie auch der Rechten entgegengeschlagen war, selbst wieder Kanzler zu werden. Am Freitag, dem 20. Januar, zwei Tage vor dem spätabendlichen Treffen bei Ribbentrop, hatte Papen seine Verschwörung gegen Schleicher ausgeweitet und Oskar von Hindenburg und Staatssekretär Meißner in seine Pläne eingeweiht.[9] Noch am selben Abend konnte er Ribbentrop davon unterrichten, daß Hindenburgs Sohn und Meißner eingewilligt hatten, an dem Treffen mit Hitler am Sonntagabend teilzunehmen.[10]

Mit Oskar von Hindenburg hatte Papen einen Mann in den Kreis der Verschwörer geholt, der dem Reichspräsidenten näher als irgend jemand sonst stand und der Papens Haß auf Kurt von Schleicher teilte. Das einzige, was den jungen Hindenburg, Berufsoffizier wie sein Vater und Großvater, auszeichnete, war seine Abstammung. Der französische Botschafter in Berlin, François-Poncet, beschrieb den Oberst als einen Mann »mit groben Gesichtszügen, von hartem Wesen, mit wenigen Kenntnissen, ebenso groß und von ebenso schwerem Körperbau wie der Vater, aber ohne dessen vornehme Art«.[11] Nach einer glanzlosen militärischen Laufbahn diente Oskar von Hindenburg offiziell als Militäradjutant des Reichspräsidenten und fungierte inoffiziell als dessen engster Berater. Niemand sah den alten Hindenburg öfter als sein Sohn, der gemeinsam mit seiner Frau und seinen Kindern im Palais des verwitweten Reichspräsidenten lebte. Je älter der Reichspräsident wurde, desto mehr nahm der politische Einfluß des jüngeren Hindenburg zu. Das ging so weit, daß man ihn in Berlin schließlich ›den in der Verfassung nicht vorgesehenen Sohn des Reichspräsidenten‹ nannte.

Vormals ein enger Freund Schleichers, war der junge Hindenburg nach einem Vorfall um die Zeit, in der Schleicher zum Reichskanzler aufstieg, zu einem seiner unversöhnlichsten Feinde geworden. Keiner von beiden hat sich jemals öffentlich über die Hintergründe des Zerwürfnisses geäußert. Doch alles deutet darauf hin, daß der Grund dafür eine Eigenschaft Schleichers war, auf die ein Offizierskollege schon während des Ersten Weltkrieges hingewiesen hatte: »Ich prophezeie ihm eine große Zukunft, wenn er sich nicht evtl. Feinde macht durch seine übermütige Zunge.«[12] Offensichtlich hat eine auf den jungen Hindenburg gemünzte Bemerkung Schleichers dessen Stolz so sehr verletzt, daß ein Verzeihen unmöglich war.[13] Im Ehrenkodex des preußischen Offizierskorps galten verbale Kränkungen als sehr schwerwiegend, als Ehrverletzungen, die in früheren Zeiten nicht selten in Duellen auf Leben und Tod endeten. Was immer sich zwischen den beiden zugetragen hatte, Tatsache war, daß Oskar von Hindenburg einen abgrundtiefen Haß auf Schleicher empfand und daß seine Frau diesen Haß voll und ganz teilte.

Die hochmütige Baronin nannte Schleicher in einer Unterhaltung mit einem Mitglied seines Kabinetts »unseren Fouché«,[14] in Anspielung auf Joseph Fouché, der sich während der französischen Revolution mit blutigen Säuberungsaktionen einen Namen gemacht und später dank seiner Fähigkeit zum Opportunismus und zur Intrige das Kunststück vollbracht hatte, seine Karriere unter Napoleon und den Bourbonen fortzusetzen.

Mit Otto Meißner hatte Papen auch den dem Reichspräsidenten nach dessen Sohn am nächsten stehenden Politiker auf seine Seite gezogen. Als Staatssekretär des Reichspräsidenten entschied Meißner darüber, wer zu Hindenburg vorgelassen wurde, außerdem saß er bei praktisch allen wichtigen Konferenzen mit am Tisch. Seine Stellung erlaubte ihm, erheblichen Einfluß auf die Entscheidungen des Reichspräsidenten auszüben, auch wenn sein Einfluß nicht so groß war, wie jene zeitgenössischen Beobachter annahmen, die Hindenburg abfällig »Meißner Porzellanfigur« nannten. Der französische Botschafter François-Poncet, der oft mit Meißner zu tun hatte, beschrieb den Sekretär als »feist, steif, in seinem Anzug immer irgendwie beengt, den Blick hinter den Brillengläsern verborgen«, kurz, als »eine merkwürdige Erscheinung«.[15] Meißner, ein ebenso duckmäuserischer wie gerissener Karrierebeamter, leitete seit 1920 den Stab des Reichspräsidenten und hatte ohne Bruch den Übergang aus den Diensten des ersten Reichspräsidenten, des Sozialdemokraten Friedrich Ebert, in die des konservativen Hindenburg vollzogen. Was ihn besonders auszeichnete, war sein scharfes Gespür für die wechselnden Machtkonstellationen an der Regierungsspitze. Nach Schleichers Wahl hatte er sich anfangs, nicht anders als bei Schleichers Amtsvorgängern, um seine Gunst bemüht. Doch als sich in der dritten Januarwoche die Zeichen mehrten, daß Schleichers Stuhl wackelte, hielt Meißner es für an der Zeit, sich mit den voraussichtlich neuen starken Männern im Staat gutzustellen.

Nach ihrer Ankunft im Hause Ribbentrops beteiligten sich Meißner und Oskar von Hindenburg zunächst an der allgemeinen, vom Champagner des Hausherren beflügelten Konversation.[16] Nur wenig später äußerte Hitler jedoch den Wunsch, mit dem Präsidentensohn unter vier Augen zu sprechen. Die beiden zogen sich in einen separaten Raum zurück, wo sie sich fast eine Stunde lang unterhielten. Mit Oskar von Hindenburg saß Hitler einem Mann gegenüber, der bislang keinerlei Sympathien für die Nationalsozialisten gezeigt hatte. Erst zwei Monate zuvor hatte der jüngere Hindenburg seinen Vater noch in einer bemerkenswert klarsichtigen Denkschrift vor den Gefahren einer Verhandlungsaufnahme mit den Nationalsozialisten gewarnt.[17] Angesichts der festen Entschlossenheit Hitlers, sich vom Präsidenten zum Kanzler ernennen zu lassen, hatte er vollkommen richtig prophezeit, daß Hitler versuchen würde, die Grenzen zwischen einem parlamentarischen und einem Präsidialkabinett aufzuweichen. Darüber hinaus hatte er seinen Vater gewarnt, daß Hitler keineswegs gedenke, sich an Abmachungen zu halten, und daß seine Ernennung zum Reichskanzler unweigerlich in einer Ein-Parteien-Diktatur enden werde.

Worüber sich Hitler und Oskar von Hindenburg am Abend des 22. Januar unterhielten, darüber ist lange und viel spekuliert worden. Hitler, so wurde des öfteren vermutet, habe dem Reichspräsidenten und seinem Sohn mit Erpressung gedroht, wenn man ihn nicht zum Reichskanzler ernenne. Da jedoch nicht erkennbar ist, mit was Hitler die beiden hätte erpressen sollen, erscheint diese Annahme eher unwahrscheinlich.[18] Außerdem wird selbst Hitler gewußt haben, daß derart grobe Methoden im Falle der in Ehrensachen so überempfindlichen adligen Hindenburgs leicht das Gegenteil des Gewünschten bewirken konnten.

Wahrscheinlicher ist, daß Oskar von Hindenburg in seinem Entnazifizierungsverfahren nach dem Zweiten Weltkrieg die Wahrheit gesagt hat.[19] Seiner damaligen Aussage zufolge hat Hitler ihn mit demselben langatmigen Monolog über seinen politischen Kampf und seine Rettungspläne für das darniederliegende Vaterland traktiert, den der Naziführer immer dann gerne abspulte, wenn er jemandem seinen Willen aufzwingen wollte. Zum Abschluß des Gesprächs habe Hitler, so Hindenburg, die aktuelle politische Situation angesprochen und seine Entschlossenheit bekundet, jedes Kabinett zu bekämpfen, an dem er nicht beteiligt sei. An diesem Punkt habe er, Oskar von Hindenburg, eingewandt, daß er mit Politik nichts zu tun und im übrigen keinerlei Einfluß auf die Entscheidungen seines Vaters habe. Von Hitler selbst existieren keine Aufzeichnungen über das Gespräch mit dem Präsidentensohn. Allerdings sagte Hitler zwei Tage später zu Goebbels, er habe Oskar von Hindenburg, den er bei dieser Gelegenheit als »seltenes Abbild der Doofheit«[20] bezeichnete, nicht für seine Sache gewinnen können.

Während Hitler sich mit dem jüngeren Hindenburg befaßte, nahm Göring sich Otto Meißner vor. Göring, der Sohn eines hohen Kolonialbeamten der kaiserlichen Regierung, der es im Ersten Weltkrieg als Fliegeras zu nationaler Berühmtheit gebracht hatte, war von allen Mitgliedern der nationalsozialistischen Führungsriege derjenige, der am ehesten zum deutschen Machtestablishment gerechnet werden konnte. Daß er an Hitlers Seite stand, verlieh dem Emporkömmling Hitler in den Augen prominenter und privilegierter Männer wie Meißner und dem jüngeren Hindenburg eine gewisse Respektabilität. Mit seiner leutseligen Art verstand der gesellschaftlich versierte Göring es, anderen die Hemmungen zu nehmen und ein offenes Gespräch in Gang zu bringen – ganz im Gegensatz zu den weitschweifenden, visionären Monologen Hitlers, die einen echten Gedankenaustausch nicht zuließen. Der in letzter Minute von Dresden herbeibeorderte zukünftige Reichsluftfahrtminister und Generalfeldmarschall übernahm die Rolle von Hitlers wichtigstem Sprecher, die er in den entscheidenden Verhandlungen hinter den Kulissen in der folgenden Woche mit großem Geschick spielte.

Gegenüber Meißner zeigte Göring sich versöhnlich. Sollte Hitler zum Reichskanzler ernannt werden, so versicherte er dem Staatssekretär des Reichspräsidenten, würde sich die NSDAP mit einem zusätzlichen Kabinettsposten begnügen. Die anderen Ministerien könnten von den Koalitionsparteien oder mit unabhängigen Experten besetzt werden, und der Reichspräsident sollte bei der Besetzung des Reichswehr- und des Außenministeriums freie Hand haben. Außerdem ließ Göring durchblicken, daß ein Kabinett Hitler langfristig die Wiederherstellung der Monarchie anstrebe. Das war ganz offensichtlich ein Versuch, sich bei Hindenburg einzuschmeicheln, der selbst in seiner Funktion als Reichspräsident kein Hehl daraus machte, daß er ein überzeugter Anhänger der Monarchie war.

Nachdem Hitler und Oskar von Hindenburg wieder zu der Runde gestoßen waren, ließ Ribbentrop seinen Gästen ein leichtes Mahl und noch mehr Champagner servieren. Wie sich in der darauffolgenden Unterhaltung zeigte, stimmten alle Anwesenden in einem Punkt überein: Kurt von Schleicher mußte gehen. Auch wenn es an diesem Abend nicht ausgesprochen wurde: als die Gesellschaft sich auflöste, hatte man sich in der Kanzlerfrage im Prinzip geeinigt. Papen hatte angedeutet, daß er sich mit dem Posten des Vizekanzlers in einem Kabinett Hitler begnügen würde. Hitler seinerseits hatte durch Göring seine Bereitschaft signalisiert, bei der Zusammensetzung eines von ihm geführten Kabinetts zu erheblichen Zugeständnissen bereit zu sein. Lediglich Meißner und Oskar von Hindenburg wollten sich noch nicht auf einen Nachfolger Schleichers festlegen. Wie sich allerdings wenig später herausstellte, war der Staatssekretär tatsächlich bereits für Hitler gewonnen, während Oskar von Hindenburg noch mehrere Tage für Papens Rückkehr auf den Kanzlerstuhl eintrat. Meißner erinnerte sich später allerdings, der jüngere Hindenburg habe ihn auf dem Rückweg im Taxi nach längerem Schweigen schließlich angesprochen und mit resignierter Stimme gesagt, daß man nun, da selbst Papen für einen Kanzler Hitler eintrete und mit dem Posten des Vizekanzlers vorlieb nehme, um Hitler wohl kaum mehr herumkommen werde.[21]

Am Morgen des folgenden Tages, dem 23. Januar, suchte Papen Hindenburg auf und unterbreitete ihm seinen Plan.[22] Sein Vorschlag, Schleicher abzulösen, stieß auf keinen Widerspruch. Hindenburgs Loyalität gegenüber dem Mann, den er erst sieben Wochen zuvor zum Kanzler ernannte hatte, hatte stark nachgelassen. Als Papen freilich Hitler als Nachfolger Schleichers empfahl, sperrte sich der Reichspräsident. Hindenburg wollte Papen, mit dessen Absetzung er sich nie abgefunden hatte, auf dem Kanzlerposten sehen. Er mißtraute und verachtete Hitler, den er, wie er um diese Zeit einem konservativen Adligen unter vier Augen anvertraute, bestenfalls dafür befähigt hielt, das Postministerium zu leiten.[23]

Wenig später rief Hindenburg seinen Sohn und Meißner zu der Unterredung dazu. Der Staatssekretär unterstützte Papens Vorhaben, Hitler zum Reichskanzler zu ernennen.[24] Eine Regierung Hitler mit Papen als Vizekanzler, argumentierte er, wäre der beste Ausweg aus der derzeitigen politischen Krise. Eine solche Lösung würde nicht nur von den anderen politischen Parteien akzeptiert werden, sondern auch die Nationalsozialisten in die Regierung einbinden und dafür sorgen, daß sie ihre revolutionäre Demagogie mäßigten und auf eine gemäßigtere Linie umschwenkten. Meißner propagierte damit dieselbe Strategie der »Zähmung« der Nationalsozialisten wie zuvor schon Schleicher, mit dem Unterschied, daß Schleicher dabei keine Rolle mehr zugedacht war. Hindenburg und sein Sohn blieben allerdings skeptisch und beharrten darauf, daß im Fall eines Sturzes von Schleicher Papen an dessen Stelle treten sollte. Als Papen sich verabschiedete, hatte er mit seinem Plan, Hitler als Kanzler zu installieren, keinen sichtbaren Erfolg erzielt, auch wenn er selbst bei den Hindenburgs nach wie vor in hohem Ansehen stand.

Trotz der Bemühungen der Verschwörer, das Treffen in Ribbentrops Haus geheimzuhalten, erfuhr der Reichskanzler sehr schnell davon. Bereits am Morgen des 23. Januar erhielt Meißner einen Anruf von Schleicher, der wissen wollte, was am Vorabend in Ribbentrops Haus vor sich gegangen sei.[25] Was Meißner darauf antwortete, ist nicht bekannt. Doch nichts von dem, was er gesagt haben könnte, hätte den Reichskanzler darüber hinwegtäuschen können, daß sich inzwischen nicht nur Papen und Hitler, sondern auch die beiden dem Reichspräsidenten am nächsten stehenden Männer gegen ihn verschworen hatten. Schleicher, dem nun endlich aufging, in welch prekärer Lage er sich befand, beschloß herauszufinden, ob Hindenburg noch zu ihm stand, und vereinbarte für 11.30 Uhr am selben Morgen ein Treffen mit dem Reichspräsidenten.

Den Entschluß zu dieser – wie sich zeigen sollte – schicksalsträchtigen Begegnung mit Hindenburg traf Schleicher offensichtlich aus der momentanen Erregung heraus. Seine einzige Entscheidungshilfe im Hinblick auf ihm offenstehende politische Optionen war, soweit bekannt, eine von seiner Führungsgruppe im Reichswehrministerium angefertigte Denkschrift.[26] Darin wurden drei Alternativen für den Umgang mit der feindlichen Reichstagsmehrheit genannt. Die erste umfaßte dieselben Maßnahmen, die auch Papen gegen Ende seiner Amtszeit vorgeschlagen hatte: Auflösung des Reichstages und Aussetzung der fälligen Neuwahlen über die von der Weimarer Verfassung vorgesehenen sechzig Tage hinaus. Diese Strategie, warnten die Autoren der Denkschrift, würde ihm jedoch von vielen politischen Parteien den Vorwurf der Verfassungswidrigkeit eintragen und die Regierung in die Defensive zwingen. Das gleiche gelte für die zweite Alternative, nach der der Reichstag bis auf unbestimmte Zeit vertagt und erst wieder einberufen werden sollte, wenn sich eine konstruktive parlamentarische Mehrheit gefunden hatte.

Die dritte zur Diskussion gestellte Option basierte auf einer Lücke in der Verfassung der Weimarer Republik, auf die prominente Verfassungsrechtler bereits mehrfach hingewiesen hatten.[27] Die Väter der Verfassung hatten diesen Experten zufolge die Möglichkeit einer negativen parlamentarischen Mehrheit außer acht gelassen. Eine solche Mehrheit lähmte den Reichstag seit den Wahlen vom Juli 1932, bei denen die Kommunisten und Nationalsozialisten über die Hälfte der Sitze errungen hatten. Mit ihrer negativen Mehrheit konnten die verfeindeten Lager zwar Mißtrauensanträge durchsetzen, aber keines von beiden verfügte für sich genommen über die notwendige Stimmenzahl, um ein handlungsfähiges Kabinett zu bilden. Einige Verfassungsrechtler setzten sich deshalb für einen Verfassungzusatz ein, nach dem ein Mißtrauensvotum nur dann gültig sein sollte, wenn sich die daran Beteiligten bereits vorab auf ein Nachfolgekabinett einigten, das über eine parlamentarische Mehrheit verfügte. Nach dem Ende des Dritten Reiches sollte eine vergleichbare Klausel (das in Artikel 67 des Grundgesetzes festgelegte konstruktive Mißtrauensvotum) zu einem der Grundsteine der Verfassung der Bundesrepublik Deutschland werden. Doch angesichts der politischen Machtverhältnisse im Januar 1933 mit einem von einer negativen Mehrheit dominierten

Reichstag hatte ein solcher Verfassungszusatz, der ja eine Zweidrittelmehrheit voraussetzte, keine Aussicht auf Erfolg.

Deshalb schlugen die Juristen des Reichswehrministeriums als dritte Option eine auch schon von anderen Verfassungsrechtlern empfohlene Interimslösung vor: Eine Regierung, der das Mißtrauen ausgesprochen wurde, sollte gleichsam als Statthalter im Amt bleiben. Da allein der Reichspräsident befugt war, Reichskanzler und Minister zu ernennen, konnte er laut den Verfassungsexperten den statthaltenden Kanzler auf unbegrenzte Zeit im Amt belassen, ohne gegen die Verfassung zu verstoßen. Nahmen die im Reichstag vertretenen Parteien der negativen Mehrheit daran Anstoß, stand es ihnen jederzeit frei, sich hinter einem Kanzler und einem Kabinett ihrer Wahl zu vereinen.

Die Autoren der Denkschrift befürworteten eindeutig diese letzte Strategie. Dasselbe galt für Wilhelm Simpfendörfer, den Abgeordneten einer kleinen konservativen Partei, der Schleicher bei einem Treffen am 19. Januar ein solches Vorgehen vorgeschlagen hatte.[28] Auch der bayrische Gesandte in Berlin hatte Schleicher bereits am Abend nach seiner Ernennung zum Kanzler dazu geraten.[29] Es gab sogar einen Präzedenzfall: Ende 1932 hatte sich das republikanische Kabinett in Württemberg geweigert, das von einer negativen Parlamentsmehrheit abgegebene Mißtrauensvotum anzunehmen.[30] Da ein solches Vorgehen einem unbestreitbaren Schwachpunkt der Weimarer Verfassung abzuhelfen versuchte, würde sich Schleicher damit am wenigsten dem Vorwurf der Verfassungswidrigkeit aussetzen, und es würde die im Reichstag vertretenen Parteien viel weniger provozieren als die anderen beiden Optionen. Vor allem aber bedurfte es keiner Aktion von seiten des Reichspräsidenten, abgesehen von der passiven Duldung eines Reichskanzlers, dem eine Reichstagsmehrheit das Mißtrauen ausgesprochen hatte. Hindenburgs zunehmende Abneigung gegen weitreichende Entscheidungen sprach eindeutig für diese Strategie.

Zudem hätte diese Option Schleicher eine willkommene Gelegenheit geboten, seine gefährlich dünn gewordene politische Basis zu stärken. Es war vorhersehbar, daß die Verteidiger der Republik ihn gemeinsam mit den Kommunisten und Nationalsozialisten angreifen würden, wenn er durch den Aufschub von Neuwahlen gegen die Verfassung verstieß. Rechtfertigte er die Mißachtung eines Mißtrauensvotums dagegen mit einem Fehler der Verfassung, wie ihn prominente Rechtsexperten – darunter etliche aus dem republikanischen Lager – diagnostizierten, würde die Reaktion wahrscheinlich deutlich zurückhaltender ausfallen. Ebensowenig stand zu erwarten, daß er damit auf den Widerstand der Gewerkschaften oder der Arbeitgeberverbände stoßen würde – fürchteten doch die einen wie die anderen, daß die mit einem neuerlichen Regierungswechsel und Neuwahlen einhergehenden Unruhen den zaghaften wirtschaftlichen Aufschwung der letzten Monate zum Stocken bringen könnten. Mit ihrer Unterstützung im Rücken konnte Schleicher argumentieren, daß sich nur die Rechts- und Linksextremisten gegen seinen Verbleib im Amt als Statthalter-Kanzler widersetzten. Natürlich gab es in Anbetracht des abgekühlten Verhältnisses zwischen Reichspräsident und Reichskanzler keine Garantie, daß Hindenburg Schleicher erlauben würde, ein parlamentarisches Mißtrauensvotum zu ignorieren. Doch wie auch immer, die dritte Option war sicher Schleichers beste Chance, sich im Amt zu halten – und Hitlers Machtstreben so lange Einhalt zu gebieten, bis die Enttäuschung seiner Anhänger die Krise vertiefte, die der NSDAP heftig zusetzte.

Schleicher lehnte die von seinem Stab im Reichswehrministerium favorisierte dritte Option allerdings trotz ihrer offensichtlichen Vorteile ab. Über die Gründe dafür ist so gut wie nichts bekannt geworden. Lediglich eine Bemerkung, die Schleicher bei einem inoffiziellen Essen mit Journalisten am 13. Januar fallen ließ, deutet auf seine Motive hin.[31] Natürlich könnte ein Statthalter-Kabinett auch nach einem Mißtrauensvotum im Amt bleiben, meinte Schleicher. Allerdings könnte eine negative Reichstagsmehrheit die Notverordnungen ablehnen, mit denen eine Statthalter-Regierung ihre Gesetze umsetzen müßte, und dadurch die Wirtschaftspolitik des Kabinetts untergraben. Dies war in der Tat ein Nachteil, und noch dazu einer, der in der Denkschrift des Reichswehrministeriums mit keinem Wort erwähnt wurde. Doch wie auch die Denkschrift vermerkte, schloß die dritte Option eine spätere Auflösung des Reichstages und die Verschiebung der fälligen Neuwahlen für den Fall einer anhaltenden Obstruktion der Regierungspolitik durch eine feindselige Parlamentsmehrheit nicht aus. Von praktischen Erwägungen abgesehen, hat Schleicher die dritte Option vielleicht ganz einfach für ehrenrührig gehalten. Sie hätte von ihm verlangt, seinen Stolz hinunterzuschlucken und von der so oft wiederholten Drohung abzurücken, den Reichstag aufzulösen, falls dieser die Zusammenarbeit verweigere. Das und die Aussicht, lediglich als Statthalter im Amt bleiben zu dürfen, mußte sich ein Mann als Schwäche auslegen, der wie Schleicher die preußische Militärtradition verinnerlicht hatte, nach der Angriff dem Rückzug vorzuziehen und persönliche Courage eine hohe Tugend war.

Nichts deutet darauf hin, daß Schleichers Entscheidung gegen die dritte Option auf einer sachlichen Analyse der Umstände basierte oder daß er ausführlich mit anderen über das Für und Wider der drei Strategien diskutiert hätte. Offensichtlich hat er weder den Rat der Mitglieder seines Kabinetts noch den der für die Regierung arbeitenden Verfassungsexperten eingeholt. Statt dessen verließ er sich, wie es seine Art war, ausschließlich auf seine Führungsgruppe im Reichswehrministerium. Der einzige Rat, den er nachweislich erhalten hat, stammte von Oberstleutnant Eugen Ott, auf den er in Sachen Verfassungsrecht hörte. Otts Empfehlung beschränkte sich auf einen knappen handschriftlichen Kommentar auf Schleichers Kopie der Denkschrift: »Weg 1!«[32]

Schleicher beherzigte den lakonischen Rat Otts und legte sich auf die erste Option fest. Er beschloß, den Reichspräsidenten um die Auflösung des Reichstages zu bitten, ohne innerhalb der von der Verfassung vorgesehenen Frist Neuwahlen anzuberaumen. Damit wählte er die riskanteste der ihm offenstehenden Strategien, zumal er kurz zuvor noch erfahren hatte, daß auch Hindenburgs Sohn sich gegen ihn gewandt hatte und der Reichspräsident nicht beabsichtige, eine Auflösungsorder auszustellen.[33] Doch selbst im unwahrscheinlichen Fall, daß der Reichspräsident seinem Wunsch nachkommen würde, mußte ein solch offener Verstoß gegen die Verfassung unweigerlich einen Sturm der Entrüstung von allen Seiten des politischen Spektrums zur Folge haben, eine Gefahr, vor der auch die Denkschrift gewarnt hatte. Wohl aus Gründen des Takts hatten die Autoren der Denkschrift darauf verzichtet, den Reichskanzler nochmals darauf hinzuweisen, daß Franz von Papen nur zwei Monate zuvor genau dieselben Maßnahmen vorgeschlagen hatte und daß Hindenburg sich zweifelsohne daran erinnern würde – wie im übrigen auch daran, daß Papens Versuch, den Reichstag aufzulösen, von seinen eigenen Kabinettsmitgliedern unter der Führung Schleichers heftig kritisiert worden war und dadurch seinen Sturz herbeigeführt hatte.

Natürlich hatten aus der Sicht Schleichers seine im November gegen Papens Verfassungsbruch vorgebrachten Argumente angesichts der veränderten Umstände ihre Gültigkeit verloren. Schleicher war überzeugt, daß er mit seinem Widerstand gegen die von Papen geplante Verfassungsänderung und der Hofierung der Gewerkschaften die im November noch virulente Gefahr eines Bürgerkrieges gebannt hatte. Darüber hinaus hatten sich seitdem die wirtschaftlichen Rahmenbedingungen verbessert, und auch das von ihm initiierte Arbeitsbeschaffungsprogramm würde, wie er zuversichtlich hoffte, bald für eine Entlastung auf dem Arbeitsmarkt sorgen. Vor allem aber konnte Schleicher auf die deutlich verbesserte Fähigkeit der Reichswehr verweisen, gegen allgemeine Unruhen vorzugehen.[34] Auf seine Anordnung hin hatte das Reichswehrministerium im Dezember und Januar eine Reihe von Maßnahmen ergriffen, mit denen Schwachpunkte behoben werden sollten, die die Reichswehr nach einer im November geäußerten Kritik des Ministeriums außerstande setzten, einen gleichzeitigen Aufstand von links und rechts niederzuschlagen. Im Gegensatz zu der Zeit um Papens Sturz verfügte die Reichswehr jetzt über detaillierte Einsatzpläne zur Unterdrückung politischer Streiks sowie über wohlgefüllte Tränengaslager. Gleichzeitig waren Vorbereitungen getroffen worden, die preußische Schutzpolizei, zahlenmäßig fast halb so groß wie die Reichswehr, im Falle eines Falles unter militärischen Oberbefehl zu stellen. Und aufgrund der im Dezember erfolgten rüstungspolitischen Gleichberechtigung Deutschlands durch die Westmächte konnte die Reichswehr ihre Reihen durch Verpflichtung von Freiwilligen stärken, ohne Kritik aus dem Ausland zu provozieren.

Mit diesen Argumenten bewaffnet traf Schleicher am Morgen des 23. Januar um 11.30 Uhr bei Hindenburg ein.[35] Unter Hinweis auf das nach dem Zusammentritt des Reichstages am 31. Januar wahrscheinliche Mißtrauensvotum bat Schleicher Hindenburg um eine Auflösungsorder für den Reichstag. Da ein neuer Wahlgang an den bestehenden Mehrheitsverhältnissen voraussichtlich wenig ändern würde, forderte er zudem, Neuwahlen über den von der Verfassung vorgeschriebenen Zeitraum von sechzig Tagen hinaus zu verschieben. Obgleich das offizielle Protokoll der Begegnung, das offensichtlich von Meißner abgefaßt wurde, die Unterhaltung der beiden Männer nur grob wiedergibt, kann man getrost davon ausgehen, daß Schleicher versuchte, seine Forderungen mit Hinweis auf die Verbesserung der politischen Großwetterlage seit seiner Ernennung und der verbesserten Einsatzfähigkeit der Reichswehr zu verteidigen.

Doch Hindenburg zeigte sich wenig beeindruckt. Seine persönliche Entfremdung von Schleicher war bereits weit fortgeschritten, und nach dem Treffen mit dem Sprecher des Reichslandbundes am 11. Januar scheint es kaum noch persönliche Kontakte zwischen den beiden gegeben zu haben. Noch kurz vor Schleichers Eintreffen an diesem Morgen hatte der Reichspräsident keinerlei Einwände erhoben, als sein Sohn, Papen und Meißner für die Ablösung Schleichers eingetreten waren. Trotzdem ist es durchaus möglich, daß Schleicher Hindenburg mit der Forderung, ein Mißtrauensvotum nicht zu beachten und ihn als statthaltenden Reichskanzler im Amt zu lassen, dazu hätte zwingen können, seine Neigung, Schleicher zu stürzen, noch einmal zu überdenken, zumal wenn er seine Forderung mit Stellungnahmen angesehener Rechtsexperten über die Lücke in der Weimarer Verfassung untermauert hätte. Doch daß Schleicher nun genau dieselben Maßnahmen vorschlug, die er noch vor weniger als zwei Monaten gebrandmarkt hatte, mußte in Hindenburg schmerzhafte Erinnerungen wachrufen – und es ihm erleichtern, Schleicher eine Abfuhr zu erteilen. Was die Forderung des Reichskanzlers nach Auflösung des Parlaments anging, so sagte Hindenburg lediglich, er werde darüber nachdenken. Den Antrag, Neuwahlen über die vorgesehenen sechzig Tage hinaus zu verschieben, lehnte er rundweg ab. Ein solcher Schritt würde, protestierte Hindenburg, ihm von allen Seiten Vorwürfe der Verfassungswidrigkeit eintragen. Dieser Weg könne nur dann in Erwägung gezogen werden, wenn die Führer aller politischen Parteien die Ausrufung des Notstandes guthießen und zusagten, den Präsidenten nicht des Verfassungsbruchs zu bezichtigen.

Eine solche Vereinbarung der miteinander verfeindeten politischen Führer Deutschlands war, wie Schleicher nur zu gut wußte, vollkommen illusorisch. Er wußte außerdem, daß Hindenburg zuvor zweimal ohne jede Einschränkung Pläne Papens unterstützt hatte, Neuwahlen bis auf unbestimmte Zeit auszusetzen, auch wenn dies in beiden Fällen an den Umständen gescheitert war. Hindenburgs Skrupel hinsichtlich der Verfassung funktionierten eindeutig selektiv. In einem letzten Versuch, die Bedenken des Reichspräsidenten zu zerstreuen, regte Schleicher an, die Führer der Industrie und der Gewerkschaften zu fragen, ob sie einer Aussetzung der Neuwahlen zustimmen würden.[36] Doch auch auf diesen Vorschlag ging Hindenburg nicht ein. Mit der Bemerkung, er habe nicht erwartet, daß über seine Bitte um eine Auflösungsorder sofort entschieden werde, beendete der Kanzler die in einer frostigen Atmosphäre verlaufene Sitzung und kündigte an, er werde die Sache zu einem späteren Zeitpunkt nochmals zur Sprache bringen.

Hindenburgs Abfuhr stellte einen schweren Schlag für Schleicher dar, besiegelte aber noch nicht sein Schicksal. Kein Wort über das Treffen gelangte an die Presse; nach allem, was die Öffentlichkeit wußte, saß der Reichskanzler so fest im Sattel wie eh und je. Schleicher wußte von diesem Zeitpunkt an jedoch, daß Hindenburg nicht gewillt war, zu seiner Rettung die Verfassung zu brechen. Die ersten beiden in der Denkschrift aufgezeigten Wege waren ihm also versperrt. Hindenburg hatte die Auflösung des Reichstages zwar nicht kategorisch ausgeschlossen, doch ohne die Aussetzung der Neuwahlen half eine Auflösung Schleicher nicht weiter; die Aussicht, daß Neuwahlen binnen sechzig Tagen die kanzlerfeindliche Mehrheit beseitigen würden, war minimal. Schleicher mußte auch nach Neuwahlen mit einem Mißtrauensvotum rechnen.

Damit blieb nur noch der dritte Weg: trotz des Mißtrauensvotums einer negativen Mehrheit unter Hinweis auf die Verfassungslücke gleichsam in statthaltender Funktion im Amt zu bleiben. Schleicher konnte immer noch mit Hilfe prominenter Verfassungskritiker in einer letzten Anstrengung versuchen, die republikanischen Parteien, die Gewerkschaften und die Industrie zumindest zur Tolerierung eines solchen Arrangements zu bewegen. Die Zeit drängte freilich; war erst der Reichstag am 31. Januar zusammengetreten, würde die Annahme eines Mißtrauensvotums nur noch eine Sache von Tagen sein. Gelang es Schleicher, einige wichtige Verfassungsexperten und mächtige Interessengruppen für den dritten Weg zu gewinnen, konnte er mit ihrer Unterstützung Hindenburg einen Vorschlag präsentieren, der weder einen klaren Bruch der Verfassung noch die Auflösung des Parlaments notwendig machte.

Ein erfahrener Politiker in Schleichers Lage hätte diese Möglichkeit, an der Macht festzuhalten, erkannt und ergriffen. Wie jeder weiß, der sich ernsthaft mit Politik befaßt, ist Macht die Grundvoraussetzung für eine erfolgreiche Politik, und das Vermögen, an der einmal errungenen Macht festzuhalten, der Lackmustest für die Fähigkeiten eines Politikers. Das gilt für jeden, der auf der politischen Bühne agiert, ob Monarchist oder Demokrat, ob Zivil- oder Militärdiktator. Und niemand verstand das besser als Adolf Hitler. Hitler machte keinen Hehl aus seiner Entschlossenheit, die Macht zu behalten, wenn er sie bekam. Im Oktober 1932 hatte er in einer Rede in Königsberg verkündet: »Wenn wir einmal die Macht bekommen, dann werden wir sie, so wahr uns Gott helfe, behalten. Wegnehmen lassen wir sie uns dann nicht mehr.«[37] Unglücklicherweise mangelte es Kurt von Schleicher an derselben kompromißlosen Entschlossenheit.

Obwohl ein geschulter militärischer Stratege und Taktiker, hatte er es erstaunlicherweise trotz seiner ganz offensichtlich prekären Lage einmal mehr versäumt, eine Rückzugsposition vorzubereiten. Als Kadett und Unteroffizier hatte er gelernt, daß ein kluger Kommandeur für den Fall, daß sich ein Plan nicht wie vorhergesehen durchführen läßt, vorab alternative Strategien ausarbeitet. Doch just als er vor der größten Herausforderung seiner politischen Karriere stand, vergaß er diese Lektion – trotz ihrer klaren Relevanz für den politischen Machtkampf. Statt dessen hielt er – und zwar auf eine Art und Weise, die einen zunehmenden Realitätsverlust nahelegte, und trotz des klaren Widerstands des Reichspräsidenten – unbeirrbar an seinem Plan fest, die nach einer Auflösung des Reichstages fälligen Neuwahlen auszusetzen. Einmal mehr verfolgte er seinen Kurs, ohne den Rat seiner Minister oder altgedienter Beamter der Regierung einzuholen.

Mit der Weigerung, von diesem verfassungswidrigen Plan abzurücken, riß Schleicher einen unüberbrückbaren Graben zwischen sich und den Verteidigern der Republik auf. Mit der Rückendeckung republikanischer Verfassungsexperten für die dritte vom Reichswehrministerium vorgeschlagene Option hätte er gute Chancen gehabt, sich die Unterstützung des katholischen Zentrums und der Sozialdemokraten zu sichern. Doch trotz der Dementis, die sein Stab ausgab, ließen die Gerüchte, Schleicher erwäge die Ausrufung des Notstands als Rechtfertigung für die verfassungswidrige Aussetzung von Neuwahlen, die Sozialdemokraten und das Zentrum empört aufschreien.[38] Schleicher selbst gab diesen Gerüchten noch Nahrung, als er am 26. Januar bei einem Treffen mit den Sozialdemokraten nahestehenden Gewerkschaftsführern das Thema erneut anschnitt und vergeblich versuchte, ihre Unterstützung dafür zu gewinnen.[39] In der Folge nahm die Abneigung gegen Schleicher in der größten republikanischen Partei so starke Ausmaße an, daß selbst Otto Braun, der geschaßte sozialdemokratische Ministerpräsident von Preußen, nicht länger bereit war, die Forderung des Reichskanzlers nach einer Auflösung des Reichstages gegenüber Hindenburg zu unterstützen. In einem Brief an Schleicher, von dem er eine Abschrift an Hindenburg schickte, verurteilte er einen solchen Schritt als »Aufforderung zum Hochverrat«.[40] Angesichts der Tatsache, daß Braun und andere führende Sozialdemokraten immer mehr von Schleicher abrückten, distanzierten sich auch die mit der Partei verbundenen Gewerkschaftsführer, die bislang gewillt gewesen waren, ihn als kleineres Übel zu unterstützen, vom Reichskanzler.[41]

Wie das Verhalten der Sozialdemokraten zeigt, litten auch sie Ende Januar 1933 unter politischem Realitätsverlust. Dasselbe galt im großen und ganzen auch für die Katholische Zentrumspartei. In Anbetracht des Autoritätsverlustes des Parlaments und der Machtzunahme des Reichspräsidenten im Laufe der vergangenen drei Jahre hatten sich die Führer beider Parteien – mit der bemerkenswerten, wenn auch nur vorübergehenden Ausnahme Otto Brauns – darauf versteift, den Buchstaben der Verfassung zu verteidigen.[42] Während des Monats, der über Deutschlands Schicksal entscheiden sollte, blieben die Parteien, die das Bollwerk der Weimarer Republik darstellten, auf die in ihren Augen bedrohlichste Gefahr fixiert: einen Bruch der Verfassung durch Schleicher oder, für den Fall seiner Ablösung, durch Papen. So besessen waren sie von dieser Sorge, daß sie die unendlich größere Gefahr aus dem Blickfeld verloren, die Adolf Hitler darstellte. In der Tat könnte man ihnen vorwerfen, daß sie, indem sie die öffentliche Meinung gegen Schleicher aufbrachten, Hindenburg darin bestärkten, den Reichskanzler fallenzulassen, und so unabsichtlicherweise dazu beitrugen, Hitler auf den Thron zu hieven. Hätten sie Schleichers geplanten Verstoß gegen die Verfassung toleriert, wäre Hitler womöglich nie an die Macht gekommen. Doch genau das, ein Verstoß gegen die Verfassung durch wen auch immer, galt den Verteidigern der Republik als absolutes Sakrileg.

Nachdem sich Sozialdemokraten und Zentrum von Schleicher distanziert hatten, war der Reichskanzler politisch fast vollständig isoliert. Nur die beiden kleinen liberalen Parteien standen nominell noch hinter ihm, und auch das nur mit Einschränkungen.[43] Selbst bei den Rechten waren ihm, wenn überhaupt, nur noch wenige Verbündete geblieben. Der französische Botschafter François-Poncet, der aufgrund seiner Stellung häufigen gesellschaftlichen Kontakt mit reaktionären Kreisen pflegte, analysierte in einer Depesche an Paris vom 19. Januar die Gründe für die Ablehnung Schleichers. Die Rechten, die gehofft hätten, der General würde eine Militärdiktatur installieren, würden ihm Schwäche vorwerfen und, seit er die Uniform abgelegt hatte, unmilitärisches Verhalten. Statt gegen die Linke durchzugreifen, habe Schleicher sich von den Gewerkschaften Zugeständnisse abpressen lassen. Statt dem aufsässigen Reichstag Zügel anzulegen, habe er in dem Versuch, eine parlamentarische Mehrheit für sein Kabinett zu finden, die Parteien hofiert. Und schließlich habe er die Nationalsozialisten nicht nur nicht in die Regierung geholt, sondern sich mit dem abtrünnigen Gregor Strasser verbündet und damit Hitler »ganz offen den Krieg erklärt«. »Inmitten der gegenläufigen Strömungen, die Deutschland erfaßt haben«, schrieb François-Poncet an seine Regierung, »kann der General sich zu keiner Entscheidung durchringen; er erweckt den Eindruck, als wolle er abwarten, welche der Strömungen sich durchsetzen wird, bevor er sich der einen oder anderen anschließt.« Der Botschafter hielt das für bedauerlich, da »in diesen Zeiten Deutschland eher Männer braucht, die eine Strömung begründen, als solche, die einer folgen«. Wie lange, fragte er sich, würde Hindenburg noch hinter einem solchen Kanzler stehen? »Gegenwärtig kann man nur feststellen«, schloß François-Poncet, »wie schnell der Stern des Generals verblaßt und wie leichtfertig die sind, die – ohne zu wissen, wer ihm folgen soll – bereit sind, einen der begabtesten und klügsten Männer in Deutschland zu opfern.«[44]

Weit davon entfernt, eine Militärdiktatur anzustreben, wie die Verteidiger der Republik fürchteten und manche Konservative hofften, gab Schleicher einfach die Hoffnung auf, noch länger Kanzler bleiben zu können. Er versuchte nicht einmal, Hindenburg auf anderem Wege zu überzeugen, sondern hielt sich an eine aus der Verzweiflung geborene militärische Taktik, die *Flucht nach vorn,* den Ausbruch aus einer übermächtigen Umklammerung und den Vorstoß mitten hinein ins Herz der feindlichen Streitmacht. Auch als der Ältestenrat am 27. Januar erneut über die Einberufung des Reichtages am 31. Januar befand, unternahm Schleicher keinen Versuch, die Konfrontation mit der feindlichen Reichstagsmehrheit abzuwenden.[45] Zu diesem Zeitpunkt hatte er bereits für den 28. Januar ein Treffen mit Hindenburg um zwölf und eine Kabinettssitzung eine halbe Stunde davor anberaumt. Wie der Staatssekretär in der Reichskanzlei, Erwin Planck, den Finanzminister am 26. Januar unterrichtete, wollte Schleicher Hindenburg bei diesem Treffen um ein Auflösungsdekret bitten.[46] Da es äußerst unwahrscheinlich sei, daß der Reichspräsident diesem Verlangen nachkommen würde, hatte Planck hinzugefügt, würde aller Voraussicht nach am 28. Januar das Kabinett zurücktreten. So also wollte Schleicher seine Kanzlerschaft beenden: mit einer Bitte, die Hindenburg ihm erwartungsgemäß abschlagen würde.

Von Schleicher selbst ist nichts über die Motive bekannt, die ihn zu diesem Kurs des politischen Selbstmords bewogen, und was an Hinweisen vorliegt, bietet alles andere als ein einheitliches Bild. Es ist möglich, daß Schleicher dem auf ihm lastenden Druck nicht mehr standhielt. Dem ehemaligen Reichskanzler Brüning zufolge, der Schleicher gut kannte, neigte er zur »Ängstlichkeit vor letzten Entscheidungen«.[47] Wenn Schleicher sich, wie der scharfsinnige Chefredakteur des republikanischen *Berliner Tageblatts* Theodor Wolff andeutete, bis dahin für einen unbesiegbaren Meister der politischen Intrige gehalten hatte, ist durchaus denkbar, daß ihm die Tatsache, in Franz von Papen seinen Meister gefunden zu haben, den Glauben an die eigenen Fähigkeiten geraubt hat.[48] Vielleicht hatte Schleicher aber auch nur seine Lage analysiert und war zu dem Schluß gekommen, daß er angesichts der Phalanx an Gegnern, die ihm gegenüberstand, keine Chance mehr hatte, sich als Reichskanzler zu halten. Auch emotionale Faktoren können als mögliche Motive nicht ausgeschlossen werden. Die barsche Abfuhr, die Hindenburg Schleicher am 23. Januar erteilte, scheint diesen tief erschüttert zu haben. In Schleichers Augen kam das einem Verrat des Reichspräsidenten an der Zusicherung bedingungsloser Unterstützung gleich, die er ihm bei seinem Amtsantritt gegeben hatte. Für jemanden, der sich dem Ehrenkodex des preußischen Offiziersstandes verpflichtet fühlte, bedeutete es eine Erniedrigung, von einem Vorgesetzten, dem er vertraut hatte, im Stich gelassen zu werden. Nach der Entdeckung, daß sich nicht nur Papen, sondern auch Oskar von Hindenburg und Otto Meißner gegen ihn verschworen hatten, hat die Erkenntnis, daß auch sein Vertrauen in den Reichspräsidenten eine Selbsttäuschung war, die Kräfte des Reichskanzlers vielleicht überstiegen.

Dennoch richtete sich Schleichers Groll offenbar nicht in erster Linie gegen Hindenburg. Zumindest sprach er, als er zwei Wochen später mit Brüning zusammentraf, immer noch respektvoll von ihm, machte bei derselben Gelegenheit aber keinen Hehl aus seinem tiefen Haß auf Papen und den jungen Hindenburg.[49] Diese beiden waren es seiner Ansicht nach gewesen, die hinterrücks auf seinen Sturz hingearbeitet hatten. Soweit bekannt, hat ihn vor allem die Abkehr Oskar von Hindenburgs tief getroffen. Ein Mitarbeiter Schleichers zitierte später eine Bemerkung des Reichskanzlers über den Einfluß des jungen auf den alten Hindenburg: »Wie es immer ist: Wenn man alt wird, denkt man nur noch an die Familie.«[50] Das Wissen, daß das Haus Hindenburg, dem er so lange Zeit treu gedient hatte, sich gegen ihn verschworen hatte, könnte ihn durchaus von der Sinnlosigkeit des Versuchs überzeugt haben, sich an die Macht zu klammern.

Einiges spricht dafür, daß Schleicher über die Aussicht, den Hut nehmen zu müssen, gar nicht traurig war. Zwar stellte er auch als Reichskanzler meist seine gewohnte Selbstsicherheit zur Schau, doch verrieten eine Reihe von Indizien, daß er mit dem Posten nicht unbedingt glücklich war. Während seiner Zeit im Reichswehrministerium hatte er die meisten Aufgaben an seinen Stab delegieren können, und das hatte ihm Zeit gelassen, seine politischen Beziehungen überall in der Hauptstadt zu pflegen und sich über den neuesten Tratsch zu informieren. Als Kanzler dagegen fand er sich in eine Vielzahl komplexer und schwer greifbarer Themen verstrickt. Anfang Januar klagte er gegenüber dem französischen Botschafter über die Last, sich bis ins Detail mit wirtschaftlichen Interessenkonflikten herumschlagen zu müssen.[51] Früher hatte er als hinter den Kulissen wirkender Königsmacher im Schutze der Anonymität Einfluß ausüben und Fäden ziehen können. Jetzt stand er im gnadenlosen Scheinwerferlicht der öffentlichen Aufmerksamkeit.

Der harte Ton, den vor allem die rechtsgerichtete Presse

ihm gegenüber anschlug, schmerzte Schleicher sehr.[52] Er gestand bei verschiedenen Gelegenheiten, sich in der Reichskanzlei deplaziert zu fühlen, und äußerte den Wunsch, so bald als möglich in das familiärere und freundlichere Reichswehrministerium zurückzukehren.[53] Zusammen mit der Passivität, die sein Verhalten angesichts des drohenden Sturzes kennzeichnete, zeigen diese Äußerungen, daß dem Mann, der zwischen Adolf Hitler und dem Reichskanzleramt stand, die Grundvoraussetzung für den Erfolg im Machtkampf auf höchster Ebene fehlte: der Wille zur Macht. Offensichtlich war Schleicher sich dessen zumindest ansatzweise bewußt, wie eine hingekritzelte Randbemerkung an einen Mitarbeiter im Reichswehrministerium vom Herbst 1932 zeigt: »Schade, daß ich keine Veranlagung zum Größenwahn habe.«[54]

Sobald sich Schleicher mit seinem Schicksal abgefunden hatte, konzentrierte er seine ganze Kraft darauf, die Rückkehr Papens auf den Stuhl des Reichskanzlers zu verhindern – selbst wenn das bedeutete, Hitler den Weg an die Macht zu ebnen. In der letzten Januarwoche machten in politischen Zirkeln und der Presse vemehrt Gerüchte die Runde, Hindenburg wolle Papen erneut in die Reichskanzlei berufen.[55] Am Morgen des 27. Januar suchte der Chef der Heeresleitung, General Kurt von Hammerstein, Schleicher auf und erkundigte sich bei ihm nach dem Wahrheitsgehalt dieser Gerüchte.[56] Schleicher bestätigte sie zwar nicht, sagte dem General aber, daß er nicht mehr das Vertrauen des Reichspräsidenten genieße und deshalb erwarte, binnen der nächsten ein, zwei Tage abgesetzt zu werden. Hammerstein begab sich unverzüglich zu Meißner und warnte ihn, die Reichswehr werde kein zweites Kabinett Papen ohne Beteiligung der Nationalsozialisten unterstützen.

Später am selben Morgen nahm Hammerstein gemeinsam mit dem Chef des Heerespersonalamts, General Erich von dem Bussche-Ippenburg, an der wöchentlichen Besprechung mit Hindenburg teil.[57] Obwohl sich der Reichspräsident politische Empfehlungen der Generäle verbat, warnten sie ihn, daß eine Rückkehr Papens in die Reichskanzlei die Gefahr eines Bürgerkrieges heraufbeschwören würde. Ob der Reichspräsident sie nun falsch verstand oder einfach die über Papen im Umlauf befindlichen Gerüchte nicht dementieren wollte, ist unklar, jedenfalls versicherte er den Militärs, er beabsichtige nicht, Hitler zum Reichskanzler zu ernennen. Die Nachricht, daß Hindenburg eine Rückkehr Papens nicht ausschloß, mußte Schleichers Entschlossenheit, den Wiederaufstieg des ehemaligen Freundes zu verhindern, noch stärken. Zweifellos spielte dabei der Wunsch nach Rache eine gewisse Rolle; gleichzeitig aber wußte Schleicher auch ganz genau, daß ein Reichskanzler Papen ihn als Reichswehrminister ersetzen würde. Dagegen konnte er immer noch hoffen, unter Hitler seinen Posten und damit die Kontrolle über die Reichswehr behalten zu können.

Als sich am späten Morgen des 28. Januar das Kabinett versammelte, unterrichtete Schleicher seine Minister davon, daß er in wenigen Minuten zum Reichspräsidenten gehen und von ihm ein Auflösungsdekret verlangen werde;[58] andernfalls würde ihm der Reichstag bei seinem Zusammentreten am kommenden Dienstag mit Sicherheit das Mißtrauen aussprechen. Allerdings erwarte er, daß Hindenburg seine Forderung zurückweisen würde, und er gedenke in diesem Fall sowohl seinen Rücktritt als auch den des Kabinetts einzureichen. Nachdem Schleicher sich der Zustimmung seiner Minister zu diesem Vorgehen versichert hatte, prophezeite er, daß Hindenburg wahrscheinlich ein neues Präsidialkabinett unter Leitung Papens und unterstützt lediglich von Hugenberg und dessen Deutschnationaler Volkspartei ernennen werde. Eine solche Lösung, warnte Schleicher, könnte nicht nur die Regierung, sondern auch den Präsidenten in eine Krise stürzen, da die große Mehrheit der Bevölkerung sie ablehnen werde. Die Minister, die sich dazu äußerten, waren sich über die Gefährlichkeit eines Kabinetts Papen-Hugenberg einig, und mehrere Kabinettsmitglieder sagten zu, den Präsidenten darauf mit Nachdruck persönlich hinzuweisen.

Um Viertel nach zwölf unterbrach Schleicher die Kabinettssitzung und begab sich zu Hindenburgs Büro in der Reichskanzlei. Zu Beginn seines – wie sich zeigen sollte – letzten Treffens mit Hindenburg listete der Reichskanzler die seiner Ansicht nach offenstehenden Wege auf.[59] Denkbar war einmal ein von einer Reichstagsmehrheit getragenes Kabinett Hitler, eine Lösung, deren Zustandekommen Schleicher freilich für überaus unwahrscheinlich hielt. Als zweite Möglichkeit sah er ein Präsidialkabinett unter der Führung Hitlers, eine Lösung, die allerdings, so deutete Schleicher an, gegen die bisherigen Prinzipien des Reichspräsidenten verstoße. Die dritte und Schleicher zufolge empfehlenswerte Alternative war, ihn im Amt zu belassen, gestärkt durch das Vertrauen und die Notstandsvollmachten des Präsidenten. Schleicher sprach sich vehement gegen eine vierte Möglichkeit aus: ein von Papen und Hugenberg geführtes Kabinett. Ein solches Kabinett würde, warnte er, auf den Widerstand von neun Zehnteln der Bevölkerung stoßen und revolutionäre Unruhen und eine allgemeine Regierungskrise zur Folge haben. Um sich mit seinem Programm am 31. Januar dem Reichstag stellen zu können, schloß Schleicher, benötigte er die Zustimmung des Reichspräsidenten zur Auflösung des Parlaments. Einen Aufschub der Neuwahlen über die verfassungsmäßige Periode von sechzig Tagen hinaus sprach er nicht an.

Hindenburg zeigte sich ebensowenig geneigt, auf Schleichers Vorschlag einzugehen, wie er es fünf Tage zuvor gewesen war. Schleicher hatte den Zeitpunkt äußerst unglücklich gewählt. Noch vor dem Reichskanzler hatte

Am 4. Januar 1933 traf Hitler sich im Kölner Stadthaus des Bankiers Kurt von Schröder (kleines Bild) heimlich mit dem früheren Reichskanzler Franz von Papen. [DHM, UB]

Später im Januar trafen Hitler und Papen erneut zusammen, um sich gegen Reichskanzler von Schleicher zu verbünden. Treffpunkt war diesmal die Berliner Residenz des Sektvertreters Joachim von Ribbentrop (kleines Bild), der später unter Hitler deutscher Außenminister wurde. [UB]

Franz Seldte (links) und Theodor Duesterberg an der Spitze einer Parade des Frontsoldatenbunds Stahlhelm. Die Teilnahme des Stahlhelm trug entscheidend zum Gelingen der Verschwörung bei, die Hitler an die Macht brachte. [BAK]

Theodor Duesterberg (links) vom Stahlhelm; seine Verärgerung über Angriffe der Nationalsozialisten gegen ihn wegen eines jüdischen Großvaters hätten fast zum Scheitern der Verschwörung geführt, die Hitler zum Kanzler machen sollte. [BPKb]

Franz Seldte vom Stahlhelm, der in Hitlers Kabinett vom 30. Januar 1933 Reichsarbeitsminister wurde. [BPKb]

Polizeiposten in einem Berliner Arbeiterviertel, in dem am 22. Januar 1933 eine vom Kabinett Schleicher gebilligte und unter Polizeischutz gestellte Demonstration der Nationalsozialisten stattfand.

SA-Männer marschieren während der Demonstration vom 22. Januar 1933 vor der Berliner Zentrale der Kommunistischen Partei auf. [DHM]

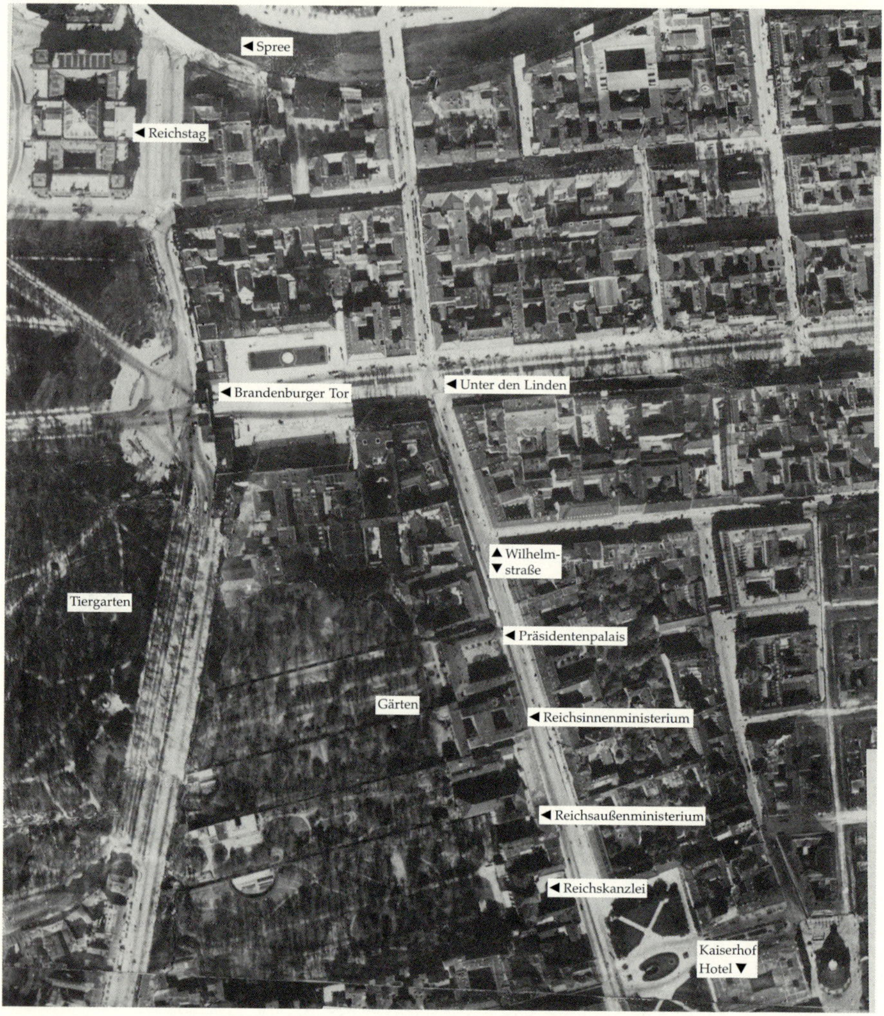

Luftbild von Berlin Mitte, wo sich die meisten wichtigen öffentlichen Gebäude befanden, aufgenommen 1928. Fast alle Gebäude wurden im Zweiten Weltkrieg zerstört. [SBWB]

Im Hotel Kaiserhof in der Nähe der Reichskanzlei stieg Hitler vor seiner Ernennung zum Kanzler ab, wenn er in Berlin war. Auch das Hotel fiel dem Krieg zum Opfer. [BPKb]

Das Café des Hotels Kaiserhof, in dem Hitler in Gesellschaft von Anhängern und Bewunderern viele Stunden verbrachte. [UB]

Das Reichstagsgebäude vor der Machtergreifung. [BPKb]

Der Reichstag nach dem Ende des Dritten Reiches. Das Gebäude brannte im Februar 1933 vollkommen aus und wurde im Zweiten Weltkrieg durch Bomben und Granaten weiter zerstört. [UB]

Die Reichskanzlei vor dem Dritten Reich, gesehen von der Wilhelmstraße. Das ursprüngliche Gebäude war die Residenz eines preußischen Adligen und stammte aus dem 18. Jahrhundert. Der links außen sichtbare Anbau wurde Ende der zwanziger Jahre unseres Jahrhunderts errichtet. Im Süden des Anbaus ließ Hitler nach seiner Machtergreifung eine pompöse neue Reichskanzlei errichten. [LbsB]

Die Reichskanzlei nach Hitler (1946). [LbsB]

Die Rückseite der Reichskanzlei, die auf einen großen Garten hinausging. Hinter den drei Fenstern links im ersten Stock wurde Hitler als Reichskanzler vereidigt, nachdem er zuvor von Franz von Papen durch den Hintereingang hineingeführt worden war. [BAK]

Das Präsidentenpalais, drei Gebäude nördlich der Reichskanzlei auf der westlichen Seite der Wilhelmstraße gelegen, wurde seit dem Frühjahr 1932 umfassend renoviert. Hindenburg und die Familie seines Sohnes mußten deshalb in die Reichskanzlei umziehen. [BAK]

Der Garten hinter dem Präsidentenpalais; am Brunnen sitzen die Enkel des Reichspräsidenten. [FAHV]

Reichspräsident von Hindenburg und Franz von Papen an der Tür einer der Mauern, die die Gärten hinter den Amtsgebäuden an der Wilhelmstraße trennten. Durch Türen wie diese konnte Papen, der nach seinem Sturz als Reichskanzler in einer Wohnung im Reichsinnenministerium wohnte, im Januar 1933 den Präsidenten aufsuchen, ohne daß Öffentlichkeit oder Presse davon erfuhren. [FAHV]

»Sturmreif«, eine republikanische Karikatur, zeigt, wie Reichskanzler von Schleicher von allen Seiten unterminiert wird. [Vorwärts, *16. Januar 1933 (Nr. 43)*]

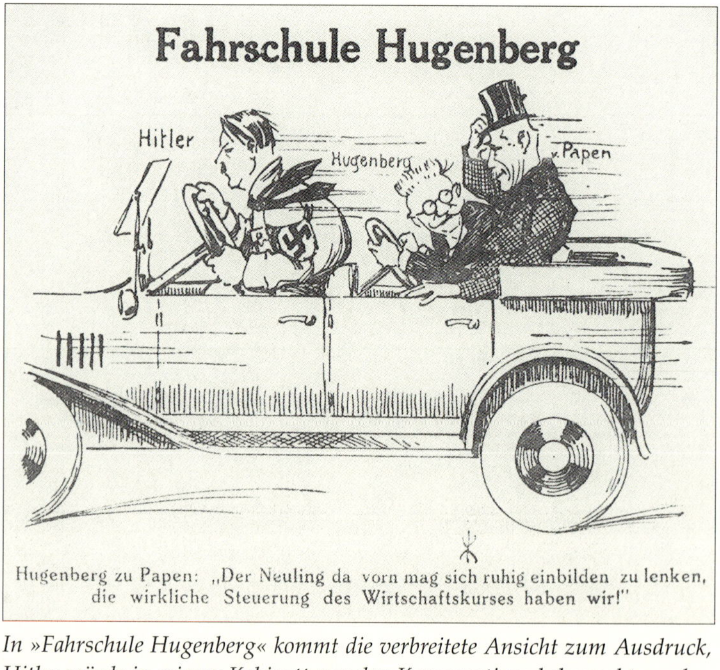

In »Fahrschule Hugenberg« kommt die verbreitete Ansicht zum Ausdruck, Hitler würde in seinem Kabinett von den Konservativen beherrscht werden. [Vorwärts, *1. Februar 1933 (Nr. 53)*]

Hitler, Papen und Hugenberg beraten sich am 30. Januar 1933 in der Reichskanzlei. Links Frick und (mit dem Rücken zur Kamera) Otto Wagener. [BPKb]

Hitler verläßt das Hotel Kaiserhof, um der ersten Sitzung seines Kabinetts am Nachmittag des 30. Januar 1933 beizuwohnen. [UB]

Hitlers Kabinett vom 30. Januar 1933. Sitzend von links nach rechts: Göring, Hitler und Papen. Stehend: Konstantin Freiherr von Neurath (Reichsaußenminister), Günther Gereke (Reichskommissar für die Arbeitsbeschaffung), Lutz Graf Schwerin von Krosigk (Reichsfinanzminister), Wilhelm Frick (Reichsinnenminister), General Werner von Blomberg (Reichswehrminister) und Alfred Hugenberg (Reichswirtschafts- und -ernährungsminister). Baron Paul von Eltz-Rübenach (Reichspost- und -verkehrsminister) war abwesend. [BPKb]

Reichskanzler Hitler und Reichsinnenminister Frick beim Verlassen der Reichskanzlei am 30. Januar 1933. [BAK]

Reichskanzler Hitler mit seinen Nazi-Gefolgsleuten im Hotel Kaiserhof am 30. Januar 1933. Von links nach rechts: Otto Wagener, Wilhelm Kube, Hans Kerrl, Wilhelm Frick (sitzend), Joseph Goebbels, Hitler, Ernst Röhm, Hermann Göring, Walter Darré, Heinrich Himmler und Rudolf Hess. [BAK]

Dasselbe Bild wie oben, jedoch retuschiert, um Ernst Röhm zu entfernen, der auf Befehl Hitlers im Juni 1934 ermordet worden war. Links wurden der im Jahr zuvor beseitigte Wagener sowie Kube abgeschnitten. [BSB]

Dasselbe Bild wie die beiden oberen Fotos, jedoch noch einmal verkleinert, um Hess nach seinem Flug nach Schottland im Mai 1941 zu entfernen. [BSB]

Hitler dankt seinen auf der Wilhelmstraße vorbeiziehenden Anhängern am Abend des 30. Januar 1933 von einem Fenster im Anbau der Reichskanzlei. [UB]

Fackelzug der SA auf der Wilhelmstraße am Abend des 30. Januar 1933. [BAK]

Spätere Nachstellung des Fackelzuges für einen Propagandafilm der Nazis. [UB]

Das erste Foto von Adolf Hitler als deutschem Reichskanzler, aufgenommen an seinem Schreibtisch in der Reichskanzlei am 30. Januar 1933. [BPKb]

Papen Hindenburg aufgesucht und ihn erneut gedrängt, Schleicher nicht durch ihn selbst, sondern durch Hitler zu ersetzen.[60] Außerdem war Hindenburg immer noch aufgebracht über einen Kommentar, der an diesem Morgen in der *Täglichen Rundschau* erschienen war, einer Berliner Tageszeitung, die fälschlicherweise als Schleichers Sprachrohr galt.[61] Unter der Überschrift »Spiel mit der Präsidenten-Krise?« warnte der Kommentator, eine Rückkehr Papens in die Reichskanzlei würde auf so breite Ablehnung stoßen, daß die Stellung des Reichspräsidenten selbst gefährdet sei. Für Hindenburg mußte das wie eine respektlose, gegen ihn gerichtete Drohung klingen. Die von Papen ganz sicher nahegelegte Überzeugung, Schleicher stecke hinter diesem Affront, kann Hindenburg in seinem Entschluß, Schleicher loszuwerden, nur bestärkt haben.

Nachdem der Reichskanzler zu Ende gesprochen hatte, erwiderte Hindenburg, daß er ihm unter den gegebenen Umständen keine Auflösungsorder zusagen könne. Er sprach Schleicher seine Anerkennung für den Versuch aus, mit Hilfe der Nationalsozialisten eine parlamentarische Mehrheit für sich zu gewinnen. Da dieser Versuch jedoch gescheitert sei, müsse er nun einen anderen Weg in Betracht ziehen. Welcher Weg das sein würde, sprach er nicht aus. Als Schleicher erklärte, mehrere Mitglieder seines Kabinetts wünschten, dem Präsidenten ihre Sicht der politischen Lage darzulegen, erwiderte Hindenburg ausweichend, er werde das in Betracht ziehen. Allerdings, fügte er hinzu, könne ihn nichts, was irgend jemand sage, von seiner Entscheidung abbringen. Er sprach dem Kanzler und seinem Kabinett in einigen floskelhaften Worten seinen Dank für ihren Dienst am Vaterland aus und bat Schleicher, wie in solchen Fällen üblich, die Regierungsgeschäfte bis zur Bildung eines neuen Kabinetts fortzuführen. Gemeinsam gingen die beiden Männer den offiziellen Wortlaut der Rücktrittserklärung Schleichers durch, die ganz offensichtlich bereits vorab aufgesetzt worden war. Beim Abschied gab Schleicher seiner Hoffnung Ausdruck, daß das Reichswehrministerium in einem neuen Kabinett nicht einem Nationalsozialisten unterstellt werde. Hindenburg erwiderte, auch er sei absolut gegen eine solche Besetzung.

Bereits nach einer guten Viertelstunde kehrte Schleicher zu den wartenden Kabinettsmitgliedern zurück und informierte sie über den Verlauf der Unterredung.[62] Er habe, berichtete er, das Gefühl gehabt, gegen eine Wand zu reden. Der Reichspräsident habe seinen Ausführungen nur mit halbem Ohr zugehört und mit formelhaften, einstudierten Stellungnahmen reagiert. Offenbar war der zutiefst niedergeschlagene Schleicher auch nach dem Gespräch mit dem Präsidenten noch der festen Überzeugung, Franz von Papen werde seine Nachfolge antreten. Als letzte Amtshandlung nach nur siebenundfünfzig Tagen im Amt genehmigte das Kabinett Schleicher die Mittel zur Finanzierung des Arbeitsbeschaffungsprogramms, dem der Reichskanzler nach seiner Ernennung absolute Priorität eingeräumt hatte.[63] Das Programm erhielt noch am selben Tag in Form einer vom Präsidenten unterzeichneten Notverordnung Gesetzeskraft. Es stellte eine halbe Milliarde Reichsmark für öffentliche Projekte zur Verfügung, mit denen die Arbeitslosigkeit gemildert und die Wirtschaft angekurbelt werden sollte. Als im Laufe des nächsten halben Jahres fast zwei Millionen arbeitslose Deutsche eine Anstellung fanden, ging der Dank dafür nicht an Kurt von Schleicher, sondern an Adolf Hitler.[64]

6

Papen steuert auf den Abgrund zu

Kurz nachdem Kurt von Schleicher am Samstag, den 28. Januar Hindenburg sein Rücktrittsgesuch überreicht hatte, beauftragte der Reichspräsident Franz von Papen, die Möglichkeiten für ein neues Kabinett zu sondieren.[1] Damit kehrte der Mann, der entscheidend dazu beigetragen hatte, Hindenburg gegen Schleicher aufzubringen, ins politische Rampenlicht zurück. Er sollte mehr als irgend jemand sonst die verhängnisvolle Entwicklung der nächsten zwei Tage beeinflussen. Papen war nach wie vor Hindenburgs Wunschkandidat, und hätte er sich bereit gezeigt, auf den Stuhl des Reichskanzlers zurückzukehren, hätte Hindenburg ihn sofort berufen. Doch Papen hielt an seinem ursprünglichen Plan fest, Hitler an der Spitze eines Kabinetts zu installieren, in dem er selbst im Hintergrund die Fäden ziehen wollte.

Hindenburgs Auftrag an Papen war eine bloße Formalität. Der ehemalige Reichskanzler hatte die ganze vergangene Woche über politische Ränke geschmiedet, und das mit vollem Einverständnis Hindenburgs. Dank seiner guten Beziehungen wußte Papen seit der Abfuhr, die Hindenburg Schleicher am 23. Januar erteilt hatte, daß der Reichspräsident der Forderung Schleichers nach Auflösung des Reichstages, dem einzigen Mittel, mit dem sich der Kanzler noch vor dem für die Reichstagssitzung am

31. Januar angekündigten Mißtrauensvotum retten konnte, kaum entsprechen würde. Papen sah hier eine Möglichkeit, seinen Plan in die Tat umzusetzen. Er gab die Information an die Nationalsozialisten weiter und bot gleichzeitig an, seinen Einfluß darauf zu verwenden, daß Hindenburg Hitler zum Reichskanzler ernennen würde.

Da Hitler für einige Tage nach München gefahren war, führten seine Stellvertreter Wilhelm Frick und Hermann Göring die Verhandlungen mit Papen. Sie trafen sich mit dem Ex-Kanzler am 24. Januar zum Tee in Ribbentrops Haus.[2] Die drei Männer stimmten überein, daß sie Hindenburgs Abneigung gegen Hitler am ehesten dann überwinden konnten, wenn sie ihm den Führer der NSDAP als den zukünftigen Kanzler eines rechtsgerichteten, von gestandenen Konservativen dominierten Kabinetts der »nationalen Front« präsentierten. Im Verlauf der nächsten beiden Tage boten die Verschwörer dem Vorsitzenden der Deutschnationalen Volkspartei Hugenberg einen Kabinettsposten an; das gleiche Angebot ging an Franz Seldte, einen der beiden Bundesführer des Stahlhelms, eines nationalistisch gesinnten, paramilitärischen Wehrverbandes mit mehr als 300000 uniformierten Mitgliedern. Seldte und Hugenberg hatten 1931 in der kurzlebigen Harzburger Front mit Hitler zusammengearbeitet, sich seitdem aber mit ihm überworfen.

Seldte für die Mitarbeit in dem neuen Kabinett zu gewinnen war nicht schwer. Der Stahlhelm engagierte sich bereits seit einiger Zeit auf der politischen Bühne, und im Jahr zuvor hatte sich der zweite Stahlhelm-Bundesführer neben Seldte, Theodor Duesterberg, mit Unterstützung der Deutschnationalen zum Präsidentschaftskandidaten aufstellen lassen.[3] Obwohl Seldte eine farblose Figur war und bisher nicht allzuviel zuwege gebracht hatte, hegte er politische Ambitionen.[4] Die Aussicht, zusammen mit Papen die Demontage Schleichers zu betreiben, war für ihn wegen der Spannungen zwischen der Stahlhelm-Führung und dem Reichswehrministerium besonders verlockend.[5] Schleicher sah in den Wehrübungen der uniformierten Stahlhelm-Aktivisten eine Bedrohung des militärischen Machtmonopols der bedeutend zahlenschwächeren Reichswehr. Aus diesem Grund versuchte er, den Stahlhelm und andere paramilitärische Organisationen von staatlichen Subventionen abhängig zu machen und damit unter seine Kontrolle zu bringen, eine Strategie, die das Mißfallen der Stahlhelm-Führung erregte. Während Schleicher eine Bedrohung für die Unabhängigkeit des Wehrverbandes darstellte, hatte Papen sich den Interessen des Stahlhelms gegenüber weitaus aufgeschlossener gezeigt. Und wenn die Kooperation mit Papen gegen Schleicher bedeutete, den Plan des ehemaligen Reichskanzlers für ein von Hitler geführtes Kabinett zu akzeptieren, so stellte das für Seldte keinen Hinderungsgrund dar.

Im Gegensatz zu dem beeinflußbaren Seldte, den die Aussicht auf einen Kabinettsposten schnell überzeugte, erwies sich Hugenberg als sperriger. Der Führer der Deutschnationalen, ein schwerfälliger, eitler Mann von achtundsechzig Jahren, war in vieler Hinsicht ein Relikt der Kaiserzeit; er ließ sich auch noch während der Weimarer Republik als Geheimrat ansprechen, ein Ehrentitel, der ihm wegen seiner treuen Dienste für die preußische Krone verliehen worden war.[6] Seine äußere Erscheinung täuschte, wie Botschafter François-Poncet beobachtete, über sein wahres Wesen hinweg: »... wohlbeleibt, mit Goldbrille und einem struppigen weißen Schnurrbart, sieht er bieder aus wie ein Landarzt. In Wirklichkeit ist er ein engstirniger und beschränkter Geist, eigensinnig bis zum Äußersten, ein heftiger Sektierer, wilder Parteimann, einer der bösen Geister Deutschlands.«[7] Hugenberg strebte als entschiedener Gegner der Demokratie und des republikanischen Wohlfahrtsstaates die Rückkehr zu einem Laissez-faire-

Kapitalismus und einer autoritären Regierung durch eine privilegierte Elite an.

Ihm fehlten jedoch die für politische Popularität unerläßlichen Qualitäten. Er war alles andere als ein begabter Redner; wenn er, was selten genug vorkam, vor der Öffentlichkeit sprach, trug er seine hochtrabenden Texte mit einschläfernder Stimme vor. Während seine Anhänger ihn respektvoll den »alten Silberfuchs« nannten, hieß er bei ihm weniger freundlich gesonnenen Zeitgenossen wegen seiner muffigen Miene, seiner antiquierten äußeren Erscheinung und seiner steifen Art nur »der Hamster«. Selbst einer seiner engsten Verbündeten sagte Ende 1932 über ihn: »Er hat keinen politischen Sex-Appeal.«[8] Trotzdem hatte er die Hoffnung auf die politische Macht, die ihm bislang versagt geblieben war, noch nicht aufgegeben, und der von Papen in Aussicht gestellte Eintritt in das Kabinett lockte ihn sehr. Dem entgegen standen seine persönlichen Erfahrungen mit Hitler und das Mißtrauen anderer prominenter Deutschnationaler gegenüber dem Naziführer, die ein autoritäres Regime unter Papens Führung und ohne Beteiligung der Nationalsozialisten vorzogen. Hugenberg zögerte also zunächst mit einer Antwort auf Papens Angebot, in eine Regierung der nationalen Front unter Hitler einzutreten.

Am Freitag, den 27. Januar drohte Papens Komplott fast zu scheitern. Ribbentrop erklärte dem inzwischen nach Berlin zurückgekehrten Hitler, wie man ihn zum Reichskanzler machen wolle, und bewog ihn zu einem Gespräch mit Hugenberg.[9] Sobald man sich mit den Deutschnationalen geeinigt habe, schlug Ribbentrop vor, könnte Papen noch am selben Abend die endgültigen Bedingungen aushandeln. An jenem Nachmittag trafen Hitler, Frick und Göring mit Hugenberg und seinem Parteikollegen Otto Schmidt-Hannover zusammen.[10] Göring drängte Hugenberg mit der Eröffnung, Seldte habe bereits einer Beteiligung an einem Kabinett Hitler zugestimmt, sofort in die Defensive. Der Beschluß des Stahlhelm-Führers verstärkte, dessen waren die Nationalsozialisten sich bewußt, den parteiinternen Druck auf Hugenberg, es Seldte gleichzutun.

Doch dieser Trumpf verleitete Hitler dazu, seine Hand zu überreizen. Er forderte nicht nur seine Ernennung zum Reichskanzler, sondern auch die Besetzung des Reichs- und des preußischen Innenministeriums durch Nationalsozialisten. Dabei ging es ihm besonders um das preußische Innenministerium, dem die von allen Ländern größte Polizeibehörde unterstand, während das Reichsinnenministerium keine direkte Kontrolle über die Polizeikräfte ausübte. In der Hand der demokratischen Parteien, die bis zu ihrer Entmachtung durch das Kabinett Papen im Juli des vergangenen Jahres Preußen beherrscht hatten, war die gut bewaffnete preußische Schutzpolizei, mit 50 000 Mann zahlenmäßig halb so stark wie die Reichswehr, eine potentiell mächtige Waffe gegen die Nationalsozialisten gewesen.[11] Aus eben diesem Grund wollte Hitler die preußische Schutzpolizei unter seine Kontrolle bekommen und die Anhänger der Republik in ihren Reihen durch ihm ergebene Gefolgsleute ersetzen. Vor dieser Aussicht schreckte Hugenberg zurück; er wollte das preußische Innenministerium auf keinen Fall einem Nationalsozialisten unterstellen. Außerdem wollte er die Posten des Leiters der Reichskanzlei und des Pressesprechers des Kabinetts mit Leuten aus seiner eigenen Partei besetzen. Verärgert über den Widerstand Hugenbergs, brach Hitler die Verhandlungen ab, weigerte sich, Papen zu empfangen, und drohte mit seiner unverzüglichen Rückkehr nach München.[12] Nur mit Mühe konnten Göring und Ribbentrop ihn dazu bewegen, in der Hauptstadt zu bleiben.

Es gelang Papen, seinen Plan zu retten, aber nur zum Preis erheblicher Zugeständnisse an Hitler. Als Ribbentrop ihm von der wütenden Reaktion Hitlers auf Hugenbergs Bedingungen berichtete, sicherte Papen zu, die Forderung der Nationalsozialisten nach den beiden Innenministerien sowie nach freier Hand bei der personellen Besetzung der Reichskanzlei zu unterstützen.[13] Hugenbergs Wünsche, so ließ er Ribbentrop wissen, seien von zweitrangiger Bedeutung. Daß Papen sich in der Frage der Kontrolle über das preußische Innenministerium gegen Hugenberg auf Hitlers Seite schlug, zeigte seine Bereitschaft, für Hitlers Kooperation einen hohen Preis zu bezahlen, ein Aspekt, der von Hitler sehr wohl registriert wurde. Zwar beabsichtigte Papen, Schleichers Nachfolge als Reichskommissar für Preußen für sich zu reklamieren,[14] ihm also auf jenen Posten zu folgen, auf den die Befugnisse des preußischen Ministerpräsidenten übergegangen waren, nachdem Papen als Reichskanzler das preußische Kabinett im Juli 1932 aufgelöst hatte. Damit wäre Papen der Vorgesetzte des künftigen nationalsozialistischen preußischen Innenministers, wodurch er, wie er naiv annahm, verhindern konnte, daß die Nationalsozialisten die preußische Schutzpolizei für ihre Zwecke mißbrauchten.

Am Morgen des 28. Januar traf Papen mit Hindenburg zusammen.[15] Der Reichspräsident unterrichtete ihn von seiner Erwartung, daß Schleicher bei der für zwölf Uhr angesetzten Unterredung seinen Rücktritt einreichen werde. Papen sah seine Chance gekommen, die Ernennung Hitlers zum Reichskanzler durchzusetzen, erkannte aber, daß er die Umsetzung seines Planes beschleunigen mußte. Da er fürchtete, daß Hitler Berlin verlassen haben könnte, bat er Ribbentrop, Hitler ausfindig zu machen.[16] Ribbentrop traf Hitler noch im Hotel Kaiserhof an und drängte ihn, sich sofort mit Papen in Verbindung zu setzen. Doch Hitler, der die Gunst der Stunde erkannte, erhöhte den Einsatz und forderte nun auch den Posten des Reichskommissars für Preußen.[17] Im Laufe einer hitzigen Auseinandersetzung überzeugte Ribbentrop Göring davon, daß diese Forderung nicht durchzusetzen sei. Trotz ihrer gemeinsamen Anstrengungen, Hitler dazu zu bringen, sich noch an diesem Nachmittag mit Papen zu treffen, beharrte Hitler darauf, daß er die Preußenfrage erst noch überdenken müsse. Schließlich erklärte er sich bereit, am nächsten Morgen mit Papen zusammenzukommen. Darüber informiert, stimmte Papen dem Treffen sofort zu, war aber nach wie vor besorgt, daß sein Plan über der Preußenfrage zu Fall kommen könnte.

Am Nachmittag des 28. Januar ging Papen daran, Hugenbergs Widerstand zu brechen.[18] Es führe kein Weg daran vorbei, unterrichtete er den Führer der Deutschnationalen, den Nationalsozialisten die beiden Innenministerien zu überlassen. Um Hugenberg zu versöhnen, sagte er ihm zu, seine Forderung des Wirtschafts- und des Landwirtschaftsministeriums in beiden Kabinetten zu unterstützen. Dennoch konnte sich Hugenberg, nach wie vor unter starkem Druck konservativer Parteifreunde, die Hitler mißtrauten und ein autoritäres Kabinett unter Papen bevorzugten, nicht mit der Vorstellung anfreunden, den Nationalsozialisten die Kontrolle über die preußische Polizei zu überlassen. Da er jedoch andererseits die Chance, endlich ein Stück Macht zu erobern, nicht leichtfertig aufgeben wollte, sah er davon ab, die Verhandlungen ganz abzubrechen.

Später am selben Tag gelang es Papen, die Stellung der konservativen Gegner eines Kabinetts Hitler weiter zu schwächen. Mit dem Hinweis auf Hindenburgs Bereitschaft, Hitler zu akzeptieren, und der Warnung, er selbst stehe nur nach dem Scheitern eines Kabinetts auf breiter, rechtsgerichteter Basis unter Leitung Hitlers als Reichskanzler zur Verfügung, gewann Papen das Einverständnis der meisten konservativen parteilosen Minister, die in seiner und Schleichers Regierung gedient hatten.[19] Nur Stunden zuvor waren die Mitglieder von Schleichers Kabinett bei dessen letzter Sitzung darüber einig geworden, die Rückkehr Papens ins Reichskanzleramt würde die Gefahr eines Bürgerkriegs heraufbeschwören. Erleichtert, diese Gefahr vermeiden zu können, stimmten die Minister Papens Plan der Errichtung einer Reichsregierung unter Hitler ohne langes Zögern zu.

Doch just zu diesem Zeitpunkt tauchte eine neue Gefahr für Papens Pläne auf, und zwar in Form der Führer der katholischen Parteien, der Zentrums- und der Bayerischen Volkspartei. Alarmiert von der Nachricht, Hindenburg habe Papen beauftragt, die Möglichkeiten für eine neue Regierung auszuloten, gingen sie davon aus, daß der ehemalige Reichskanzler einmal mehr an der Spitze eines unpopulären, nur von Hugenbergs Deutschnationalen unterstützten Kabinetts ins Amt zurückkehren werde. Die Führer des Zentrums hatten es ihrem früheren Parteifreund immer noch nicht verziehen, daß er im Sommer des letzten Jahres die Ernennung zum Reichskanzler angenommen hatte, ohne sie zu konsultieren. Wichtiger noch, sie zogen praktisch jede Lösung verfassungswidrigen Maßnahmen der Art vor, wie Papen sie während seiner Amtszeit zu ergreifen versucht hatte.

Nach Konsultationen mit leitenden Zentrumspolitikern nahm Fritz Schäffer, der Vorsitzende der Bayerischen Volkspartei, am Abend des 28. Januar Kontakt zu Hitler und Papen auf.[20] Die katholischen Parteien, verkündete er, seien bereit, an einem parlamentarischen Kabinett Hitler mitzuwirken. Zusammen mit der NSDAP und den Deutschnationalen, führte Schäffer aus, könnten die katholischen Parteien einem solchen Kabinett eine solide Reichstagsmehrheit bieten. Damit ließ sich nicht nur eine Rückkehr Papens an die Macht verhindern, sondern gleichzeitig wären die katholischen Parteien in der Lage, mäßigend auf Hitler einzuwirken. Sollte der Naziführer als Reichskanzler eine Politik verfolgen, die den Katholiken nicht paßte, konnten sie ihm ihre Unterstützung im Reichstag und damit seine parlamentarische Machtbasis entziehen. Genau deswegen wollte Hitler allerdings Präsidialkanzler werden, der frei von allen parlamentarischen Fesseln agieren konnte. Er wies Schäffers Vorschlag also mit dem Hinweis zurück, er sei nicht mit der Regierungsbildung beauftragt worden und deshalb auch nicht in der Lage, in Koalitionsverhandlungen einzutreten.

Papen war von Schäffers Vorschlag auch nicht angetan.[21] Das konnte allerdings auch kaum überraschen, hätte doch der Plan der Katholiken Papens eigene, ganz andere Pläne in größte Gefahr gebracht. Immerhin hatte Hindenburg mehrfach betont, er werde Hitler auf keinen Fall zum Leiter eines Präsidialkabinetts ernennen, und Papen mußte damit rechnen, daß der Reichspräsident das Angebot der Zentrumspartei aufgreifen und die Ernennung Hitlers verweigern würde, so lange sein Kabinett nicht von einer Reichstagsmehrheit getragen wurde. Wie Papen nur zu gut wußte, bestand keine realistische Aussicht auf eine Koalition von Nationalsozialisten, Deutschnationalen und der Zentrumspartei. Hugenberg, dessen Standpunkt gleich in mehrfacher Hinsicht mit dem der katholischen Parteien unvereinbar war, würde sich auf keinen Fall auf eine solche Koalition einlassen. Dasselbe galt für Hitler, der keinerlei Absicht hegte, sich zu einem parlamentarischen Reichskanzler ernennen zu lassen, der für seinen Verbleib im Amt vom Wohlwollen anderer Parteien abhängig war. Falls jedoch auf Veranlassung Hindenburgs hin Koalitionsverhandlungen mit den Katholiken aufgenommen wurden, würde das die Möglichkeit einer erheblichen Verzögerung heraufbeschwören und damit Papens Plan, Hitler an die Spitze eines Präsidialkabinetts zu setzen, gefährden. Außerdem konnte man Koalitionsverhandlungen mit dem Ziel der Bildung einer parlamentarischen Regierung unmöglich geheimhalten. Wenn solche Verhandlungen vor den Augen der Öffentlichkeit scheiterten, würde es für Papen um so schwerer werden, den Reichspräsidenten dazu zu bewegen, gegen seine früheren Zusicherungen zu verstoßen und Hitler zum Präsidialkanzler zu machen.

Als Schäffer erkannte, daß er bei Papen nicht weiterkam, bat er ihn darum, Hindenburg den Vorschlag der Katholiken zumindest zu übermitteln – eine Bitte, die Papen nicht erfüllte.[22] Die Führer der katholischen Parteien gingen mit ihrer Position nicht an die Öffentlichkeit. Damit folgten sie der allgemein gewohnten parlamentarischen Praxis, sich nicht vorab festzulegen, um bei späteren Verhandlungen über die Vergabe von Kabinettsposten über mehr Einfluß zu verfügen. Doch als das Angebot der Katholiken am nächsten Tag ins Spiel kam, zeitigte es dank der von Papen gesponnenen Intrigen gänzlich andere Folgen, als sie beabsichtigt hatten.

Den ganzen 28. Januar über zweifelte Hitler trotz Ribbentrops Versicherung, man könne Papen vertrauen, an den Motiven seiner Mitverschwörer. Am Abend traf Goebbels im Kaiserhof einen Hitler an, der Papen im dringenden Verdacht hatte, den ihm von Hindenburg erteilten Auftrag zur Sondierung eines möglichen neuen Kabinetts dazu zu mißbrauchen, selbst Kanzler zu werden.[23] Hitler hatte Schleichers Entlassung zwar begrüßt, sah darin gleichzeitig aber einen neuerlichen Beweis für Hindenburgs notorischen Mangel an Loyalität, was ihm genauso Sorgen machte wie die Unberechenbarkeit des Reichspräsidenten. Angetrieben von seinem Mißtrauen gegenüber Papen und Hindenburg, stellte Hitler an diesem Abend im Kaiserhof einmal mehr seine tiefsitzende Abneigung gegen Menschen adliger Abstammung unter Beweis und unterhielt seine Entourage mit einem Monolog, der mit abfälligen Anekdoten über die Marotten verschiedener Aristokraten gespickt war.

Wie Hitler fürchteten auch viele Republikaner, der Auftrag, den Hindenburg Papen erteilt hatte, bedeute, daß der Ex-Kanzler auf dem Weg zurück an die Macht sei. Die meisten hielten diese Aussicht für viel wahrscheinlicher als eine Ernennung Hitlers. In Reaktion auf entsprechende Gerüchte hatte die republikanische Presse in der vierten Januarwoche wiederholt vor einer weiteren Kanzlerschaft Papens gewarnt.[24] Eine solche Entwicklung wäre, wie weithin angenommen wurde, das Vorspiel zu einem Bruch der Verfassung und einem daraus resultierenden Bürgerkrieg. In der Mehrzahl zeigten sich die prorepublikanischen Kommentatoren jedoch überzeugt, daß Reichspräsident Hindenburg die Verfassung verteidigen und sich einem praktisch nur von Hugenbergs Partei gestützten Kabinett Papen verweigern würde.

Was Hitler betraf, sahen republikanische Kreise in Hindenburgs Standpunkt vom November vergangenen Jahres eine Garantie dafür, daß der Reichspräsident unter keinen Umständen einen Nationalsozialisten an die Spitze eines Präsidialkabinetts stellen würde. Die Alternative eines parlamentarischen Kabinetts, die Hindenburg dem Naziführer damals unterbreitet hatte, wurde in Anbetracht von Hitlers wiederholter Weigerung, sich auf ein solches seine Handlungsfreiheit stark einschränkendes Arrangement einzulassen, als ein theoretisch zwar denkbares, praktisch aber höchst unwahrscheinliches Szenario abgetan. Es war symptomatisch für die politische Perspektivlosigkeit der Verteidiger der Republik, daß sie zwar ihre Opposition gegen solche Lösungen lauthals hinausschrieen, sich selbst aber nicht dazu aufraffen konnten, konstruktive Vorschläge zur Überwindung der politischen Krise anzubieten.

Doch entgegen früherer Zusicherungen Hindenburgs, an denen sich die Hoffnungen der Anhänger der Republik festmachten, war sein Widerstand gegen eine Ernennung

Hitlers bereits am 28. Januar deutlich geschwächt. Das überrascht nicht, bedenkt man, daß seit Tagen alle in seiner engeren Umgebung eben diese Lösung propagierten. Sein Lieblingskandidat Papen hatte wiederholt bekräftigt, für den Posten nicht zur Verfügung zu stehen und darauf bestanden, Schleicher durch Hitler zu ersetzen. Auch sein engster Berater, Staatssekretär Meißner, drängte ihn in diese Richtung. Dasselbe galt für seinen Sohn Oskar, der sich im Laufe eines Gesprächs mit Ribbentrop am 25. Januar in Dahlem für die Idee eines Kabinetts der nationalen Front unter Hitler hatte gewinnen lassen.[25]

Nur kurz zuvor hatte ein prominenter Besucher und Nachbar Hindenburgs in Ostpreußen, der Junker Elard von Oldenburg-Januschau, der im Kaiserreich in konservativen Kreisen eine wichtige Rolle gespielt hatte und unter den Großgrundbesitzern im Osten immer noch hohes Ansehen genoß, dem Reichspräsidenten einen ähnlichen Ratschlag erteilt.[26] Von Oldenburg-Januschau, der sich von einem Kabinett Hitler Hilfe für die darniederliegende ostpreußische Landwirtschaft versprach, versicherte dem Präsidenten, die Armee und die konservativen Kräfte seien stark genug, eine Alleinherrschaft der Nationalsozialisten zu verhindern. Dann, am 28. Januar, erhielt Hindenburg eine beruhigende Botschaft von Göring.[27] Die Nationalsozialisten, versprach Göring feierlich, würden Hindenburgs Autorität als Reichspräsident auf jeden Fall respektieren und hätten nicht die Absicht, die Verfassung zu verletzen oder Einfluß auf die Reichswehr zu gewinnen. Aus dem Munde eines Waffenbruders und hochdekorierten Kriegshelden mußten solche Versicherungen den alten Feldmarschall natürlich sehr beeindrucken.

Am späten Abend des 28. Januar stattete Papen Hindenburg einen weiteren Besuch ab, bei dem er versuchte, die verbliebenen Bedenken des Reichspräsidenten auszuräumen.[28] Ohne ein Wort über die zwischen Hugenberg und

Hitler nach wie vor bestehenden Differenzen zu verlieren, beschrieb er die Position des Naziführers als gemäßigt. Beruhigend wirkte auch seine Versicherung, Hitler beanspruche nur eine minimale Anzahl von Kabinettsposten für seine Partei und sei bereit, den Rest der Ministerien an dem Reichspräsidenten genehme, parteilose Fachleute zu vergeben. Weiter beruhigend auf den Reichspräsidenten mußte Papens Erklärung gewirkt haben, daß der Großteil der konservativen Minister aus seinem und Schleichers Kabinett willens sei, in einer Regierung Hitler mitzuwirken. Trotz seiner Abneigung gegen Hugenberg deutete Hindenburg seine Bereitschaft an, dem Wunsch des Führers der Deutschnationalen nach Kontrolle über die Landwirtschafts- und Wirtschaftsministerien sowohl im Reich als auch in Preußen zu entsprechen.

Die beiden seiner Ansicht nach wichtigsten Ministerien, das der Verteidigung und des Auswärtigen, wollte Hindenburg mit Männern seiner Wahl besetzen. Deshalb freute es ihn besonders, von Papen zu hören, daß der adelige Berufsdiplomat Baron Konstantin von Neurath, der unter Papen und Schleicher das Außenministerium geleitet hatte, bereit war, unter Hitler weiterzumachen. Was das Reichswehrministerium anging, das Schleicher während seiner Amtszeit als Reichskanzler geleitet hatte, so waren sich die beiden Männer über die Notwendigkeit eines Wechsels einig. Hindenburg überging allerdings den von Papen vorgeschlagenen General zugunsten eines Kandidaten seiner eigenen Wahl, Generalleutnant Werner von Blomberg, damals Mitglied der deutschen Delegation bei der Abrüstungskonferenz in Genf.[29] Am Ende des Treffens nahm der Präsident Papen, wie dieser sich später erinnerte, das Versprechen ab, als Vizekanzler in eine Regierung Hitler einzutreten.[30] Auch wenn Hindenburg sich zu diesem Zeitpunkt noch nicht endgültig auf Papens Plan festgelegt hatte, so hatte er doch bei ihrem Abschied an jenem Abend schon einen gewaltigen Schritt in diese Richtung getan.

Der nächste Tag, der 29. Januar, ein Sonntag, brachte die Entscheidung. In einem schwindelerregenden Strudel von Ereignissen bildeten sich die endgültigen Konturen eines von Adolf Hitler geführten Kabinetts heraus. Ein erster wichtiger Schritt in diese Richtung war, daß am frühen Morgen Hindenburg seinen Sohn beauftragte, General von Blomberg telegrafisch nach Berlin zu beordern, um ihn als Schleichers Nachfolger für das Reichswehrministerium parat zu haben.[31] Der hochgewachsene, weltläufige Generalleutant hatte in seiner Eigenschaft als Befehlshaber im ostpreußischen Wehrkreis 1 dem Gut der Hindenburgs regelmäßig Höflichkeitsbesuche abgestattet und dabei die Achtung des Feldmarschalls gewonnen.[32] Blomberg, der über die Jahre hinweg mehrfach mit Schleicher über militärische Angelegenheiten gestritten hatte, war bereits früher im Januar in Berlin gewesen.[33] Bei dieser Gelegenheit hatte er mehreren Berichten zufolge seinem Mißfallen über die Politik des Reichskanzlers Ausdruck verliehen und seine Bereitschaft angedeutet, Hitler als Reichskanzler zu akzeptieren.[34] Hindenburg hielt Blomberg offenbar für unpolitisch, doch hatte er mit dem Generalleutant einen Mann gewählt, der für nationalsozialistisches Gedankengut überaus anfällig war. In seiner Zeit in Ostpreußen war Blomberg unter den Einfluß pronazistischer Elemente in der Reichswehr geraten, unter anderem unter den des evangelischen Wehrkreispfarrers von Königsberg und späteren Reichsbischofs Ludwig Müller.[35] Die Wahl Blombergs sollte sich also als glückliche Fügung für Hitler erweisen.

Am selben Sonntagmorgen traf Hitler, wie verabredet, in Begleitung Görings mit Papen in dessen Wohnung im Gebäude des Reichsinnenministeriums in der Wilhelmstraße zusammen.[36] Papen erhob keinen Widerspruch gegen Hitlers Vorschlag, das Reichsinnenministerium mit Wilhelm Frick und das preußische Innenministerium mit Hermann Göring zu besetzen. Hitler seinerseits akzeptierte Hindenburgs Forderung, Papen zum Vizekanzler und zum Reichskommissar für Preußen zu ernennen. Dann präsentierte Hitler eine neue Bedingung: Auflösung des Reichstages und anschließende Ausrichtung von Neuwahlen.[37] Als Reichskanzler, erklärte er, benötige er ein vom Reichstag verabschiedetes Ermächtigungsgesetz, das seinem Kabinett die legislative Gewalt übertrage.

Ein Ermächtigungsgesetz der Art, wie es Hitler vorschwebte, war nicht ohne Präzedenzfälle. Zehn Jahre zuvor hatten sich republikanische Regierungen in Krisenzeiten vom Reichstag mehrmals ähnlich weitreichende Vollmachten einräumen lassen. Weil eine solche Maßnahme der vorübergehenden Aussetzung der Verfassung gleichkam, konnte der Reichstag sie nur mit einer Zweidrittelmehrheit beschließen. Da dies angesichts der Sitzverteilung im Parlament im Januar 1933 ausgeschlossen war, führte der einzige Weg zu einem solchen Gesetz über Neuwahlen. Hitler spekulierte darauf, bei Neuwahlen mit seinem Amtsbonus als von Hindenburg ausgewähltem Reichskanzler und mit Hilfe der der Regierung zur Verfügung stehenden Ressourcen den Stimmenanteil der NSDAP kräftig ausweiten zu können. Wenn die Wahlen ihm eine Zweidrittelmehrheit und damit die Grundlage für die Annahme eines Ermächtigungsgesetzes bescherten, konnte er ohne Rücksicht auf den Reichstag – und ohne auf die Notstandsvollmachten des Präsidenten angewiesen zu sein – neue Gesetze erlassen. Papen, dem es offenbar vor allem darauf ankam, seinen Plan schnell in die Tat umzusetzen, erhob auch gegen diese wichtige neue Forderung Hitlers keinen Einspruch.

Am Nachmittag des 29. Januar ging Papen daran, sich der vorbehaltlosen Unterstützung der Deutschnationalen

Partei und des Stahlhelms für das angestrebte Kabinett Hitler zu versichern.[38] Er bestellte Hugenberg sowie die beiden Stahlhelmführer Franz Seldte und Theodor Duesterberg zu sich in die Wohnung und informierte sie über die Bereitschaft der konservativen Kabinettsmitglieder, unter Hitler zu dienen und über Hindenburgs Absicht, Blomberg zum Reichswehrminister zu ernennen. Seldte bot er im neuen Kabinett den Posten des Reichsarbeitsministers an. Hugenberg teilte er den Wunsch des Reichspräsidenten mit, ihm sowohl in Preußen wie im Reich das Landwirtschafts- und das Wirtschaftsministerium zu unterstellen.

Die Aussicht auf die Leitung dieser vier Ministerien mußte für den Führer der Deutschnationalen eine große Verlockung darstellen. Die Erfüllung seines lange gehegten Wunsches, die Kontrolle über diese für die deutsche Wirtschaftspolitik zentralen Ministerien zu erlangen, würde es ihm endlich erlauben, den ›Sozialismus‹ der Weimarer Republik, wie er dazu sagte, mit Stumpf und Stiel auszurotten. Insbesondere schmeichelte Hugenberg Papens Mitteilung, daß Hindenburg, der bislang kein Hehl aus seiner Abneigung gegen ihn gemacht hatte, jetzt gerade ihn ins Kabinett holen wollte. Die Forderung Hitlers nach baldigen Neuwahlen erwähnte der verschlagene Papen mit keinem Wort. Er wußte nur zu gut, daß Hugenberg vor der Aussicht auf einen Wahlkampf zurückschrecken würde, in dem die NSDAP als Partei des von Hindenburg neu ernannten Reichskanzlers gegenüber der Deutschnationalen Volkspartei einen entscheidenden Vorteil haben würde.

Von der Aussicht auf eine Beteiligung an der Macht verführt, neigte Hugenberg dazu, auf Papens Bedingungen einzugehen. Doch der Stahlhelmführer Duesterberg und einige andere prominente Deutschnationale, die sich an diesem Nachmittag in Papens Wohnung eingefunden hatten, widersetzten sich diesem Schritt entschieden.[39] Sie sahen in Hitler einen skrupellosen Fanatiker, und der Gedanke, daß ihre Partei ihm in den Sattel helfen sollte, stieß sie ab. Bemüht, dies zu verhindern, drängten sie Hugenberg, sich einem Kabinett Hitler zu verweigern. Dabei ging es ihnen, samt und sonders Gegner der Demokratie und der parlamentarischen Regierung, nicht darum, die Weimarer Republik zu retten. Statt dessen schlugen sie ein Präsidialkabinett Papen unter Ausschluß der Nationalsozialisten vor, das den Reichstag auflösen sollte, ohne Neuwahlen anzusetzen, um dann gestützt auf Notverordnungen des Reichspräsidenten diktatorisch zu regieren. Da sich inzwischen jedoch sogar Papen gegen jede Lösung verwahrte, die eine Umgehung der Verfassung voraussetzte, lehnte Hugenberg diesen Vorstoß ab. Ausschlaggebend dafür war einmal seine Überzeugung, mit der Kontrolle über die vier wirtschaftspolitisch bedeutendsten Ministerien ein gewichtiges Wort in einem Kabinett Hitler mitreden zu können. Zum anderen trieb ihn die Furcht um, durch die Verweigerung einer Zusammenarbeit mit Hitler der verhaßten Zentrumspartei eben diese Option zu eröffnen und die Deutschnationalen einmal mehr um ihren Einfluß auf die Regierungspolitik zu bringen. Hugenberg erhob also keinen Einwand gegen Papens Projekt. Obwohl Papen sich immer noch nicht der endgültigen Zustimmung Hindenburgs versichert hatte, ließ er noch am selben Nachmittag die Nationalsozialisten wissen, er habe nun auch das letzte Hindernis aus dem Weg geräumt.[40]

Wie sehr Hugenberg und Papen Hitler unterschätzten, bewiesen ihre Antworten auf die Kritik konservativer Politiker an Papens Plan, Hitler auf den Stuhl des Reichskanzlers zu hieven. Die von Duesterberg am Nachmittag des 29. Januar vorgebrachten Einwände quittierte Hugenberg mit der Bemerkung: »Wir rahmen also Hitler ein.« [41] Als der konservative preußische Junker Ewald von Kleist-

Schmenzin am selben Tag gegen Papens Absicht protestierte, antwortete dieser: »Was wollen Sie denn! Ich habe das Vertrauen Hindenburgs. In zwei Monaten haben wir Hitler in die Ecke gedrückt, daß er quietscht.«[42] Und als ein weiterer Konservativer warnte, Hitler strebe eine Diktatur an, soll Papen erwidert haben: »Sie irren sich, wir haben ihn uns engagiert!«[43]

Während Papen Mitglieder für Hitlers Kabinett rekrutierte, wurde Schleicher wieder aktiv – und trug damit unwissentlich zum Gelingen von Papens Plan bei. Hindenburgs Auftrag vom Vortag an Papen, die politische Lage zu klären, hatte Schleichers Befürchtungen verstärkt, daß sein Vorgänger auch sein Nachfolger sein werde. Wie die meisten Führer der Reichswehr zog er Hitler Papen als Reichskanzler vor. Da kein Zweifel daran bestehen konnte, daß er, sollte Papen tatsächlich erneut in die Reichskanzlei einziehen, als Reichswehrminister seinen Hut nehmen mußte, sah er in Hitler seine einzige Chance, die Kontrolle über die Reichswehr zu bewahren. Wenn ihm das gelang, dessen war er sicher, hatte er Hitler in der Tasche. »Wenn Hitler eine Diktatur errichten will«, hatte Schleicher Meißner zu verstehen gegeben, »dann wird die Wehrmacht die Diktatur in der Diktatur sein.«[44] Am Morgen des 29. Januar besprach Schleicher im Reichswehrministerium mit einigen Generälen die Lage.[45] Obwohl mindestens ein General Gewaltanwendung als Mittel zur Verhinderung eines Kabinetts Papen vorschlug, wies Schleicher jeden Gedanken an einen Aufstand gegen den Reichspräsidenten von sich. Nur einen Tag zuvor soll er einen ähnlichen Vorschlag mit dem Hinweis abgelehnt haben, daß ihm seine militärische Ausbildung einen solchen Akt des Ungehorsams verbiete: »Ich bin General, Hindenburg ist Feldmarschall. Ich habe gehorchen gelernt.«[46]

Schleicher, der nicht ahnte, wie weit Papens Intrigen in der Zwischenzeit gediehen waren, hoffte immer noch, Hitler auf seine Seite ziehen zu können, und beschloß, die Aussichten auf eine gegenseitige Zusammenarbeit zu erkunden. Auf sein Drängen hin traf sich Generaloberst Kurt von Hammerstein, Chef der Heeresleitung, am Nachmittag heimlich in der Berliner Residenz eines reichen Nazisympathisanten mit Hitler.[47] Hammerstein erkundigte sich bei Hitler, ob der vom Präsident beauftragte Emissionär – womit Papen gemeint war –, ernsthaft mit ihm über die Kanzlerschaft verhandle oder das nur vorgebe. Für den Fall, daß letzteres zutraf und Papen versuche, selbst Reichskanzler zu werden, bot ihm der Generaloberst an, seinen Einfluß in der Reichswehr zugunsten der Kandidatur des Naziführers zu verwenden. Weiter wollte Hammerstein wissen, ob Hitler bereit sei, Schleicher als Reichswehrminister in sein Kabinett aufzunehmen. Hitler wußte, daß Papens Strategie keinen Platz für Schleicher vorsah, wollte sich aber alle Möglichkeiten offenhalten und deutete seine Bereitschaft dazu an. Wie ernsthaft die Verhandlungen um das neue Kabinett seien, so Hitler weiter, könne er noch nicht sagen, er zeigte sich aber bereit, Hammerstein zu informieren, sobald er mehr wußte.

Am Abend des 29. Januar suchte Hammerstein Schleicher in dessen Wohnung auf, berichtete über das Ergebnis seiner Unterredung mit Hitler und erkundigte sich nach dem Stand der Dinge.[48] Später stieß Werner von Alvensleben dazu, ein undurchsichtiger Verbindungsmann konservativer Kreise, der über Zugang zur Nazi-Elite verfügte. Alvensleben wurde zur Wohnung von Goebbels geschickt, wo Hitler und Göring dinierten, um sich über den Fortgang der Kabinettsverhandlungen zu informieren. Als er ohne eine klare Antwort zurückkehrte, rief Hammerstein Hitler an und gab ihm gegenüber der Sorge Ausdruck, daß man am nächsten Tag vor vollendeten Tatsachen – sprich einem Kabinett Papen ohne Beteiligung der Nationalsozialisten – stehen könnte. Hitlers Antwort war ausweichend, obwohl Papen ihm seine baldige Ernennung zum Reichskanzler versichert hatte.

Doch die Bemerkungen, die Alvensleben während seiner Visite bei Goebbels fallen ließ, hatten Hitler, Göring und Goebbels in Alarmstimmung versetzt.[49] Die Reichswehrführung, hatte Alvensleben ihnen gegenüber angedeutet, stehe Gewehr bei Fuß, um mit Waffengewalt gegen ein ihren Vorstellungen nicht entsprechendes Kabinett vorzugehen. Aufgeschreckt von der Aussicht, daß das Militär in letzter Sekunde putschen und seine Pläne durchkreuzen könnte, versetzte Hitler die Berliner SA in Alarmbereitschaft und wies einen mit den Nationalsozialisten sympathisierenden Berliner Polizeioffizier an, sich auf einen solchen Fall vorzubereiten. Göring unterrichtete unterdessen Papen und Meißner über die neue Entwicklung.[50]

Das vollkommen haltlose Putschgerücht machte schnell die Runde und erlaubte es Papen, den Gang der Dinge in seinem Sinne voranzutreiben. Als das Gerücht via Meißner und Papen den Reichspräsidenten erreichte, hieß es schon, Schleicher habe die Armee mobilisiert, um Hindenburg absetzen und sich selbst zum Reichspräsidenten machen zu lassen.[51] Oskar von Hindenburg bezeichnete Schleicher wütend als Verräter, während seine Ehefrau offenbar glaubte, Schleicher habe die Festsetzung des Präsidenten angeordnet und plane, ihn in einem versiegelten Waggon zu seinem Landsitz zu schicken und dort unter Hausarrest zu stellen. So sehr waren die Familie des Reichspräsidenten und seine gesamte nähere Umgebung bereit, Schleicher das Schlimmste zuzutrauen, daß niemand von ihnen sich auch nur die Mühe machte, den Wahrheitsgehalt des Putschgerüchtes nachzuprüfen.

Papen erkannte die Gelegenheit, die ihm die Krisenstimmung eröffnete. Er legte Hindenburg seine Ministerliste vor und versicherte sich noch am Abend des 29. Januar der Zustimmung des Reichspräsidenten zur Vereidigung eines von Hitler geführten Kabinetts am nächsten Morgen.[52] Auf der neuen Ministerliste standen vier parteilose Mitglieder aus Schleichers Kabinett, die Minister für Äußeres (Neurath), Finanzen (Schwerin von Krosigk), Post und Verkehr (Eltz-Rübenach) sowie der Reichskommissar für Arbeitsbeschaffung (Gereke). Hugenberg war als Wirtschafts- und Ernährungsminister für das Reich und für Preußen vorgesehen. Generalleutnant von Blomberg würde Schleicher als Reichswehrminister ersetzen, während das Reichsarbeitsministerium mit dem Stahlhelmführer Seldte besetzt werden sollte. Als dritter Nationalsozialist in der Regierung neben Reichskanzler Hitler und Reichsinnenminister Frick stand auf der Ministerliste Reichstagspräsident Göring als Reichsminister ohne Geschäftsbereich und Reichskommissar für den Luftverkehr. Papen selbst war als Reichskommissar für Preußen und Stellvertreter des Reichskanzlers statt nur als Vizekanzler aufgeführt, eine terminologische Aufwertung des Amtes, die jedoch nichts daran änderte, daß die Verfassung ihrem Inhaber keinerlei Macht einräumte. Um sicherzustellen, daß er ein Mitspracherecht bei allen wichtigen Angelegenheiten hatte, holte Papen Hindenburgs Zustimmung ein, daß er bei Gesprächen zwischen dem Reichspräsidenten und dem Reichskanzler anwesend sein mußte.

Wie die am Abend des 29. Januar von Hindenburg gebilligte und am folgenden Tag verabschiedete Ministerliste zeigt, hatte Papen zu einer List gegriffen, um den Präsidenten über die Art des Kabinetts hinwegzutäuschen, dem Hitler vorstehen sollte.[53] Da er wußte, daß Hindenburg sich wiederholt geweigert hatte, Hitler zum Kanzler eines Präsidialkabinetts zu machen, hatte Papen ihm verschwiegen, Hitler in diesem Punkt nachgegeben zu haben. Jetzt, inmitten der durch das Putschgerücht ausgelösten Aufregung, erkannte Papen eine Chance, sich dagegen abzusichern, daß Hindenburg erneut einem Präsidialkanzler

Hitler seine Zustimmung verweigern würde. Da die Vereidigung des neuen Kabinetts eilig auf den nächsten Morgen angesetzt wurde, blieb für weitere Koalitionsverhandlungen keine Zeit. In dieser Situation spielte Papen die katholische Karte aus, die er seit seiner Unterredung vom Vortag mit dem Abgesandten der BVP Fritz Schäffer in der Hand hielt. Indem er in der Kabinettsliste, die er Hindenburg vorlegte, keinen Justizminister aufführte, wollte er den Eindruck beim Präsidenten erwecken, dieser Posten sei bis zum Abschluß von Koalitionsverhandlungen für einen Vertreter der katholischen Zentrumspartei reserviert. Gemeinsam mit den Nationalsozialisten und den Deutschnationalen würden Zentrum und BVP über eine bequeme Mehrheit im Reichstag verfügen und somit aus dem Kabinett Hitler eine parlamentarische und keine Präsidialregierung machen.

Das zumindest war der Eindruck, den Papen mit der vorläufigen Vakanz an der Spitze des Justizministeriums beim Reichspräsidenten erwecken wollte. In Wahrheit hegten weder Papen noch Hitler noch Hugenberg auch nur im entferntesten die Absicht, eine Koalition mit dem Zentrum einzugehen oder das kommende Kabinett von der Unterstützung des Parlaments abhängig zu machen. Trotzdem gab Papen Hindenburg am Abend des 29. Januar wider besseres Wissen zu verstehen, daß man mit dem Ziel, der Regierung Hitler eine parlamentarische Machtbasis zu sichern, in Verhandlungen mit dem Zentrum und der BVP eingetreten sei. War das Kabinett am nächsten Morgen erst vereidigt, würde es, wie Papen wußte, ein leichtes sein, die Verhandlungen mit dem Zentrum platzen zu lassen. Und Hindenburg, der die neue Regierung dann gerade erst mit großem Pomp ins Amt eingesetzt hatte, würde mehr oder weniger gezwungen sein, dem neuen Kanzler dieselben Notstandsvollmachten einzuräumen, die er seinen drei Vorgängern gewährt hatte, zumal wenn selbst sein

Vertrauter Papen einen solchen Schritt guthieß. Wann genau Papen Hitler und Hugenberg über diesen Schachzug informierte, ist unklar. Die Tatsache, daß sie am anderen Morgen keinen Einspruch gegen die Vakanz an der Spitze des Justizministeriums oder die Vortäuschung von Koalitionsverhandlungen mit der Zentrumspartei erhoben, läßt jedoch keinen Zweifel an ihrer Mitwisserschaft. Dasselbe galt für Hindenburgs Sekretär Meißner, dessen Kooperation für den Erfolg des Täuschungsmanövers unabdingbar war.

An diesem Sonntagabend jagte in den politischen Kreisen Berlins ein widersprüchliches Gerücht das andere. Der französische Botschafter François-Poncet hörte, Papen habe seinen Plan, eine Regierung Hitler zu bilden, fallengelassen.[54] Ähnliche Gerüchte kamen dem parteilosen Finanzminister Graf Schwerin von Krosigk zu Ohren, der von Papen früher am selben Tag davon unterrichtet worden war, daß die Vorbereitungen zur Bildung eines Kabinetts Hitler unter seiner Beteiligung so gut wie abgeschlossen seien.[55] Einer der Informanten des Grafen berichtete, Hugenberg fordere jetzt doch Papens Rückkehr auf den Kanzlerposten, während ein anderer ihm mitteilte, Schleicher plane den Einsatz der Armee gegen Hindenburg, da dieser sich nicht mehr im Vollbesitz seiner geistigen Kräfte befinde. Zielscheibe der Gerüchte war auch Otto Meißner, der um zwei Uhr morgens von einem Anrufer aus dem Schlaf gerissen und gewarnt wurde, Schleicher wolle ihn zusammen mit dem Reichspräsidenten und Oskar von Hindenburg verhaften lassen.[56]

Auch am Morgen des nächsten Tages, am Montag, dem 30. Januar, hatte sich die Lage noch nicht geklärt. Der britische Botschafter Sir Horace Rumbold informierte London, daß aller Wahrscheinlichkeit nach Franz von Papen zum neuen Reichskanzler ernannt werden würde.[57] Ebenfalls an diesem Morgen rief Schleichers Staatssekretär in der

Reichskanzlei, Erwin Planck, Graf Schwerin von Krosigk an und berichtete, Hitler habe die Verhandlungen abgebrochen und sei wohl schon aus Berlin abgereist.[58] Papen, so Planck zu dem Grafen, sei von Hindenburg auf elf Uhr für diesen Morgen einbestellt worden und werde dann als Reichskanzler vereidigt werden.

Kurz nach dem Gespräch mit Planck erhielt Schwerin von Krosigk einen Anruf aus dem Büro des Reichspräsidenten, in dem er angewiesen wurde, sich um elf Uhr in der Reichskanzlei einzufinden, um seine erneute Ernennung zum Reichsfinanzminister entgegenzunehmen. Wer an der Spitze der Regierung stehen würde, wurde ihm nicht mitgeteilt. Der besorgte und verwirrte Schwerin, der keinen Wert darauf legte, ein zweites Mal in einem auf wackeligen Beinen stehenden Kabinett Papen mitzuwirken, rief Außenminister Neurath an, der sich gleichfalls gegen eine Beteiligung an einer Regierung Papen aussprach und berichtete, mit ähnlich knappen Worten gleichfalls auf elf Uhr in die Reichskanzlei bestellt worden zu sein. Als der Graf daraufhin Papen anrief, riet der ihm kurz und bündig, er solle die umherschwirrenden Gerüchte ignorieren; das Kabinett Hitler sei so gut wie vereidigt. Diese Nachricht verstärkte die Ratlosigkeit Schwerin von Krosigks nur noch mehr, und als er sich kurz vor elf Uhr in die Reichskanzlei begab, wußte er immer noch nicht, wer der neue Reichskanzler sein würde.

Am frühen Morgen des 30. Januar traf Generalleutnant von Blomberg, der am Abend zuvor Hindenburgs Aufforderung zur Rückkehr nach Berlin erhalten hatte, aus Genf kommend mit dem Zug in der Reichshauptstadt ein.[59] Als er aus dem Zug stieg, erwarteten ihn auf dem Bahnsteig bereits zwei Offiziere. Der eine war ein vom Chef der Heeresleitung Generaloberst von Hammerstein entsandter Major. Hammerstein hatte per Zufall von Blombergs bevorstehender Rückkehr nach Berlin erfahren und sofort reagiert. Der Befehl des Majors lautete, Blomberg zu Hammerstein und Schleicher ins Reichswehrministerium zu begleiten, die ihn davor warnen wollten, den Posten des Verteidigungsministers in einem Kabinett Papen anzunehmen. Der andere Offizier, der auf Blomberg wartete, war Oberst Oskar von Hindenburg, der den Generalleutnant in die Reichskanzlei bringen sollte, wo sein Vater darauf wartete, ihn zum Reichswehrminister eines von Hitler geführten Kabinetts zu ernennen. Gezwungen, sich an Ort und Stelle zu entscheiden, folgte Blomberg dem jungen Hindenburg, der nicht nur einen höheren Rang als der von Hammerstein geschickte Major bekleidete, sondern auch den obersten Befehlshaber der Reichswehr vertrat.

Als Blomberg und Oskar von Hindenburg im Büro des Reichspräsidenten in der Reichskanzlei eintrafen und berichteten, ein vom Reichswehrministerium entsandter Offizier habe den Generalleutnant zu Schleicher bringen wollen, verlieh das den Gerüchten eines unmittelbar bevorstehenden Militärputsches neue Glaubwürdigkeit. Der Eindruck, daß angesichts dieser Gefahr die politische Lage so rasch wie möglich geklärt werden mußte, wurde übermächtig. Vorbeugend vereidigte Hindenburg Blomberg bereits kurz nach neun Uhr als neuen Reichswehrminister und entzog damit Schleicher jegliche Befehlsgewalt über die Armee.[60]

Nachdem Schleicher erfahren hatte, daß Blomberg direkt zum Reichspräsidenten gegangen war, rief er Meißner an und protestierte gegen diesen verfassungswidrigen Verstoß gegen seine Befehlsgewalt als Reichswehrminister.[61] Ein noch klarerer Verstoß gegen die Verfassung war freilich die Ernennung Blombergs zum Minister durch Hindenburg. Die Weimarer Verfassung legte fest, daß der Reichspräsident Kabinettsmitglieder nur nach ihrer Nominierung durch den Reichskanzler vereidigen konnte. Als Blomberg am Morgen des 30. Januar um neun Uhr zum

Reichswehrminister ernannt wurde, war Schleicher immer noch Reichskanzler. Schleichers Protest gegen die Ernennung Blombergs war jedoch nur teilweise gerechtfertigt. Während er fürchtete, daß Blomberg in einem Kabinett Papen dienen würde, leitete die Ernennung des Generalleutnants die Bildung einer Regierung ein, die Schleicher selbst gewünscht hatte, eines Kabinetts unter der Führung Adolf Hitlers. Allerdings hatte Schleicher offenbar nicht die Möglichkeit bedacht, daß sein Erzfeind Papen eine tragende Rolle in einer Regierung Hitler spielen oder daß er selbst als Reichswehrminister ausgewechselt werden könnte.

Zwischen neun und zehn Uhr am Vormittag des 29. Januar versammelten sich die Stahlhelmführer Seldte und Duesterberg sowie Hugenberg und Otto Schmidt-Hannover, Vorsitzender der DNVP-Fraktion im Reichstag, in Papens Wohnung im Innenministerium.[62] Papen war auf das höchste erregt und erklärte seinen Besuchern eindringlich, daß das neue Kabinett auf der Stelle vereidigt werden müsse, wolle man einen Militärputsch und eine nachfolgende Militärdiktatur Schleichers verhindern. Für Wortklaubereien, erklärte er, bleibe jetzt keine Zeit mehr. »Wenn nicht bis elf Uhr eine neue Regierung gebildet ist«, zitierte Duesterberg später Papens Warnung, »marschiert die Reichswehr. Eine Militärdiktatur unter Schleicher und Hammerstein droht.«[63]

Schmidt-Hannover und Duesterberg hegten immer noch schwerste Bedenken gegen eine Ernennung Hitlers zum Reichskanzler.[64] Ihre Minimalforderung lautete, die Bildung des neuen Kabinetts so lange hinauszuzögern, bis die Nationalsozialisten auf die Kontrolle über das preußische Innenministerium – und damit die Polizeigewalt über drei Fünftel Deutschlands – verzichteten. Nachdem sie Hugenberg und Seldte nicht von ihrer Meinung hatten überzeugen können, begaben sie sich in die Reichskanzlei, um ihre Bedenken Hindenburg direkt vorzutragen, erhielten aber keinen Zutritt. Statt dessen trafen sie den aufgebrachten Oskar von Hindenburg an, der gegen den angeblichen Verrat Schleichers wetterte und ihre Warnungen vor Hitler mit Desinteresse quittierte.[65]

Kurz nach Duesterbergs Rückkehr in Papens Wohnung trafen auch Hitler und Göring dort ein.[66] Duesterberg, dessen Zustimmung notwendig war, damit Seldte als Vertreter des Stahlhelms in das Kabinett eintreten konnte, hegte eine persönliche Abneigung gegen die Nationalsozialisten. Mehrere Monate zuvor hatte er entdeckt, daß einer seiner Großväter jüdischer Abstammung war, auch wenn er sich später hatte taufen lassen.[67] Diese Information war der Nazipresse zu Ohren gekommen, die gemäß der erklärten Strategie der NSDAP, Mitglieder des Stahlhelms in ihre Reihen zu locken, Duesterberg als Abkömmling eines Juden und den Stahlhelm als Instrument der jüdischen Interessen verunglimpft hatte. Diese Attacken hatten Duesterberg, der zum antisemitischen Flügel innerhalb des Stahlhelms zählte, schwer getroffen und waren mit ausschlaggebend für seinen Widerstand gegen Hitlers Kandidatur für den Kanzlerposten.

Daß sich Duesterberg beim Eintreffen Hitlers und Görings demonstrativ weigerte, die beiden zu begrüßen, ließ es als sehr wahrscheinlich erscheinen, daß er sich gegen Seldtes Eintritt in ein Kabinett Hitler stellen würde. Hitler merkte das und war bemüht, den Stahlhelm-Mann zu besänftigen.[68] Er besprach sich hastig mit Göring, dann standen beide auf und traten auf Duesterberg zu. Hitler versicherte Duesterberg mit seiner ansonsten für feierliche Anlässe reservierten tiefen Stimme, er habe weder die Nazipresse angewiesen, ihn anzugreifen, noch die Attacken gutgeheißen. Entwaffnet von dieser Geste, die Hitler mit einem Ausdruck tiefster Ernsthaftigkeit einschließlich tränenfeuchter Augen untermalte, gab Duesterberg nach. Damit war auch das letzte Hindernis, das der Unterstützung Hitlers durch den Stahlhelm noch im Wege gestanden hatte, aus dem Weg geräumt.

Nachdem diese Frage geklärt war, führte Papen Hitler, Hugenberg, Duesterberg und Seldte auf dem Weg, den er in den letzten Monaten so oft gegangen war, durch den Hintereingang des Reichsinnenministeriums und die Gärten des Innen- und des Außenministeriums zur Reichskanzlei.[69] Kurz vor elf Uhr betraten die fünf Männer Meißners Büro im Erdgeschoß. Die anderen designierten Minister trafen separat ein. Erst jetzt erfuhr Graf Schwerin von Krosigk, daß nicht Papen, sondern Hitler Kanzler des neuen Kabinetts sein sollte.[70] Just in dieser Situation, nur wenige Minuten vor der Vereidigung des neuen Kabinetts, drohte ein noch ungeklärter Punkt die Verschwörung scheitern zu lassen und Hitlers Ernennung zu verhindern. Papen, dem klar war, daß Hugenberg bei Neuwahlen unter einem Reichskanzler Hitler Verluste für die DNVP befürchten würde, hatte dem Führer der Deutschnationalen Hitlers Forderung nach Auflösung des Reichstags und rascher Ausrichtung von Neuwahlen bislang verschwiegen. Doch nun erklärte Hitler mit Bestimmtheit, daß er die endgültige Zustimmung zu diesem Punkt brauche, bevor er sich als Reichskanzler für ein neues Kabinett zur Verfügung stellen könne. Genauso kategorisch weigerte sich Hugenberg, auf Hitlers Verlangen einzugehen.[71]

Der Streit zwischen diesen beiden Schlüsselfiguren des neuen Kabinetts drohte Papen noch in letzter Minute einen Strich durch die Rechnung zu machen. Eine hitzige Diskussion brach aus, und der für die Vereidigung angesetzte Termin verstrich, ohne daß man zu einer Lösung gekommen wäre. Um Hugenberg zu besänftigen, gab ihm Hitler sein Ehrenwort, unabhängig vom Ausgang der Wahlen nichts an der Zusammensetzung des Kabinetts zu ändern. Nachdem auch diese Zusicherung Hugenbergs Widerstand nicht brechen konnte, warf Papen ihm vor, in einem kritischen Moment die unter großen Erschwernissen vollzogene nationale Einigung zu gefährden. Unter Hinweis auf Hitlers Zusage, unabhängig vom Ausgang der Neuwahlen die personelle Zusammensetzung der Regierung nicht zu verändern, fragte Papen den Führer der Deutschnationalen fast schon empört, wie er an dem feierlich gegebenen Ehrenwort eines deutschen Mannes zweifeln könne. Doch Hugenberg blieb bei seinem Nein.

Nachdem die Diskussion eine Zeitlang hin- und hergegangen war und die Regierungsbildung wieder auf der Kippe stand, stürzte Otto Meißner mit der Uhr in der Hand in den Raum und rief: »Meine Herren, die Vereidigung durch den Herrn Reichspräsidenten war um 11 Uhr angesetzt. Es ist 11.15 Uhr. Sie können den Herrn Reichspräsidenten nicht länger warten lassen.«[72] Das gab den Ausschlag. Hugenberg, der erkannte, daß er als einziger den Wünschen Hindenburgs im Wege stand, gab seinen Widerstand auf und stimmte Hitlers Forderung nach der Ausrichtung von Neuwahlen zu. Unverzüglich begaben sich die Anwesenden in das Büro des Reichspräsidenten im ersten Stock. Nach der Begrüßung durch Hindenburg verlas Papen die Liste der vorgeschlagenen Kabinettsmitglieder mit Ausnahme eines Reichsjustizministers. Noch in diesem Augenblick, nur Minuten vor der Vereidigung des neuen Kabinetts, tauchte eine neue Bedrohung auf. Der designierte Reichsfinanzminister Graf Schwerin von Krosigk erinnerte Papen daran, daß er einer Mitarbeit nur unter der Voraussetzung der Zusicherung einer restriktiven Steuer- und Finanzpolitik zugestimmt hatte.[73] Erst jetzt stellte Papen Schwerin von Krosigk, der Hitler bis zu jenem Augenblick noch nie gesehen hatte, den künftigen Kabinettschef vor. Der Naziführer antwortete auf die eilig vorgetragenen Forderungen des Grafen mit einer vagen Zusicherung. Auf diese improvisierte Art gingen die Verhandlungen über die Bildung der neuen deutschen Regierung schließlich zu Ende.

Gegen halb zwölf Uhr am Montag, dem 30. Januar, nahm Reichspräsident Paul von Hindenburg Adolf Hitler den Amtseid auf die Weimarer Verfassung ab und machte ihn damit zum Reichskanzler. Der Naziführer schwor mit Worten, die nach allen objektiven Gesichtspunkten den Tatbestand des Meineids erfüllten, die Verfassung und die Gesetze der Republik – die er jahrelang als ›undeutsch‹ verspottet hatte – zu verteidigen und zu bewahren. Um das Täuschungsmanöver aufrechtzuerhalten, das Papen zur Umgehung von Hindenburgs Widerstand gegen einen Präsidialkanzler Hitler inszeniert hatte, wurde das offizielle Ernennungskommuniqué so abgefaßt, daß der Eindruck entstehen mußte, das neue Kabinett werde parlamentarischer Natur sein. Dies wurde erreicht, indem ausdrücklich darauf hingewiesen wurde, daß der Posten des Justizministers noch nicht besetzt sei und der Reichskanzler unverzüglich Verhandlungen mit dem Zentrum und der BVP über deren Regierungsbeteiligung aufnehmen werde.

Obwohl der Erzfeind der Demokratie an der Spitze der Regierung installiert worden war, unternahmen die republikanischen Kräfte keinen Versuch, die Ernennung Hitlers zu verhindern oder auch nur dagegen zu protestieren. Nachdem sie so lange erwartet hatten, daß die NSDAP versuchen würde, sich die Macht mit Gewalt zu holen, traf es sie unvorbereitet, als der Tag nicht mehr als das übliche Maß an politischer Gewalt brachte. Die Führer der Zentrumspartei reagierten auf die offizielle Bekanntgabe der Zusammensetzung des neuen Kabinetts ablehnend. Sie erklärten, sich nicht auf eine Beteiligung an der neuen Regierung festgelegt zu haben und warnten im übrigen vor Verfassungsexperimenten.[74] Die vor den Kopf gestoßenen Führer der Sozialdemokraten, die keine Strategie für den unwahrscheinlichen Fall einer legalen Machtübernahme Hitlers ausgearbeitet hatten, ermahnten ihre über eine Million Parteimitglieder und die mehreren hunderttausend Angehörigen des Reichsbanners, sich ruhig zu verhalten.[75] Jeder Versuch seitens der neuen Regierung, die Verfassung zu verletzen, würde, verkündete die sozialdemokratische Parteiführung, mit dem größtmöglichem Widerstand der Arbeiterklasse beantwortet werden. Alle der Bewegung zur Verfügung stehenden Kräfte müßten für die entscheidende Auseinandersetzung um die Macht bereitgehalten werden, und undisziplinierte Aktionen würden bis dahin nur Schaden anrichten. Wie die Ereignisse bald zeigen sollten, war der Machtkampf bereits vorüber, und die Republikaner hatten ihn, ohne es zu wissen, verloren.

Zwar hatten manche Republikaner die Tragweite des Geschehens erkannt, doch selbst sie klammerten sich an die vergebliche Hoffnung, Hindenburg werde ihnen irgendwie zu Hilfe kommen. Die Abendausgabe der *Vossischen Zeitung* vom 30. Januar zitierte die Worte des Reichspräsidenten, mit denen er im August und November 1932 die Übergabe der Regierung an Hitler verweigert hatte; Hindenburgs damalige Aussagen über die Nationalsozialisten, schrieb die Zeitung, seien immer noch gültig.[76] Auch das sozialdemokratische Blatt *Vorwärts* berief sich in seiner Abendausgabe auf Hindenburg: »Der Reichspräsident hat mit der Ernennung dieser Regierung die furchtbarste Verantwortung übernommen, die jemals ein Staatsoberhaupt übernommen hat. Er steht dafür, daß diese Regierung den Boden der Verfassung nicht verläßt und daß sie sofort zurücktritt, wenn sie eine Mehrheit im Reichstag nicht erhält.«[77]

Viele politische Beobachter beruhigten sich mit der zahlenmäßigen Überlegenheit der konservativen Minister über die drei im Kabinett vertretenen Nationalsozialisten. Andere gingen davon aus, daß die eigentliche Macht nicht in den Händen Hitlers, sondern in denen Papens oder Hugenbergs lag. Wieder andere ließen sich von den offiziellen Zusicherungen, die Verhandlungen mit dem Zentrum über eine Mitarbeit im Kabinett würden vorangetrieben, und der Tatsache, daß das Reichsjustizministerium noch nicht besetzt war, über die wahre Natur der neuen Regierung hinwegtäuschen.[78] Diese irreführenden Indizien veranlaßten eine Reihe erfahrener politischer Beobachter anfangs zu der Annahme, Hitler sei zum parlamentarischen, nicht zum Präsidialkanzler ernannt worden. Das neue Kabinett, so nahmen sie an, müsse ohne die Notstandsvollmachten des Reichspräsidenten auskommen und sei statt dessen auf eine Mehrheit im Reichstag angewiesen, was die Mitarbeit oder doch zumindest Tolerierung durch das Zentrum und die BVP voraussetzte.[79] Falls das neue Kabinett keine Mehrheit auf sich vereinigen könne, prophezeite selbst Theodor Wolff, der ansonsten so hellsichtige Chefredakteur des *Berliner Tageblatts,* würde es wie jedes andere parlamentarische Kabinett zurücktreten oder sich dem Wähler stellen müssen.[80]

Die anfänglichen Reaktionen der Deutschen außerhalb der politischen Organisationen waren von einer angesichts der Tragweite des Ereignisses bemerkenswerten Gleichgültigkeit gekennzeichnet. Der Austausch eines Kanzlers durch einen anderen war zu einem solch gewohnten Vorgang geworden, daß ein Großteil der Öffentlichkeit ganz offensichtlich jegliches Interesse daran verloren hatte. In einer landesweit im Kino gezeigten Wochenschau war die Vereidigung der neuen Regierung der letzte von sechs Beiträgen, darunter Berichten über ein alpines Schanzenspringen, ein Pferderennen und eine Pferdeschau.[81] Ein junger jüdischer Redakteur, der für eine Berliner Boulevardzeitung arbeitete, erinnerte sich später daran, daß er am Abend des 30. Januar einen Bericht über die Ereignisse korrigierte »ohne das geringste Gefühl, ohne Besorgnis, das könne mich angehen«.[82] Und Friedrich Stampfer, der Chefredakteur des *Vorwärts,* erinnerte sich später: »Die meisten wußten gar nicht, was ihnen geschah.«[83]

Das Ausland nahm die Nachricht von Hitlers Ernennung überwiegend mit Zurückhaltung auf. Ein in Berlin stationierter tschechischer Diplomat hielt das Ereignis für zweitrangig. »Also keine nationalsozialistische Regierung«, schrieb er in sein Tagebuch, »keine revolutionäre Regierung, obwohl sie den Namen Hitler trägt. Kein Drittes Reich, kaum ein 2½.«[84] Der britische Botschafter Sir Horace Rumbold meldete nach London, die Ernennung des Kabinetts Hitler sei das Ende des Experiments mit der Präsidialregierung. Allerdings hielt Rumbold es in Anbetracht der feindseligen Haltung Hitlers und Hugenbergs gegenüber dem parlamentarischen System für »schwierig, sich vorzustellen, wie sie es fertigbringen sollen, das System durch andere als verfassungswidrige Mittel zu ändern«.[85] Ein britischer Deutschlandexperte stellte in der *Sunday Times* folgende Frage: »Haben Präsident von Hindenburg und sein ›Kamerad‹ Herr von Papen Hitler in einen Käfig gesperrt, bevor sie ihm den Hals umdrehen, oder sitzen *sie* in dem Käfig?«[86]

In einer Depesche nach Paris am Abend des 30. Januar zeigte sich auch der ansonsten so selbstsichere französische Botschafter François-Poncet verwirrt.[87] Er wies auf die noch ausstehende Zusage der katholischen Parteien zur Mitarbeit an dem neuen Kabinett hin und warf die Frage auf, ob Hitler versuchen würde, mit Hilfe einer parlamentarischen Mehrheit zu regieren. Weiter fragte er sich, ob Hindenburg den Naziführer auch dann stützen würde, wenn er keine Mehrheit hinter sich vereinigen konnte. François-Poncet hatte den Eindruck, daß man mit der Ernennung Hitlers den Wolf in den Schafstall gelassen hatte, um ihn unschädlich zu machen.[88] Einer der wenigen ausländischen Beobachter, die die Situation sofort richtig bewerteten, war ein Schweizer Journalist, der kurz und bündig schrieb: »Bär bleibt Bär, auch wenn man ihm einen Ring durch die Nase zieht und ihn an der Leine führt.«[89]

Am Abend des 30. Januar stand Hitler stundenlang am Fenster seines neuen Amtssitzes und nahm den begeisterten Jubel zehntausender SA-Männer entgegen, die, verstärkt durch Männer des Stahlhelm, mit Fackeln die Wilhelmstraße hinunterdefilierten und nationalistische Lieder sangen. Ein paar Meter weiter verfolgte Hindenburg von einem Fenster des älteren Flügels der Reichskanzlei aus den Fackelzug. Es war der triumphale Abschluß eines erstaunlichen politischen Comebacks. Vor gerade einmal einem Monat schien Hitler am Ende. Die NSDAP hatte in den letzten Reichstagswahlen, bei denen zwei von drei Wählern gegen sie gestimmt hatten, einen herben Rückschlag hinnehmen müssen, gefolgt von noch größeren Verlusten in den anschließenden Kommunalwahlen. In den Reihen von Hitlers enttäuschten Gefolgsleuten war es zu Unmutsäußerungen und offener Rebellion gekommen. Zu allem Überfluß drohten die Anzeichen einer wirtschaftlichen Erholung Hitler des Themas zu berauben, das er seit der Wirtschaftskrise so erfolgreich für seine Zwecke hatte ausbeuten können. Jetzt, nur dreißig Tage später, hatte ihn derselbe Präsident, der ihn zuvor mehrfach brüsk zurückgewiesen hatte, ordnungsgemäß zum Chef der Regierung gemacht. Nach seiner Vereidigung als Kanzler wunderte sich Hitler wie verlautet selbst darüber, wie er auch diesmal, wie schon so oft zuvor, just in dem Moment, in dem alles verloren schien, gerettet wurde.[90]

Diese wundersame Wendung der Dinge machte einen bleibenden Eindruck auf Deutschlands neuen Herrscher. Sie bestätigte Hitler in seinem Glauben, vom Schicksal dazu auserwählt zu sein, die totale Herrschaft über das Reich zu erringen, es ethnisch zu säubern, seine Grenzen auszudehnen und es für alle Zeiten zur stärksten Macht Europas zu machen. Und sie rechtfertigte in seinen Augen die Alles-oder-nichts-Strategie, die er im Kampf um die Macht verfolgt hatte. So verstärkte das Ereignis, das als ›Machtergreifung‹ in die Geschichte einging, Hitlers Gefühl der Unbesiegbarkeit und seine Bereitschaft, auf höchstes Risiko zu spielen, zwei Faktoren, die zu jener Kette herausragender außenpolitischer und militärischer Triumphe führten, die erst abbrach, als ihn zehn Jahre später in der Schlacht von Stalingrad das Glück verließ. Doch wie so vieles im mythologischen Fundus des Dritten Reiches war auch der Glaube, der 30. Januar 1933 markiere den Tag einer Machtergreifung, falsch. In Wahrheit hatte Hitler die Macht nicht ergriffen; sie war ihm von den Männern in den Schoß gelegt worden, in deren Händen damals das Schicksal Deutschlands lag.

7

Schicksal, Zufall und Verantwortung

Mit der Ernennung zum Reichskanzler am 30. Januar gewann Hitler erheblich an Macht, war aber immer noch weit von der absoluten Herrschaft entfernt, die er anstrebte. Wie er sich diese absolute Herrschaft sicherte, ist eine Geschichte für sich, doch zumindest ihre Höhepunkte sollen hier zusammengefaßt werden.

Durch Sabotage der Koalitionsverhandlungen mit dem Zentrum am 31. Januar auf eine Art und Weise, die das Zentrum in der Öffentlichkeit als Schuldigen dastehen ließ, unterstrich Hitler, daß er kein durch eine Reichstagsmehrheit gestützter parlamentarischer Kanzler werden wollte.

Am 1. Februar wurde der Reichstag aufgelöst und es wurden Neuwahlen für Anfang März angesetzt. Auf den vakanten Posten im Justizministerium wurde noch am selben Tag der Minister berufen, der das Amt bereits unter Papen und Schleicher ausgeübt hatte. Am 4. Februar gestattete Reichspräsident von Hindenburg dem neuen Reichskanzler den Einsatz der präsidentiellen Notverordnungsvollmachten zum Erlaß eines Gesetzes, das die Presse- und Versammlungsfreiheit einschränkte. Das von Papen inszenierte Manöver, Hindenburg über die wahre Natur der neuen Regierung hinwegzutäuschen, erwies sich als voller Erfolg. Hitler hatte genau das erhalten, was

Hindenburg ihm auf keinen Fall hatte geben wollen: Er war de facto zum Präsidialkanzler aufgestiegen.

Im Laufe der nächsten Monate baute Hitler seine Macht aus. Der mysteriöse Brand, der Ende Februar das Reichstagsgebäude zerstörte, brachte ihn dabei ein großes Stück voran. Er behauptete, der Reichstagsbrand sei das Signal zu einem Aufstand der Kommunisten, und erhielt daraufhin von Hindenburg die Zustimmung zu einer umfassenden Notverordnung »zum Schutze von Volk und Staat«, die die Macht der Regierung immens stärkte und zahlreiche Grundrechte auf unbestimmte Zeit aussetzte. Als der Wahlkampf für den Reichstag in die heiße Phase eintrat, ließ Hitler politische Gegner von mehreren zehntausend SA-Männern, die Hermann Göring kurzerhand zu preußischen Hilfspolizisten ernannt hatte, einschüchtern, verfolgen und verhaften. Im Kampf um Stimmen setzten die Nationalsozialisten auf die durch den Reichstagsbrand angeheizte Furcht vor der roten Gefahr und auf Hitlers neugewonnenes Prestige als von Hindenburg ernannter Reichskanzler. Trotzdem verfehlten sie in den alles andere als freien Märzwahlen ihr Ziel einer absoluten Mehrheit und mußten sich mit 43,9 Prozent der abgegebenen Stimmen begnügen.

Nur durch den Ausschluß der kommunistischen Abgeordneten, massive Drohgebärden und falsche Behauptungen konnte Hitler am 23. März die benötigte Zweidrittelmehrheit für das zunächst auf vier Jahre befristete Ermächtigungsgesetz zusammenbringen, das die legislative Gewalt vom Reichstag auf die Regierung übertrug. Auf das Ermächtigungsgesetz folgte eine Welle von Säuberungsaktionen, in deren Verlauf die Nationalsozialisten eine Behörde nach der anderen unter ihre Kontrolle brachten. Im Zuge einer treffend als »Staatsstreich auf Raten«[1] bezeichneten Machtausweitung wurde das Prinzip der Rechtsstaatlichkeit durch blanke Willkürherrschaft ersetzt.

Bis zum Sommer waren alle Parteien mit Ausnahme der NSDAP aufgelöst oder verboten, Hugenberg aus dem Kabinett gedrängt und Papen durch Hitler, der das Vertrauen des Reichspräsidenten gewonnen hatte, ins politische Abseits gedrängt. Bereits zuvor hatte Göring Papen die Kontrolle über das größte Bundesland Preußen entrissen. Hitler hatte sich, noch bevor er Hindenburg nach dessen Tod im August 1934 als Reichspräsident nachfolgte, zum Diktator über Deutschland aufgeschwungen.

Für all diese Entwicklungen und die furchtbaren Folgen, die sie noch zeitigen sollten, war die Ernennung Hitlers zum Reichskanzler die unverzichtbare Voraussetzung. Solange Hindenburg noch lebte, führte der einzige Weg zur Macht über die Reichskanzlei. Darüber hinaus hatte Hitler richtig erkannt, daß er, wollte er die zur Durchsetzung seiner Fernziele notwendige Macht erringen, sich nicht von der unsicheren Machtbasis einer auf einer Parteienkoalition gegründeten parlamentarischen Mehrheit abhängig machen durfte. Aus diesem Grund hielt er unnachgiebig an seinen Forderungen gegenüber Papen und Hindenburg fest und schaffte es entgegen jeder Wahrscheinlichkeit auch, sie durchzusetzen. Nachdem er mit einer Minderheit der Deutschen im Rücken Reichskanzler geworden war, gewann er dank des wirtschaftlichen Aufschwungs, der sich bereits vor seiner Ernennung abgezeichnet hatte, und der Schlag auf Schlag folgenden und mit friedlichen Mitteln errungenen außenpolitischen Triumphe immer mehr Popularität.

Die Ereignisse der ersten dreißig Tage des Jahres 1933 allein können nicht erklären, warum Hitler an die Macht gelangte. Die Geschehnisse in ihrer Gesamtheit zu verstehen, würde eine sehr viel tiefergehende Beschäftigung mit der deutschen Vergangenheit voraussetzen. Man müßte zumindest auf die fehlgeschlagene demokratische Revolution von 1848 und die Inbesitznahme des Nationalismusbegriffes durch die politische Rechte im Zuge der Vereinigung Deutschlands unter Führung Preußens eingehen. Darüber hinaus müßte der Herrschaft einer halbfeudalen Elite im Kaiserreich Rechnung getragen werden und ebenso den wirtschaftlichen Bedingungen und gesellschaftlichen Spannungen, die eine militante Arbeiterbewegung hervorbrachten und zu ihrer Aufspaltung in sich erbittert bekämpfende Fraktionen führten. Auch die Schwäche und Zersplitterung des deutschen Liberalismus, die Stärke des Militarismus und die Anfälligkeit eines beträchtlichen Teils der Bevölkerung für pseudowissenschaftliche Rassentheorien spielten eine gewichtige Rolle – und nicht zu vergessen der Schock, den die Niederlage im Ersten Weltkrieg der in Siegeszuversicht eingelullten deutschen Bevölkerung versetzte, der drakonische Versailler Vertrag, die Hyperinflation und die drückende Not der Weltwirtschaftskrise. Leider neigen die Ansätze, die Hitlers Aufstieg vor allem im Rückgriff auf solche historischen Faktoren zu erklären suchen, zum Determinismus. Sie erwecken den Eindruck, als sei das Dritte Reich die unausweichliche Folge gewaltiger, unpersönlicher Mächte und als hätte die Geschichte gar nicht anders verlaufen können, als habe es keinerlei Alternativen gegeben. Obgleich diese Faktoren in vielen Fällen notwendige Voraussetzungen für das spätere Geschehen waren, reichen sie allein zu einer Erklärung nicht aus. Sie können uns verstehen helfen, wie das Dritte Reich möglich wurde, aber sie können nicht erklären, wie es tatsächlich dazu kam.

Eine Analyse der Vorgänge des Januar 1933 widerlegt eine deterministische Sichtweise, indem sie die wichtige Rolle enthüllt, die Zufälle und unberechenbare Ereignisse in der Geschehenskette spielten, die Hitler an die Macht brachte.

Das Dritte Reich ist zweifellos ein Produkt der deutschen Geschichte, aber es war zu diesem Zeitpunkt eben nicht der einzige dem Land offenstehende Weg. Bis zum Zeitpunkt der Ernennung Hitlers zum Reichskanzler standen Deutschland noch andere politische Möglichkeiten offen. Der Erfolg Adolf Hitlers war nicht die zwingende Folge eines triumphalen Siegeszuges, sondern kam zu einem Zeitpunkt, als sich das Blatt gegen ihn gewendet zu haben schien. Nur dreißig Tage vor seiner Vereidigung zum Reichskanzler schrieben erfahrene und gut informierte politische Beobachter schon an Nachrufen zum Ende seiner Karriere. Die NSDAP hatte nach einem kometenhaften Aufstieg an Dynamik verloren und schien am Rande des Zerfalls. Statt die Ereignisse, die zu seinem Erfolg führten, selbst zu gestalten, wurde der künftige Diktator nur durch eine Reihe unvorhersehbarer Entwicklungen, über die er keinerlei Kontrolle hatte, vor dem Absturz in die Bedeutungslosigkeit gerettet.

Ausschlaggebend für die Wende, die Hitler an die Macht brachte, waren die Handlungen anderer Akteure. Denn auch wenn die unpersönlichen Kräfte der Geschichte bestimmte Ereignisse erst ermöglichen, sind es die Menschen, die sie geschehen lassen. Genau das gilt auch für Deutschland im Januar 1933, als das Schicksal des Landes in den Händen einiger Einzelpersonen lag, einer jener häufigen Kreuzungspunkte in der Geschichte der Menschheit, in der das Schicksal vieler von den Handlungen weniger abhängt. Drei Menschen hielten die Zukunft Deutschlands in ihren Händen: Reichspräsident Paul von Hindenburg, Reichskanzler Kurt von Schleicher und sein Amtsvorgänger Franz von Papen. Drei weitere Männer spielten minder entscheidende, aber dennoch bedeutende Rollen – Oskar von Hindenburg, Otto Meißner und Alfred Hugenberg. Vor diesem Hintergrund war Hitler keine agierende, sondern eine vor allem reagierende Figur. Hitler spielte die Karten, die ihm in die Hand gegeben wurden, zweifellos mit großem Geschick aus, aber es waren diese sechs Männer und nicht er, die die Karten austeilten.

Natürlich ist das Verständnis der Geschichte Deutschlands von essentieller Bedeutung, um zu erklären, wie Männern wie Hindenburg, Schleicher und Papen überhaupt eine so wichtige politische Rolle zufallen konnte. Ohne das Prestige, das die Aristokratie ihrer prominenten Rolle bei der Einigung Deutschlands und ihrer privilegierten Stellung im Kaiserreich verdankte, hätten Männer, deren Namen ein ›von‹ schmückte, nach einer republikanischen Revolution wie der von 1918/19 wohl kaum noch als geeignete Kandidaten für hohe Staatsämter gelten können. Genausowenig wäre in einem Land ohne eine solch ausgeprägte militärische Tradition wie in Deutschland denkbar gewesen, daß ein besiegter Feldmarschall, der nie einen Beweis politischer Befähigung erbracht hatte, mit siebenundsiebzig Jahren zum Reichspräsidenten gewählt und mit vierundachtzig Jahren wiedergewählt wurde. Noch hätte ein Karriereoffizier wie Kurt von Schleicher zu einer so wichtigen Person in der Politik aufsteigen können, hätten die Republikaner es nicht versäumt, die Reichswehr beizeiten unter eine wirksame staatliche Kontrolle zu stellen. Ohne den Zusammenbruch der parlamentarischen Demokratie, dessen Ursachen weit in die deutsche Vergangenheit zurückreichten, hätte sich die Macht zur Steuerung der Geschicke des Landes nicht in den Händen dieser Männer konzentriert. Diese und andere Faktoren einer Ebene jenseits des Individuellen helfen zu erklären, wie und warum Hindenburg und die Männer in seiner unmittelbaren Umgebung einen so großen Einfluß gewinnen konnten. Was sie nicht erklären, ist, wie sie ihren Einfluß nutzten.

Wiederholt ist die Ansicht vertreten worden, die Männer, die Hitler den Weg in die Reichskanzlei ebneten, seien lediglich die Marionetten mächtiger, hinter den Kulissen agierender Interessengruppen gewesen. Allerdings hat ein halbes Jahrhundert von Forschungen keine glaubwürdigen Belege für diese Theorie ans Tageslicht gefördert. Damit soll nicht gesagt werden, daß diese Männer gegen äußere Einflüsse immun gewesen seien. Hindenburg hat nie einen Hehl aus seinen Sympathien für die wirtschaftlich notleidenden ostpreußischen Junker gemacht, die ihn als einen der ihren betrachteten. Der Widerstand der Junker gegen Schleicher und ihre Sympathie für Hitler könnten das Urteil des Reichspräsidenten durchaus mitbestimmt haben. Doch selbst dann war das für Hindenburg eine Sache des Gefühls, nicht der erzwungenen Interessenvertretung. Schleicher handelte nur für sich selbst und für das, was er als die Interessen der Reichswehr betrachtete. Natürlich trugen seine Entschlossenheit, die Wiederbewaffnung Deutschlands durchzusetzen, und seine Hoffnung, die SA in eine vergrößerte Reichswehr integrieren zu können, dazu bei, daß er blind gegenüber der Gefahr war, die Hitler darstellte. Doch war das eine Folge seiner mangelnden Urteilsfähigkeit, nicht zwingender historischer Faktoren. Papen suchte zwar die finanzielle und politische Unterstützung von Kapitalisten und neigte dazu, deren Interessen zu vertreten, doch seine so gründlich mißglückte politische Strategie gegenüber Hitler war das Produkt seines eigenen Geistes. Der eigensinnige Hugenberg war bekannt dafür, daß er sich jeglichem Druck widersetzte, wenn die dahinterstehenden Ansichten und Ziele nicht mit seinen eigenen vereinbar waren. Oskar von Hindenburg fühlte sich nur seinem Vater gegenüber zu Loyalität verpflichtet, Otto Meißner nur sich selbst. Kurz gesagt, die sechs Männer, die Hitler den Weg an die Macht ebneten, waren in der Lage, ihre politischen Entscheidungen frei nach ihren persönlichen Vorlieben zu fällen.

Nichts belegt eindringlicher die Unvorhersehbarkeit und Zufälligkeit der Ereignisse des Januar 1933 als der so folgenreiche Wandel der Beziehungen der Schlüsselfiguren zueinander. Die wachsende Sympathie des alten Reichspräsidenten für Papen und seine Entfremdung von Schleicher zählen hier ebenso dazu wie der Umschlag der Freundschaft Oskar von Hindenburgs und Franz von Papens zu Schleicher in Feindschaft. Zu einem Zeitpunkt, als die Disposition der Macht in den Händen dieser kleinen Anzahl von Männern lag, hatten elementare menschliche Gefühle, persönliche Affinitäten und Aversionen, verletzter Stolz, enttäuschte Freundschaften und der Drang nach Rache weitreichende politische Folgen.

Die launenhafte Fortuna stand eindeutig auf Hitlers Seite. Das zufällige Zusammentreffen von Papen und Baron von Schröder im Herrenklub, das zum Treffen Hitlers mit Papen in Köln und dann der Verschwörung gegen Schleicher führte, befreite Hitler aus seiner Isolation. Als er dringend auf einen noch so kleinen Erfolg angewiesen war, um die stark angeschlagene Moral seiner frustrierten Gefolgsleute zu stärken, kamen ihm die Landtagswahlen in Lippe zu Hilfe, die zu keinem besseren Zeitpunkt und an keinem besseren Ort hätten stattfinden können. Auch das unzutreffende Gerücht über einen bevorstehenden Staatsstreich Schleichers, das zwei Wochen später die Runde machte, kam gerade rechtzeitig und ermöglichte es Papen, die latenten Bedenken Hindenburgs gegen Schleicher zu verstärken und ihn dazu zu bringen, überstürzt – und in der falschen Annahme, er erteile einem parlamentarischen und nicht einem Präsidialkabinett sein Plazet – Hitler zum Reichskanzler zu ernennen.

Im Kampf darum, die Kontrolle über eine zusehends demoralisierte NSDAP zu behalten, konnte sich Hitler glücklich schätzen, daß der einzige Naziführer, der mit ihm wegen seiner kompromißlosen Strategie des Alles-oder-nichts brach, Gregor Strasser war. Gregor war sehr verschieden von seinem Bruder Otto Strasser, der 1930 aufgrund der seiner Ansicht nach indifferenten Haltung der Parteiführung gegenüber den sozialistischen Zielen vieler Nationalsozialisten der Partei den Rücken gekehrt hatte.[2] Nach seinem Abfall hatte der streitbare Otto Strasser eine Konkurrenzorganisation – die Schwarze Front – ins Leben gerufen und mit unablässigen Attacken gegen Hitler, dem er Verrat an den Idealen der Bewegung vorwarf, versucht, ihm Anhänger abspenstig zu machen. Otto Strasser hatte das Pech, daß seine Rebellion mit dem ersten der phänomenalen Wahlerfolge der NSDAP zusammenfiel, die Hitler zu einer wichtigen politischen Figur machten. Eine Abspaltungsbewegung unter Führung Gregor Strassers, der innerhalb der Partei über eine weit größere Gefolgschaft verfügte als sein Bruder 1930, hätte im Dezember 1932 und auch noch im Januar 1933, als angesichts der sich häufenden Fehlschläge immer mehr Nationalsozialisten an Hitlers starrem Kurs zweifelten, eine für den Naziführer verheerende Spaltung auslösen können. Doch Hitler hatte – wieder einmal – Glück: Gregor Strasser war im Gegensatz zu seinem Bruder kein Kämpfer.

Als die für Hitler glücklichste Fügung erwiesen sich jedoch die Schrullen und die Kurzsichtigkeit Kurt von Schleichers, des Mannes, der Anfang Januar 1933 das Amt bekleidete, das der Naziführer anstrebte. Das Versagen Schleichers, der durchaus in der Lage gewesen wäre, Hitler einen Strich durch die Rechnung zu machen, bahnte den Weg zum Dritten Reich. Der General war für viele seiner Mißerfolge selbst verantwortlich. Mit seiner brüsken Art stieß er den Reichspräsidenten, ohne dessen Vertrauen er nicht regieren konnte, vor den Kopf. Mit seinem scharfen Mundwerk schaffte er es außerdem, sich einen alten Freund, den überempfindlichen Sohn und engsten Vertrauten des Reichspräsidenten, zum unversöhnlichen Feind zu machen. Einem anderen alten Freund, dem intriganten Franz von Papen, verhalf er zum Kanzleramt, um ihn dann wieder zu stürzen und ebenfalls gegen sich aufzubringen. Obwohl Schleicher der Ruf vorauseilte, ein Meister der Intrige zu sein, unterschätzte er Papens Geschick in dieser Kunst und ließ sich von ihm hinters Licht führen.

Mit dem Einzug in die Reichskanzlei hatte Schleicher, könnte man sagen, sein Niveau der Inkompetenz erreicht. Zuvor, als hinter den Kulissen agierender Manipulator, hatte er sich einen Ruf als gewiefter Politiker erworben. Doch als er selbst die Verantwortung übernehmen mußte, legte er einen beklagenswerten Mangel an Urteilsfähigkeit und eine hinderliche Neigung zur Selbsttäuschung an den Tag. Entgegen seiner Reputation als agiler Politiker legte er sich auf die unrealistische Strategie fest, Hitler in eine Zusammenarbeit mit ihm zu locken. Noch lange nachdem an der Aussichtslosigkeit dieses Kurses kein Zweifel mehr bestehen konnte, hielt Schleicher, der es versäumt hatte, eine alternative Strategie zu entwickeln, daran fest. Ein ums andere Mal ließ er die Gelegenheit verstreichen, seine Stellung als Kanzler durch einen taktischen Rückzug zu stärken, und bewies damit einen Mangel an politischem Verstand und an Machtwillen. Mißtrauisch gegen Zivilisten und zur Geheimniskrämerei neigend, vertraute er ausschließlich seinem militärischen Stab, auf dessen Rat er sich selbst in hochpolitischen Angelegenheiten verließ. Immer mehr in die Isolation gedrängt, verlor er die politische Realität aus dem Auge. Am Ende seiner kurzen Amtszeit strich Schleicher schließlich kampflos die Segel und machte dadurch Hitler, immer noch in der trügerischen Hoffnung, die Kontrolle über die Reichswehr behalten zu können, den Weg an die Spitze frei.

Hätte Schleicher mehr politische Klugheit und Machtinstinkt besessen, wäre Hitler wohl niemals Reichskanzler geworden. Es wird zwar häufig die Ansicht geäußert, der Aufstieg Hitlers zum Regierungschef sei unter den gegebenen Umständen unvermeidlich gewesen, da keine andere Partei eine von der breiten Masse unterstützte rechtsgerichtete Regierung auf die Beine stellen konnte – die einzige Art von Regierung, die Hindenburg zu akzeptieren bereit war. Eine rechtsgerichtete Regierung ohne eine solche breite Unterstützung hätte sich, so Vertreter dieser Sichtweise, nicht an der Macht halten können. Doch was dabei übersehen wird, ist die durchaus realistische Möglichkeit eines Militärregimes. Hitler nahm diese Möglichkeit ernst und fürchtete sie auch.[3] Ein Blick über die Grenzen Deutschlands hinaus zeigte, daß dies eine durchaus naheliegende Lösung war. Deutschland war beileibe nicht das einzige Land, in dem die Demokratie abgewirtschaftet hatte. Anfang der dreißiger Jahre waren in über einem Dutzend europäischer Länder Versuche mit demokratischen Regierungsformen gescheitert oder standen kurz vor dem Ende, und in einer ganzen Reihe dieser Länder hatten die Militärs die Macht übernommen. Im Europa der Zwischenkriegszeit war die Militärdiktatur die weitaus wahrscheinlichere Folge des Zusammenbruchs einer Demokratie als die Machtergreifung durch eine faschistische Bewegung. Nur in zwei Fällen, in Deutschland und in Italien, gelangten in Friedenszeiten faschistische Bewegungen an die Macht.

Während Schleichers Kanzlerschaft gab es keine unüberwindlichen Hindernisse, die einem ehrgeizigen und fähigen General den Weg an die Macht hätten verwehren können. Die Armee der Weimarer Republik war klein, bestand aber aus disziplinierten Berufssoldaten, die sich freiwillig für lange Dienstzeiten verpflichtet hatten. Unter den Offizieren gab es zwar Nazi-Sympathisanten, doch sie waren nicht organisiert und vor allem in den höheren Rängen zahlenmäßig den Offizieren unterlegen, die dem Oberkommando treu ergeben waren, solange es über den Rückhalt des verehrten Reichspräsidenten Hindenburg verfügte. In Folge der von Schleicher eingeleiteten Maßnahmen war die Reichswehr im Januar 1933 deutlich besser als noch gegen Ende der Regierung Papen darauf vorbereitet, mit innenpolitischen Unruhen fertigzuwerden. Da zudem die politische Opposition in sich gespalten war – die Massenparteien der Nationalsozialisten, Kommunisten und Sozialdemokraten standen sich in unversöhnlicher Feindschaft gegenüber –, drohte auch von daher keine ernsthafte Gefahr. Der wirtschaftliche Aufschwung, in dessen Folge die Arbeitslosigkeit bis zum Sommer 1933 stark zurückging, hätte die Militärdiktatur gestärkt und sie in die Lage versetzt, die seit dem Ausbruch der Weltwirtschaftskrise herrschende politische Krise im Land zu entschärfen.[4]

Anfang 1933 wäre kein offener, die Gefahr breiten Widerstands mit sich bringender Staatsstreich notwendig gewesen, um eine Militärregierung zu installieren. Die seit 1930 übliche Führung der Staatsgeschäfte auf Grundlage der präsidentiellen Notverordnungsvollmachten bot sich als ideales Vehikel für den schrittweisen Übergang zu einem durch und durch autoritären Regime an. Außerdem hegte Reichspräsident von Hindenburg keine prinzipiellen Bedenken gegen einen Verstoß gegen geltendes Recht, wie er bereits während der Regierungszeit Papens bewiesen hatte, als er gleich zweimal der verfassungswidrigen Verschiebung von Neuwahlen zugestimmt hatte. Natürlich hätte auch eine Militärdiktatur zunächst Hindenburgs Autorität respektieren müssen. Doch das Ableben des greisen Reichspräsidenten war nur eine Frage der Zeit, und nach seinem Tod im darauffolgenden Jahr hätte der General von der Reichskanzlei aus die volle Macht über den Staat übernehmen können. Eine verfassungswidrige Militärregierung ist natürlich keine erstrebenswerte Lösung, doch im Vergleich zum Dritten Reich wäre ein solches konservatives Regime zweifellos das bei weitem kleinere Übel gewesen. Es war Deutschlands großes Unglück, daß in dem Moment, als eine Militärregierung die beste verfügbare Alternative zu Hitlers Machtergreifung darstellte, der General, der an der Spitze der Regierung stand, weder die Fähigkeit noch den Willen hatte, die Gunst der Stunde zu nutzen.

Was wären die Folgen für Hitler gewesen, hätte Anfang 1933 eine vom wirtschaftlichen Aufschwung getragene Militärdiktatur die Macht übernommen? Alles deutet darauf hin, daß sich die Krise innerhalb der NSDAP weiter verschärft hätte. Den ganzen Januar hindurch hatte es trotz des Wahlerfolges in Lippe und des Parteiausschlusses von Gregor Strasser in den Reihen der frustrierten Nationalsozialisten weiter gegärt. Nur zwei Tage vor Hitlers Ernennung zum Reichskanzler hatte ein Gauleiter in der Nazi-Hochburg Franken öffentlich vor einer »unsichtbaren Front« der Unzufriedenen in der Partei gewarnt.[5] Sobald die Installation einer Militärdiktatur Hitler der Aussicht auf die Macht beraubt hätte, wäre seine Bewegung aller Wahrscheinlichkeit nach rasch wieder auf die Größe jener sektiererischen Randgruppe geschrumpft, die sie vor der Weltwirtschaftskrise gewesen war. Hitler selbst hätte sich, nachdem er die Macht schon fast in Händen gehalten hatte, wohl kaum mehr mit einer kleineren politischen Rolle oder einem anderen Platz in der Gesellschaft abgefunden. Man kann annehmen, daß Hitler auf sein Scheitern so reagiert hätte, wie er es des öfteren angedroht und nach der totalen Niederlage 1945 auch getan hat: mit Selbstmord. Hätten die Ereignisse im Januar 1933 einen anderen Verlauf genommen, wäre Adolf Hitler in die Geschichte des 20. Jahrhunderts, wenn überhaupt, nur als Randfigur eingegangen – und nicht als einer der größten Beweger und Zerstörer.

Welchen Unterschied hätte es gemacht, wenn nicht das Dritte Reich, sondern eine Militärdiktatur die Nachfolge der Weimarer Republik angetreten hätte?[6] Selbst bei nur kurzem Nachdenken kommt man zu der eindeutigen Antwort: einen sehr großen. Eine konservative Militärdiktatur hätte Deutschland und dem Rest Europas keine so tiefen Wunden und Verheerungen zugefügt wie das von einem fanatischen Radikalismus geprägte Dritte Reich. Ein solches Regime wäre autoritär gewesen, aber nicht totalitär, nationalistisch, aber nicht rassistisch, schlimm, aber keine dämonische Geißel der Menschheit. Ein Militärregime hätte wohl die öffentliche Äußerung abweichender Meinungen als subversiv unterdrückt, aber es hätte nicht versucht, den Deutschen die Verinnerlichung einer von der Regierung diktierten Ideologie aufzuzwingen. Vielleicht hätte es die politischen und staatsbürgerlichen Rechte ausgesetzt oder beschnitten, aber es hätte sie nicht überhaupt abgeschafft. Vielleicht hätte es die Gefängnisse mit politischen Gefangenen gefüllt, aber es hätte keine Konzentrationslager gebaut und sie Sadisten unterstellt. Genausowenig hätte es sich dem Antisemitismus verschrieben oder gar die systematische Ermordung der Juden betrieben. Es hätte, wie alle Militärregimes in Ländern, die Erfahrungen mit demokratischen Regierungsformen gemacht haben, Probleme gehabt, seine Legitimität zu rechtfertigen, und es hätte den Tod seines Gründers wahrscheinlich nicht lange überlebt. Früher oder später hätten sich die Generäle untereinander zerstritten und die republikanischen Kräfte die Macht im Lande zurückgewonnen.

Der Menschheit wäre nicht nur die traumatische Erfahrung des Holocaust erspart geblieben, sondern auch die Millionen Toten und furchtbaren Verwüstungen des Zweiten Weltkrieges. Der Zweite Weltkrieg muß als die direkte Folge von Adolf Hitlers grenzenlosem Ehrgeiz und seines rassistischen, sozialdarwinistischen Denkens gesehen werden. Als Diktator eines mächtigen Landes kam er dem Ziel, Europa seinen Willen aufzuzwingen, erschreckend nahe. Am Ende scheiterte er an seinem größenwahnsinnigen Traum, in den Weiten Rußlands Lebensraum für künftige Generationen deutscher Herrenmenschen zu erobern. Hitler war auch ausschlaggebend für den Ausbruch des Krieges in Asien. Die japanische Armee hatte zwar schon vor der Entstehung des Dritten Reiches mit Aggressionen gegen China begonnen, es aber noch nicht gewagt, die europäischen Kolonien in Südostasien zu attackieren. Erst nachdem Hitler Holland und Frankreich überrollt, die Briten stark geschwächt und die Sowjetunion durch seine Invasion gezwungen hatte, ihre Streitmacht in Europa zu konzentrieren, fühlten sich die japanischen Militaristen stark genug, gegen die europäischen Kolonialmächte und die Vereinigten Staaten loszuschlagen. Der erste wahrhaft globale Krieg und zugleich der verheerendste in der Geschichte der Menschheit war zu einem Großteil das Werk Adolf Hitlers.

Andererseits hätte aller Wahrscheinlichkeit nach auch ein Militärregime in Deutschland einen neuen Krieg geführt. Die Generäle an der Spitze der Reichswehr waren wie Hitler entschlossen, Deutschland wiederzubewaffnen, und hätten sicher die nächste Gelegenheit ergriffen, dieses Ziel in die Tat umzusetzen. Doch im Vergleich zu Hitler waren ihre territorialen Ziele bescheiden.[7] Obwohl die Reichswehrführer in Berlin das nicht öffentlich eingestanden, hegten sie keinerlei Pläne, das Elsaß und Lothringen zurückzuerobern, die beiden linksrheinischen Provinzen, die Deutschland 1871 Frankreich abgenommen und 1919 wieder an Frankreich verloren hatte. Die Elsässer und Lothringer waren alles andere als gute Deutsche gewesen und wurden nicht vermißt. Genausowenig waren die militärischen Führer der Meinung, daß, wie Hitler glaubte, rassische Gründe den Anschluß Österreichs und des Sudetenlandes ans Reich zwingend machten.

Eine andere Sache war der Polnische Korridor. Der Verlust dieses Gebietsstreifens an Polen nach dem Ersten Weltkrieg hatte nicht nur Ostpreußen vom Rest des Landes abgetrennt, sondern auch die östliche Verteidigungsflanke des Reiches aufgerissen. Die Militärs in Berlin waren fest entschlossen, von dem verlorenen Gebiet so viel wie nur möglich zurückzuerobern. Da die Polen ebenso fest entschlossen waren, den Korridor nicht aufzugeben, war es mehr als wahrscheinlich, daß der Wiederbewaffnung Deutschlands ein Krieg zwischen den beiden Ländern gefolgt wäre. Angesichts des krassen Mißverhältnisses, was Kampfstärke und Ressourcen betraf, hätte dieser Krieg nur mit einem raschen Sieg der Deutschen enden können.

Ein solcher von einem Militärregime mit dem Ziel der territorialen Revision geführter Krieg gegen Polen hätte sich grundlegend unterschieden von dem ideologisch motivierten Krieg, den Hitler mit dem Angriff auf Polen im September 1939 eröffnete. Hitler sah in seinem Überfall nur die erste Phase eines im Prinzip unbegrenzten Feldzuges, der auf die Eroberung und Unterjochung anderer Völker abzielte. Im Gegensatz zu Hitler, dessen Angriff auf Polen von Großbritannien und Frankreich mit einer Kriegserklärung an Deutschland quittiert wurde, hätte ein Militärregime sich bemüht, einen Konflikt mit den Westmächten zu verhindern – mit guten Erfolgsaussichten. Immerhin hatte es massiver Provokationen durch Hitler bedurft, um die zögerlichen Politiker in London und Paris schließlich dazu zu bewegen, Warschau gegenüber jene Garantieerklärungen abzugeben, die ihnen nach dem Einmarsch der Wehrmacht in Polen keine andere Wahl ließen, als Deutschland den Krieg zu erklären. Hätte ein Militärregime seine Gebietsansprüche von Anfang an auf den Polnischen Korridor beschränkt und – unter Hinweis auf Wilsons Prinzip der nationalen Selbstbestimmung – den Angriff mit dem Schutz der deutschen Minderheit im Korridor gegen eine angebliche polnische Unterdrückung begründet, hätten die Westmächte sehr wahrscheinlich nicht interveniert. Auch die Russen hätten stillgehalten, wenn die Deutschen ihnen im Gegenzug die Einverleibung eines Teiles des polnischen Territoriums im Osten gestattet hätten, selbst wenn die Rücksichtnahme auf die Interessen der Westmächte es den Deutschen und Russen wohl verboten hätte, wie Hitler und Stalin ganz Polen unter sich aufzuteilen.

Wie bedauernswert auch immer, im Vergleich zu dem globalen Feuerbrand des Zweiten Weltkrieges wäre ein kurzer deutsch-polnischer Krieg nur ein kleinerer Zwischenfall gewesen. Ein Sieg Deutschlands unter Führung der Militärs hätte viel dazu beigetragen, die politische Lage in Europa zu entspannen. Deutschland hätte seinen verletzten Stolz wiederhergestellt, alle Länder außer dem geschrumpften Polen hätten sich mit dem Ergebnis arrangieren können, und damit hätten sich die dunklen Wolken, die seit Versailles über Europa hingen, weitgehend aufgelöst. Es wäre nie zum deutschen Überfall auf die Sowjetunion gekommen, denn im Gegensatz zu Hitler träumten die deutschen Generäle nicht von der Eroberung von Lebensraum im Osten, und sie hegten auch keine Feindseligkeiten gegenüber der Sowjetunion. Ganz im Gegenteil: Seit den zwanziger Jahren hatten die Generäle der Reichswehr insgeheim und zur beiderseitigen Zufriedenheit mit den Kollegen von der Roten Armee die Abrüstungsbestimmungen des Versailler Vertrages hintertrieben, gemeinsam Soldaten ausgebildet und in sowjetischen Militärstützpunkten zusammen an der Entwicklung neuer Waffen gearbeitet.

Mit der erfolgreichen Revision der deutschen Ostgrenze wäre der letzte gefährliche Konfliktherd auf dem Kontinent beseitigt gewesen, und Europa wäre nach jahrelangen politischen Spannungen vielleicht endlich zur Ruhe gekommen. Der Zweite Weltkrieg und seine Schrecken – darunter die Atombombe, entwickelt aus Angst, die Deutschen könnten sie zuerst haben –, waren genausowenig unausweichlich wie Hitlers Aufstieg zur Macht. Wäre Hitler nicht an die Macht gekommen, der globale Konflikt, mit dessen Nachwirkungen die Menschheit heute noch zu kämpfen hat, wäre niemals ausgebrochen.

Hitler und die Feuersbrunst, mit der er die Welt überzog, haben die Geschicke der Menschheit nach 1933 in vielerlei Hinsicht geprägt. Das zuvor unvorstellbare Grauen, das mit dem Namen ›Auschwitz‹ verbunden ist, hat der Menschheit einen Teil der Unschuld und Zuversicht geraubt, die sie besaß, bevor der Name dieses zuvor unbekannten Städtchens seine heute allzu vertraute und schreckliche Bedeutung erlangte. Dasselbe gilt für einen zweiten Ort, dessen Name zum Synonym für menschliches Leid geworden ist – Hiroshima. Und genausowenig hätte der Begriff ›Kalter Krieg‹ Eingang in den allgemeinen Sprachgebrauch gefunden. Es war Hitlers Erfolg, der die Vereinigten Staaten und die Sowjetunion in ein gemeinsames Bündnis zwang, und es war seine Niederlage, die die beiden Mächte im Nachkriegseuropa in einen spannungsgeladenen Konflikt trieb. Trotz aller ideologischer Unterschiede wäre ein bewaffneter Konflikt zwischen den beiden Ländern ohne Hitler sehr unwahrscheinlich gewesen. Und nur unter dem Druck des Kalten Krieges ließen sich die Vereinigten Staaten später in Korea und Vietnam in Kriege hineinziehen, bei denen es nicht um vitale amerikanische Interessen ging.

Kurz, verfolgt man die Konflikte, die die Welt seit Januar 1933 erschüttert haben, zu ihren Anfängen zurück, wird offensichtlich, daß vieles von dem, was seit damals geschah, mit der Wende zusammenhing, die die deutsche Politik in jenem Monat nahm. Wie Paris im Sommer 1789 vor Ausbruch der Französischen Revolution war auch Berlin für einen kurzen Moment der Ort, an dem sich das

Schicksal eines großen Teiles der Menschheit entschied. Was sich dort am Mittag des 30. Januar zutrug, war nichts weniger als ein Ereignis von welthistorischer Bedeutung. An diesem Tag wurde die Macht über eine hochentwikkelte Industrienation in die Hände eines Mannes gelegt, der fest entschlossen war, die Ordnung der zivilisierten Welt auf den Kopf zu stellen, und der damit unsägliches Leid für einen großen Teil der Menschheit brachte, den gewaltsamen Tod vieler Millionen Menschen bewirkte und in weiten Teilen der Welt Zerstörungen von noch nie dagewesenem Ausmaß anrichtete. Die Schreckensherrschaft dieses Mannes sollte zeigen, daß auch Jahrhunderte der Zivilisation an der Fähigkeit des Homo sapiens zum Bösen nichts geändert haben und daß moderne Technologien und bürokratische Strukturen Verbrechen in einer bislang unvorstellbaren Größenordnung ermöglichen.

Der Versuch, Hitlers Machtergreifung mit Hilfe deterministischer Konzepte zu erklären, schließt die Frage nach der Verantwortung für diese katastrophale Entwicklung oder ihrer weitreichenden Folgen aus. Wenn Hitlers Ernennung zum Reichskanzler wirklich die notwendige Folge unpersönlicher, von den beteiligten Personen nicht beeinflußbarer Kräfte gewesen wäre, dann wäre es natürlich nicht gerechtfertigt, einen oder alle von ihnen dafür verantwortlich zu machen. Einige der am Geschehen im Januar 1933 Beteiligten versuchten sich nach dem Ende des Dritten Reiches mit genau diesem Argument zu verteidigen. Hitlers Aufstieg zur Macht, so behaupteten sie, sei unvermeidlich gewesen, und nichts hätte ihn aufhalten können. Lehnt man diesen deterministischen Ansatz jedoch ab, muß man die Frage nach der Verantwortung stellen. Was die Machtergreifung betrifft, ist die Sachlage eindeutig genug, um die Verteilung der Schuld klären zu können, und einige der beteiligten Personen müssen schuldig gesprochen werden.

Ein gewisses Maß an Schuld – das der Unterlassung – trifft die Verteidiger der Weimarer Republik. Ohne es zu wollen, haben sie mit ihrem Verhalten dazu beigetragen, Hitler den Weg an die Macht zu ebnen. Es war die Unfähigkeit der republikanischen Politiker, ihre Parteiinteressen hinter die Erhaltung der parlamentarischen Ordnung zu stellen, die dazu führte, daß der Reichstag 1930 seine legislative Gewalt an die Regierung abgab. Ohne die in der Folge einsetzende Verlagerung der Macht vom Parlament auf den Präsidenten hätte Hitler keine oder doch nur eine sehr geringe Chance gehabt, sein Ziel der unumschränkten Herrschaft über Deutschland zu verwirklichen. Die NSDAP kam in freien Wahlen nie in die Nähe der Mehrheit, und Hitler war nicht bereit, sich im Rahmen einer parlamentarischen Parteienkoalition mit einem Teil der Macht zu begnügen.

Das Verhalten der Sozialdemokraten und des Zentrums, der letzten bedeutenden Parteien, die noch an dem festhielten, was von der Weimarer Republik übrig war, zeigte im Januar 1933 eine geradezu unglaubliche Unfähigkeit. Die Parteiführer hatten zu diesem Zeitpunkt den Bezug zur Realität verloren. Ihre einseitige Fixierung auf die Verteidigung der Buchstaben einer Verfassung, die durch die Machtverlagerung auf den Präsidenten schon längst ausgehöhlt war, und die Abwanderung der Mehrheit der Wähler zu den extremistischen Parteien am linken und rechten Rand des Spektrums verurteilten sie zur politischen Bedeutungslosigkeit. Daß sie nicht erkannten, daß ein verfassungswidriges Interregnum unter einem General wie Kurt von Schleicher ein bei weitem geringeres Übel war als die mit verfassungsgemäßen Mitteln erfolgte Amtseinsetzung eines Fanatikers wie Adolf Hitler, gehört zu den fatalsten politischen Fehleinschätzungen aller Zeiten.

Weit mehr Verantwortung tragen allerdings die Millionen von Deutschen, die Hitler und der NSDAP aus freien Stücken ihre Stimme gaben. Freilich darf man nicht allen dieselbe Absicht unterstellen. Viele wählten die Nationalsozialisten nicht deshalb, weil sie hinter dem Programm der NSDAP standen, sondern aus Protest gegen die Mißwirtschaft, für die weite Teile der Bevölkerung die Republik verantwortlich machten. Wieder andere wählten die Nationalsozialisten aus Angst vor den Kommunisten. Vor allem nach dem Ausbruch der Weltwirtschaftskrise trieb ein stark negativ motiviertes Wahlverhalten den Stimmenanteil der NSDAP nach oben. Nur wenige von denen, die ihre Stimme Hitler und den Nationalsozialisten gaben, votierten damit auch für Auschwitz und den Zweiten Weltkrieg. Auf der Suche nach Wählerstimmen dämpften die Nationalsozialisten kurz vor der Machtergreifung ihren Antisemitismus; der Unterstützung der Antisemiten waren sie sich sicher, jetzt galt es, auch die Stimmen der Deutschen zu gewinnen, die der judenfeindliche Teil ihres Parteiprogramms abstieß.[8]

Auch mit seinen Kriegsplänen hielt Hitler zurück. Er hatte erkannt, daß ein großer Teil der Bevölkerung die Schrecken des Ersten Weltkriegs noch nicht vergessen hatte und vor der Aussicht auf einen neuen Krieg zurückschreckte. Auf der anderen Seite konnte, wer sich informieren wollte, aus *Mein Kampf* und anderen Publikationen in aller Deutlichkeit entnehmen, daß Hitler und seine Partei einen außenpolitischen Kurs befürworteten, der einen großen Krieg mehr als wahrscheinlich machte. Außerdem hatten die Nationalsozialisten durch ihr gewalttätiges Auftreten ihre Verachtung für das Gesetz und ihre Bereitschaft, den Widerstand all derer gewaltsam zu brechen, die es wagten, sich ihnen in den Weg zu stellen, zur Genüge demonstriert. Hitler und seine Helfershelfer machten auch kein Geheimnis aus ihrer Absicht, die demokratische Republik zu zerstören und durch eine Einparteien-Diktatur zu ersetzen. Die Bereitschaft von Millionen von Deutschen, ihr Schicksal in die Hände eines solchen Mannes zu legen, zeigt, daß ein Großteil der deutschen Öffentlichkeit etwas sehr Wichtiges nicht verstanden hatte: daß die Bürger eines Staates nicht die Macht aus der Hand geben dürfen, ihre jeweiligen Regenten abzusetzen und zu ersetzen.

Die Hauptschuld an der Katastrophe liegt natürlich bei den Hauptpersonen des Dramas, das sich im Januar 1933 in Berlin abspielte. Hinter ihrer Torheit verbarg sich eine erschütternde Unkenntnis des Nationalsozialismus. Eigentlich sollte man erwarten, daß erfahrene Politiker wie Hindenburg, Papen oder Schleicher sich gründlich informierten, bevor sie sich ein Urteil über den Führer einer so dynamischen Massenbewegung bildeten, wie es die NSDAP war. Dennoch deutet nichts darauf hin, daß der Reichspräsident, der Reichskanzler, sein Vorgänger oder einer der anderen direkt an den Vorgängen beteiligten Männer jemals *Mein Kampf* gelesen oder auch nur jemanden konsultiert hätte, der das Buch kannte. Genausowenig haben sie jemals Analysen des Nationalsozialismus von Experten im höheren Staatsdienst angefordert. Die republikanische Regierung Preußens hatte nach dem Anwachsen der NSDAP zu einem ernstzunehmenden nationalen Machtfaktor mehrere solcher Untersuchungen in Auftrag gegeben.[9] Die Studien zeigten den Nationalsozialismus als eine gewalttätige Bewegung, die nicht nur in Deutschland eine Diktatur errichten, sondern auch den Rechtsstaat abschaffen und die jüdische Bevölkerung verfolgen wollte. Doch offensichtlich haben die Männer, deren Entscheidungen Hitler zum Reichskanzler machten, weder diese noch andere entlarvende Untersuchungen über die Natur des Nationalsozialismus zu Rate gezogen.

Von den beteiligten Hauptpersonen trifft den unfähigen Kurt von Schleicher sicherlich am wenigsten Schuld. Er trägt die historische Bürde, den Mann aus der wohlverdienten Namenlosigkeit zu politischer Bedeutung erhoben zu haben, der ihn später stürzte und Hitler rettete: Franz von Papen. Obgleich Schleichers Rolle im Januar 1933 von ausschlaggebender Bedeutung war, beruhte sein Beitrag zu Hitlers Aufstieg doch nicht auf politischem Kalkül, sondern auf einem Mangel an politischem Verstand und Urteilsvermögen. Als sein Sturz unausweichlich war, zog er dann zwar Hitler einem Reichskanzler Papen vor, doch zu dieser Zeit hatte er bereits keinen wirklichen Einfluß auf den Gang der Dinge mehr. Allerdings provozierte er mit seinem unbeholfenen Versuch, sich noch in letzter Minute Hitlers Gunst zu versichern, das Gerücht eines bevorstehenden Putsches der Reichswehr unter seiner Führung, mit dessen Hilfe wiederum Papen Hindenburg dazu überreden konnte, Hitler in aller Eile zum Reichskanzler zu ernennen. Hitler dankte Schleicher weder diese unbeabsichtigte Hilfeleistung noch seine Nachsicht gegenüber der NSDAP als Reichskanzler. Ende Juni 1934, während jener offiziell sanktionierten Welle von Ermordungen mißliebiger Personen, die als die Nacht der langen Messer in die Geschichte einging, wurden Schleicher und seine Frau von Handlangern des Regimes in ihrem Haus erschossen.

Schwerer wiegt die Schuld, die auf den Schultern Oskar von Hindenburgs, Otto Meißners und Alfred Hugenbergs lastet. Der Präsidentensohn beging den politischen Kardinalfehler, sich in seiner Meinung zu Angelegenheiten von größter nationaler Bedeutung von seiner persönlichen Antipathie gegen Schleicher bestimmen zu lassen. Eine ähnliche, wenn auch weniger schwerwiegende Schuld trifft den engsten Berater des Reichspräsidenten, Otto Meißner. Während jedoch Oskar von Hindenburg weitgehend emotional motiviert handelte, agierte der opportunistische Meißner aus politischem Selbstinteresse. Nachdem er erkannt hatte, daß Schleichers Stern im Sinken begriffen war, wägte er ab, wer der kommende starke Mann sein würde, und setzte sein Heil auf Hitler. Auch Hugenberg, der sich dem Ende einer enttäuschenden politischen Karriere näherte, handelte vor allem aus opportunistischen Überlegungen heraus, in seinem Fall dem verzehrenden Wunsch nach Teilhabe an der Macht.

Schon bald nachdem Hugenberg dazu beigetragen hatte, Hitler auf den Stuhl des Reichskanzlers zu hieven, kamen ihm Bedenken, und nur einen Tag nach der Vereidigung Hitlers soll er einem Freund gegenüber geäußert haben: »Ich habe gestern die größte Dummheit meines Lebens gemacht: Ich habe mich mit dem größten Demagogen der Weltgeschichte verbündet.«[10] Seine Allianz mit Hitler hatte noch nicht einmal fünf Monate Bestand. Im Juni 1933 löste sich die Deutschnationale Volkspartei nach massenhaften Übertritten ihrer Mitglieder in die NSDAP auf, und Hugenbergs Traum, sich zum Wirtschaftsdiktator über Deutschland aufzuschwingen, war von Hitler durchkreuzt worden. Hugenberg trat von den Ämtern zurück, die er mit aller Macht angestrebt hatte, und zog sich ins Privatleben zurück. Auch Oskar von Hindenburg fand sich recht bald im Abseits wieder – allerdings erst, nachdem er der Nation in einer Rundfunkansprache nach dem Tod des Reichspräsidenten im August 1934 Adolf Hitler als den von seinem Vater auserkorenen Nachfolger präsentiert hatte.[11] Otto Meißner blieb, was er auch während der Weimarer Republik gewesen war: ein gehorsamer Diener des Staatsoberhauptes, nur daß dieses jetzt nicht mehr Paul von Hindenburg, sondern Adolf Hitler hieß. Wie Hugenberg und Oskar von Hindenburg überlebte auch Meißner das Dritte Reich. Keiner dieser drei Männer zeigte bis zum Ende seines Lebens auch nur einen Anflug von Reue darüber, zu den Geburtshelfern des Tausendjährigen Reiches gehört zu haben.

Im Fall Franz von Papens kann der Urteilsspruch nur

auf schuldig lauten – im Sinne von Verantwortung für eine fatale Fehlentwicklung. Er war die Schlüsselfigur, die das Geschehen bis zu seinem verhängnisvollen Ende vorantrieb, derjenige, der mehr als jeder andere zu dem beitrug, was dann passierte. Nichts von dem, was sich im Januar 1933 zutrug, wäre ohne Papens Rachegelüste gegenüber Schleicher und die von ihm gierig ersehnte Rückkehr an die Macht möglich gewesen. Papens Handeln bestätigte in jeder Beziehung das Urteil seines Parteigenossen Konrad Adenauer, der den Zentrumspolitiker als einen »sehr ehrgeizigen Menschen« charakterisierte, »dem es vor allem darum ging, eine Rolle zu spielen. Prinzipielle Fragen haben bei ihm nie eine Rolle gespielt.«[12] Getrieben allein von seinem Ehrgeiz, machte Papen skrupellos Gebrauch von seiner einzigen Stärke: seinem Einfluß auf den greisen Reichspräsidenten. Daß er dabei auch vor unverschämten Lügen nicht zurückschreckte, bestätigte das Urteil eines anderen Zeitgenossen, der ihn als einen der notorischsten Lügner aller Zeiten bezeichnete.[13] Papens Bereitschaft, sich mit Hitler zu verschwören, auf Zynismus zurückzuführen hieße, ihm mehr intellektuelle Tiefe zuzugestehen, als er verdient. Sein Verhalten war gekennzeichnet vor allem durch eine grenzenlose Selbstüberschätzung und eine gedankenlose Mißachtung der Gefahr, die Hitler und seine Bewegung darstellten.

Obwohl Papen niemals der NSDAP beitrat, diente er dem Dritten Reich treu bis zum Ende. Im Frühjahr 1934 zeigte er einen Anflug von Gewissen; er erregte Hitlers Unmut mit einer Rede, in der er die Mißachtung der Gesetze und Grundrechte durch das Regime beklagte, an dessen Einsetzung er so tatkräftig mitgewirkt hatte. Doch selbst nachdem er unter Hausarrest gestellt und zwei seiner Mitarbeiter in der Nacht der langen Messer ermordet worden waren, hielt er noch an dem inhaltslosen Titel des Stellvertretenden Reichskanzlers fest. Im August 1934 wurde Papen in den diplomatischen Dienst abgeschoben; er diente Hitler bis zuletzt als Gesandter und Botschafter. Nach dem Krieg wurde er vom Internationalen Militärgerichtshof in Nürnberg im Hauptkriegsverbrecherprozeß 1946 zwar freigesprochen, in einem Entnazifizierungsverfahren von einer deutschen Spruchkammer aber als Hauptschuldiger klassifiziert und zu acht Jahren Arbeitslager verurteilt.[14]

Papen verbüßte nur einen Bruchteil seiner Strafe, von der er den größten Teil in Krankenhäusern verbrachte. Berufungsgerichte setzten zweimal den Grad seiner Belastung herab und gaben ihm einen Großteil seines im ersten Verfahren konfiszierten Besitzes zurück. Bis zu seinem Tod im Jahr 1969 versuchte Papen, die katastrophale Bilanz seiner politischen Karriere in zwei Bänden selbstgerechter Memoiren zu beschönigen; er kritisierte die Politik der deutschen Nachkriegsrepublik[15] und erhielt vom Vatikan einen Ehrentitel.[16]

Noch größer als die Schuld Papens war die des letztendlichen Entscheidungsträgers, des Reichspräsidenten Paul von Hindenburg. Ganz im Gegensatz zu dem in der Öffentlichkeit vorherrschenden Bild der Stärke und Weisheit erwies er sich im entscheidenden Augenblick seines politischen Lebens als schwach und überaus anfällig für Manipulationen. Schleicher, den er selbst zum Regierungschef ernannt hatte, ließ er nicht etwa fallen, weil er den von ihm vorgeschlagenen Verfassungsbruch mißbilligte, sondern aus einer persönlichen Aversion heraus, die der gegen den Reichskanzler intrigierende Papen nach Kräften stärkte. Mit der Entlassung Schleichers provozierte Hindenburg eine Staatskrise, auf die er keine realistische Antwort wußte. Statt dessen verließ er sich – Beweis seines kaum mehr vorhandenen politischen Urteilsvermögens – ausgerechnet auf den Rat Franz von Papens. Trotz Papens kläglicher Bilanz als Reichskanzler war Hindenburg bereit, ihn ein zweites Mal zum Regierungschef zu ernennen, bis Papen selbst zugunsten Hitlers auf eine Kandidatur verzichtete. Hätte Hindenburg an seinem anfänglichen intuitiven Mißtrauen gegenüber Hitler festgehalten, Deutschland und dem Rest der Welt wäre viel Elend und Zerstörung erspart geblieben. Doch der Reichspräsident gab dem Drängen Papens, seines Sohnes Oskar und seines Staatssekretärs Otto Meißner nach und ließ sich zu jener schicksalhaften Entscheidung bewegen, durch die er den Naziführer zum Reichskanzler machte.

Selbst wenn man Hindenburg sein fortgeschrittenes Alter und Papens Täuschungsmanöver über die Art der Regierung, an deren Spitze er Hitler zu setzen beabsichtigte, mildernd zugute hält, auf den Schultern des Reichspräsidenten lastet letzten Endes die historische Verantwortung für die Machtübergabe an den Naziführer. Er allein war befugt, den Reichskanzler zu ernennen. Mit der Vereidigung eines Mannes zum Reichskanzler, der kein Geheimnis aus seiner Absicht gemacht hatte, die Weimarer Republik zu vernichten, brach Hindenburg nicht nur seinen Treueeid auf die Verfassung der Republik, sondern er verriet auch die Millionen Republikaner, die ihm mit ihren Stimmen im Vorjahr zur Wiederwahl verholfen hatten. Darüber hinaus legitimierte er mit seinen Handlungen in den restlichen achtzehn Monaten seines Lebens in den Augen von Millionen von Deutschen die tyrannische Diktatur Hitlers. Die Ironie des Schicksals wollte es, daß die Politik des Mannes, dem Hindenburg am 30. Januar 1933 die Macht in die Hände legte, in die Auslöschung des stolzen deutschen Nationalstaates mündete, dessen Geburt der alte Präsident 1871 selbst miterlebt hatte.

Nur dank der politischen Blindheit und Fehlleistung dieser Männer erhielt Adolf Hitler die Möglichkeit, zwischen 1933 und 1945 seine verbrecherischen Absichten in die Tat umzusetzen. Damit soll nicht gesagt werden, daß er allein für die abscheulichen Untaten verantwortlich war, die unter seiner Herrschaft begangen wurden. Die unauslöschliche Schande, die auf Deutschland lastet, besteht darin, daß Hitler zahllose Lakaien fand, die bereitwillig all jene Menschen verfolgten, unterdrückten und abschlachteten, die nach den perversen Vorstellungen des nationalsozialistischen Regimes als gefährlich oder minderwertig galten. Selbst wenn Hitlers Griff nach der Macht gescheitert wäre, Männer wie Heinrich Himmler, Reinhard Heydrich oder Adolf Eichmann hätte es trotzdem gegeben. Doch ohne staatliche Ermächtigung wären sie niemals zu Massenmördern geworden. Wäre Hitler der Einzug in die Reichskanzlei verwehrt geblieben, Eichmann und Konsorten hätten ihre Tage als bösartige und verbitterte, letztlich aber bedeutungslose Individuen beschlossen.

Auch wenn Hitlers Vermächtnis nur eines der Zerstörung und des Todes ist, sein Aufstieg zur Macht bietet den nachfolgenden Generationen ein eindringliches Beispiel für die unbedingte Notwendigkeit, bei der Auswahl der Menschen die größtmögliche Sorgfalt anzuwenden, die über die mächtigste – und potentiell tödlichste – Institution herrschen sollen, die die Menschheit jemals erschaffen hat: den modernen Staat. Der Weg, auf dem Hitler die Macht erlangte, seine verbrecherischen Phantasien Wirklichkeit werden zu lassen, gemahnt uns, daß nichts in der Geschichte der Menschheit unvermeidlich ist außer dem Wandel selbst, daß die Handlungen von Einzelpersonen den Gang der Geschichte sehr wohl beeinflussen und daß die Machthaber eines Staates eine schwere moralische Verantwortung auf ihren Schultern tragen.

Anhang

Das Moskau-Dokument

Die schlechte Quellenlage zu Kurt von Schleichers Amtszeit als Reichskanzler erschwerte die Recherchen für dieses Buch beträchtlich. Schleicher hielt üblicherweise wenig in Papierform fest, und was nach seiner Ermordung an persönlichen Dokumenten noch da war, wurde von den Nationalsozialisten offenbar konfisziert und ist seitdem verschwunden. Was an offiziellen Unterlagen erhalten ist, ist ungewöhnlich dürftig und wirft nur wenig Licht auf Schleichers Denken und Absichten.

Um Schleichers Absichten auf die Spur zu kommen, mußte ich deshalb an vielen Stellen auf zeitgenössische Berichte von Journalisten zurückgreifen, die nach Gesprächen mit ihm oder seinen Mitarbeitern entstanden. Ein besonders ausführlicher und informativer Bericht fand sich im Ordner Nr. 5 der erst kürzlich in einem bis dahin geheimen sowjetischen Archiv in Moskau (Tsentralnyi Gosudartsvennyi Arkhiv, kurz TsGA) entdeckten Papen-Dokumente. Da dieser Bericht keinen Verfassernamen trägt, zitiere ich ihn in den Anmerkungen zu diesem Buch als Moskau-Dokument. Das sechsseitige, einzeilig beschriebene Schreibmaschinenmanuskript ist mit der Datumsangabe »14. 1.« versehen und trägt die unterstrichene Überschrift »Vertraulich!«. Es gibt die Äußerungen Schleichers bei einem Essen mit geladenen Journalisten am Abend des 13. Januar 1933 in den Gesellschaftsräumen der Presseabteilung der Reichskanzlei wieder.

Eigentlich müßte ein solches Dokument ohne gesicherte Autorschaft als fragwürdige Informationsquelle abgelehnt werden. Doch im Fall des Moskau-Dokumentes wird die Authentizität der Quelle durch die Berichte zweier bei dem Essen ebenfalls anwesender Journalisten über Schleichers Äußerungen an diesem Abend belegt. Einer von ihnen war Josef Reiner vom Ullstein-Verlag, in dem die republikanische Berliner *Vossische Zeitung* erschien. Nach dem Essen faßte Reiner Schleichers Aussagen in einem vierseitigen, mit doppeltem Zeilenabstand geschriebenen Bericht für Hans Schäffer, den Geschäftsführer des Ullstein-Verlages, zusammen. Reiners Bericht trägt die handschriftliche Überschrift »13. 1. 33« und ist in Band 33 der Schäffer-Papiere (ED 93) im Archiv des Münchner Instituts für Zeitgeschichte enthalten.

Der zweite Journalist war Georg Dertinger, der später in Goebbels' Propagandaministerium arbeitete und nach dem Krieg der erste Außenminister des kommunistischen Regimes in Ostdeutschland wurde. Dertinger arbeitete für die konservative Presseagentur Dienatag, die angeschlossene Tageszeitungen mit Informationen aus der Hauptstadt versorgte (siehe dazu Hans Bohrmann, Hg., *NS-Presseanweisungen der Vorkriegszeit*, 4 Bde, München 1984, Bd. 1, S. 60–65). Dertingers vierseitiges, ebenfalls zweizeilig beschriebenes Schreibmaschinenmanuskript über den Abend des 13. Januar in der Reichskanzlei trägt die Überschrift »Informationsbericht vom 14. Januar« und befindet sich neben anderen, ähnlichen Berichten in der Sammlung Brammer des Bundesarchivs in Koblenz (ZSg 101/26).

Ein Vergleich des Moskau-Dokuments mit den Berichten Reiners und Dertingers ergibt zweifelsfrei, daß das Dokument in der Tat von einem bei dem Treffen am Abend des 13. Januar Anwesenden stammt, der überdies die Fähigkeit eines guten Journalisten besaß, Informationen genau aufzunehmen und korrekt wiederzugeben, wenn auch von einer etwas rechtslastigen Warte aus. Alle drei Dokumente stimmen in der Angabe der von Schleicher angesprochenen Punkte und der von ihm vertretenen Ansichten weitgehend überein. Da das Moskau-Dokument von allen drei Berichten der ausführlichste ist, habe ich mich in dem Bemühen, Schleichers schwer faßbare Gedankengänge zu rekonstruieren, stark auf diese ungewöhnliche, weil anonyme, gleichzeitig jedoch ungemein informative Quelle gestützt. Daß sich das Dokument in den Papieren Franz von Papens fand, wirft die Frage auf, wie und wann sie in den Besitz von Schleichers Erzfeind gelangten und ihm Schleichers An- und Absichten enthüllten. Leider gibt darauf weder das Dokument selbst noch die schmale Sammlung von Papen-Papieren im Archiv der ehemaligen Sowjetunion irgendwelche Hinweise. Der volle Text des Moskau-Dokuments wird hier zum ersten Mal veröffentlicht.

VERTRAULICH!

Der Reichspressechef Ministerialdirektor Marcks hatte am Freitag abend einen kleinen Kreis von Vertretern der Presse in die Gesellschaftsräume der Presseabteilung zum Abendessen eingeladen, wobei dem Reichskanzler Gelegenheit gegeben werden sollte, sich mit uns über seine und unsere Auffassungen zu unterhalten.

Der Reichskanzler erschien ziemlich früh und rechtzeitig, selbstverständlich in Zivil. Er sah blaß aus und ist offenbar auch im Gesicht erheblich magerer geworden als er früher war. Obwohl er gerade von der über 2½stündigen Aussprache mit Hugenberg kam, ging er sofort mitten in die Dinge hinein, hatte gleich einen großen Kreis von Gästen um sich und sprach über die augenblickliche Lage. Sie kommt ihm offenbar nicht so unsicher und ungeklärt vor, wie den meisten anderen Menschen, und als er darauf hingewiesen wurde, daß die Unsicherheit der Lage doch im wesentlichen daher käme, daß die Nationalsozialisten nicht wüßten, was sie wollten, sagte er lächelnd wie immer: »Die werde ich schon klein kriegen, sie werden mir bald aus der Hand fressen«. Dies nur zur Einleitung.

Während des Essens saßen wir an drei runden Tischen, und von ¼ 11 ab versammelte er nach Tisch in den Nebenräumen wieder etwa sechs Herren um sich, unter denen ich auch war, und mit denen er zwanglos und in teilweise verblüffender Offenheit eine Reihe derjenigen Fragen besprach, die zur Zeit auf der Tagesordnung stehen. Ich will versuchen, seine Gedankengänge, die sich in Frage- und Antwort-Spiel und in Rede und Gegenrede mit uns ergaben, hier aufzuzeichnen.

1. Hitler.

Es ist die wenigstens uns gegenüber in vollster Klarheit geäußerte Auffassung des Reichskanzlers, daß Hitler am 13. August und auch jetzt wieder nur darum Unmögliches gefordert habe, weil er die eigene Regierungsverantwortung scheut. In Köln habe er Papen gegenüber die unmögliche Forderung gestellt, das Wehr- und Innenministerium in seiner Hand zu vereinigen, und weil das Hindenburg ihm niemals geben würde (was Hitler auch wisse), so schließt der Kanzler daraus, daß Hitler niemals ernsthaft für sich die Führung haben wolle, es sei denn, daß er nicht mehr wisse was er will.

Hitler habe sich in Köln aber weiter vorgewagt, indem er Papen gegenüber auch dargelegt habe, wie er sich seine Tätigkeit als Wehrminister denke. Er wolle dann sofort nach Übernahme des Amtes eine große Deutschlandreise antreten, sämtliche Standorte besuchen, und zwar ohne Ausnahme und überall Offiziere, Unteroffiziere und Mannschaften getrennt sprechen.

Der Reichskanzler meinte, daß Hitler damit bewiesen habe, daß er gar keine Ahnung vom Geist des Soldaten habe, dem das viele Reden und diese Art der Einflußnahme auf ihn nur widerlich sei, und daß er zum anderen damit bewiesen habe, daß er aus der Reichswehr eine Art von S.A. machen wolle. Das würde niemals zugelassen werden, und es würde die ganze Arbeit der letzten zehn Jahre zerschlagen, die immer darin bestanden habe, die Truppe aus der Politik herauszuhalten. Es sei klar, daß der Reichswehrminister selbst natürlich eine politische Persönlichkeit sein und sich politisch betätigen müsse, – aber er müsse das ja nur darum tun, um gerade die Reichswehr, d.h. die Truppe von allen politischen Einflüssen frei zu halten und was an Politik da sei, auf seine eigenen Schultern zu nehmen. Hitler setze eben das Wort »National« mit der Parteibezeichnung nationalsozialistisch gleich und er wolle, wenn er Wehrminister sei, aus der jetzt unabhängigen nationalen Reichswehr eine nationalsozialistische Truppe machen. Wenn Hitler das Papen gesagt habe, so müsse er wissen, daß es auch Hindenburg erfahre, denn das sei ja der Zweck des Gespräches gewesen, und Hitler wisse so gut wie jeder andere, daß Hindenburg das nicht zulassen werde.

2. Abrüstungskonferenz.

Schleicher geht nicht selbst nach Genf, und er meint, er werde sich schwer hüten, in den gleichen Fehler zu verfallen, den Herriot, Brüning und Papen und andere gemacht hätten, indem sie nach Genf und Lausanne gegangen wären. Mussolini sei der Einzige, der das bei Zeiten erkannt habe, er habe sich einmal die Finger dort verbrannt und sei seit Locarno niemals wieder in der Nähe von Genf gewesen. Die Aufgaben in Genf durchzuführen sei Sache des Außenministers, nicht des Kanzlers, der immer abseits als letzte Reserve in Berlin bleiben müsse, damit sich der Außenminister in Genf immer wieder den Vorbehalt machen könne, beim Reichskanzler rückzufragen. Das tue man in der üblichen Form, daß man in Genf sage: »Ich kriege das zu Hause nicht durch.« Zu dem voraussichtlichen Ergebnis der Abrüstungsverhandlungen sagte der Kanzler mehrfach und mit großer Bestimmtheit, daß wir die Miliz im April einrichten würden. Das wiederholte er im Laufe des Abends noch öfters, so daß an dem Willen dazu nicht zu zweifeln ist. Er äußerte weiter, daß unsere Verhandlungsgegner uns gar nichts mehr ausschlagen könnten, sondern alle unsere Forderungen erfüllt würden, nämlich die Verstärkung des Heeres und die Anschaffung all der Waffen, die die anderen auch besitzen. Die Gegner könnten uns darum nichts abschlagen, weil sie selbst nicht daran dächten, auch nur in irgendeiner Weise abzurüsten und weil sie genau wüßten, daß Deutschland nicht von heute zu morgen so umfangreich aufrüsten könnte, denn dazu hätten wir gar keine Mittel. Der Zeitpunkt April scheine also mit großer Bestimmtheit festzustehen. Über die Einzelheiten der Miliz äußerte sich Schleicher nicht. Ich komme aber darauf bei dem Abschnitt über die Jugendlage noch zurück.

Von unserer Abrüstungsdenkschrift vom vergangenen Sommer ausgehend meinte Schleicher, daß wir da doch den Willen gezeigt hätten, uns mit den anderen zu verständigen. Als Herriot diese Abrüstungsdenkschrift aber veröffentlicht hatte, habe Schleicher zu François-Poncet in Berlin jenes bekannte Wort gesagt: »Was Du im Augenblicke ausgeschlagen, das bringt Dir keine Ewigkeit zurück.« Frankreich sei sich über die Folgen des vergangenen Sommers vollkommen im klaren. Wir bekämen im April die allgemeine Wehrpflicht in Form der Miliz und die schweren Waffen, und die anderen würden uns alles geben. Diesen letzten Satz wiederholte er mehrfach.

Die Verhandlungen in Genf seien überhaupt für den Außenminister sehr leicht, da uns die anderen nichts mehr verweigern könnten. Neurath würde von vornherein ein gewonnenes Spiel dort haben. In diesem Zusammenhang ging er auf einen Scherz ein, den er mit François-Poncet im Herbst erlebte. Bei einem Rennen in Karlshorst betrat François-Poncet die Loge, in der Schleicher saß und Schleicher sagte ihm im Scherz, der französische Botschafter möchte doch im nächsten Rennen auf ein besonders gutes Pferd setzen, welches den Namen Reichswehr trüge. Darauf antwortete François-Poncet: »Herr General, ich werde das gern tun, wenn Sie mir die Versicherung geben, daß das Pferd am Ziel ganz so ankommt, wie es vom Start losgelaufen ist«, worauf Schleicher zu dem französischen Botschafter lächelnd sagte: Diese Sicherheit könne er nicht übernehmen.

3. Die Wehrlage.

Übergehend zur Frage des Reichskuratoriums für Jugendertüchtigung berichtete er eingehend über einen Bierabend, den er in dieser Woche mit Studenten in seinen Diensträumen als Reichskanzler gehabt hat. Man habe sich dort mit den Studenten, von denen nur die sozialistischen gefehlt hätten, sehr angenehm unterhalten. Es sei aus den Äußerungen der jungen Leute, die viel gesprochen hätten, hervorgegangen, daß die Begeisterung für die allgemeine Wehrpflicht und überhaupt für die Jugendertüchtigung und die Wehrlage außerordentlich groß sei. Mit der Einführung der allgemeinen Wehrpflicht würde man heute bei keiner Parteigruppe mehr auf Widerstand stoßen. Das habe ihm auch eine längere Aussprache mit Noske gezeigt, die er in diesen Tagen gehabt habe und aus der wieder einmal hervorgegangen sei, daß solche Männer wie Noske und Severing fanatisch national seien und sich durchaus für die allgemeine Wehrpflicht einsetzten, daß sie sich aber bei den Massen ihrer Genossen nicht hätten durchsetzen können. Es sei überhaupt bedauerlich, daß die Sozialdemokratie die große Aufgabe, die ihr nach der Revolution zugefallen sei, nämlich als nationale Sozialdemokratie wieder zu erstehen, nicht verstanden habe, dann wäre der ganze Nationalsozialismus überflüssig gewesen.

In den Wehrlagern wird, so erklärte Schleicher, jede Weltanschauung und jeder Parteiunterschied durch den allgemeinen und gleichen Dienst völlig verwischt. Die jungen Leute, die von den Nationalsozialisten bis zum Reichsbanner in großer Zahl den Wehrlagern zuströmen, möchten alle gern noch länger als drei Wochen bleiben und den Dienst dort tun, der ihnen viel Spaß mache. Die einzige Behinderung bestünde bloß in den Führern ihrer politischen Organisationen. Die S.A.-Führer und die Reichsbannerführer sträuben sich natürlich dagegen, daß in den Wehrlagern die enge Parteigebundenheit verwischt wird. Sie kommen aber gegen die jungen Leute nicht auf, denen der Dienst am Ganzen, wie er dort geübt wird, leicht viel besser gefällt als die einseitige Parteigebundenheit. Als Beweis für die allgemeine Begeisterung sprach Schleicher davon, daß zu der Führerschule in Döberitz, in der die kommenden Führer für weitere Lehrgänge in den Wehrlagern ausgebildet werden, einige junge Reichsbannerleute von Neukölln bis Döberitz zu Fuß marschiert sind, da es ihnen an Geldmitteln mangelte. Bei Regen morgens um 3 Uhr aufgebrochen, seien sie um 7 Uhr pünktlich in Döberitz zur Stelle gewesen. Das sei überall so.

Auch den Reichswehrunteroffizieren, die die Ausbildung dort in den Wehrlagern haben, sei durch die Einrichtung des Kuratoriums für Jugendertüchtigung ein ganz besonderer Auftrieb gegeben worden, denn es sei klar, daß ein Offizier, der 12 Jahre die gleichen Leute in der gleichen Weise ausbilden müsse, allmählich stumpf werde. Die Ausbildung in den Jugendlagern sei den Offizieren eine große Freude, da sie nunmehr ein weitgespanntes, auf das Volksganze berechnetes Ziel vor Augen hätten.

Wenn die Miliz käme, so könne sie selbstverständlich nur als Wehrpflicht zum Gesetz erhoben werden, da ein freiwilliger Wehrdienst unmöglich sei.

Bis jetzt sind zu den Wehrlagern, die mit dieser Bezeichnung in der Öffentlichkeit nicht genannt werden sollen, sondern Jugendlager heißen, die Vertreter der Presse nicht zugelassen worden. Es ist auch keine Bildberichterstattung genehmigt worden. Nach dem Bierabend der Studenten aber hat sich Schleicher entschlossen, auch künftig in beschränktem Maße einige Zeitungen zur Berichterstattung in die Wehrlager zuzulassen, wobei die Bildberichterstattung noch immer verboten bleibt. Ich habe sofort mit Marcks gestern abend gesprochen und mich für eine solche Berichterstattung über ein Wehrlager vormerken lassen. Da ich, wenn der Reichstag nicht zusammentritt, Ende Januar oder Anfang Februar noch meine letzte Urlaubswoche nehmen möchte, so schlage ich gleich hiermit vor, daß ich die Gelegenheit benutze, über das Wehrlager in Ohrdruf in Thüringen Bericht zu erstatten. Die Genehmigung dazu kann ich mir in den kommenden Wochen von dem General von Stülpnagel, den ich persönlich kenne, holen.

4. Rückschau.

Man kam dann auf die heutige Entwicklung zu sprechen, wie sie durch den Vertrag von Versailles bedingt sei. Dabei erklärte Schleicher, daß er es immer für richtig gehalten habe, den Vertrag von Versailles zu unterschreiben. Er habe dabei stets als Soldat gedacht, nämlich so, der Soldat dürfe sich nicht ganz totschlagen lassen, denn dann könne er sich nicht mehr wehren. Die Unterschrift des Vertrages von Versailles aber habe uns die Erholungspause von zehn Jahren gegeben. In dieser Zeit seien wir nun auch militärisch wieder hoch gekommen. Wir hätten fast genau so gehandelt wie nach 1807. Wenn wir den Vertrag von Versailles nicht unterschrieben hätten, dann wäre seiner Auffassung nach doch das Ziel von Foch erreicht worden: Deutschland zu zerschlagen, und wir hätten auf lange Jahrzehnte hinaus den Feind im Lande gehabt, nicht nur im Rheinlande sondern auch in Berlin und an zahlreichen anderen Stellen des Reiches. Das sei aber grundfalsch, denn man müsse den Feind außerhalb der Landesgrenze halten, um dann im Innern allmählich wieder aufbauen zu können.

Übergehend zu der Frage seiner Regierungsübernahme sagte Schleicher, daß bei weiterem Verbleiben von v. Papen als Reichskanzler der Generalstreik dicht vor der Tür gestanden habe, und er habe dann mit der Reichswehr auf die Straße gehen müssen. Das habe er nicht gewollt, und man könne überhaupt auf die Dauer mit dem militärischen Ausnahmezustand nicht regieren. Daher sei er eingesprungen, um die Dinge abzubiegen. Das sei der Grund, warum er die Regierung übernommen habe.

5. Reichstag und Wahlen.

Wenn ein Mißtrauensvotum käme, so würde man auflösen. Wohl könne ein geschäftsführendes Kabinett auch ganz gut und schön regieren, aber es dürfe sich nicht dem aussetzen, daß durch den Reichstag durch Aufhebung der Notverordnungen die ganzen wirtschaftlichen Grundlagen zerstört würden, denn dann lebten wir sozusagen im luftleeren Raum. Deshalb müsse einem Mißtrauensvotum unter allen Umständen die Auflösung folgen.

Auf die Frage, wie er sich die Neuwahl vorstelle, meinte Schleicher, daß man das psychologisch beurteilen müsse. Es gäbe Zeiten, in denen man an einer Wahl gar nicht vorbei komme, und es gäbe Zeiten, in denen man nicht mehr wählen brauche, da die Wähler nicht mehr wählen wollten. Die Novemberwahl hätte unter allen Umständen stattfinden müssen, da, wenn man im November nicht gewählt hätte, sämtliche Parteien sich fast einmütig dagegen gesträubt hätten. Jetzt wäre es vielleicht etwas anderes, obwohl er sich darauf nicht festlegen wolle, aber er könne sich denken, daß, wenn man jetzt nicht wähle, sowohl die Parteien wie die Wähler damit durchaus einverstanden seien. Der psychologische Unterschied der Volksstimmung von heute mit der Stimmung von Oktober und November vorigen Jahres sei sehr einleuchtend. Wir alle, die wir das hörten, deuteten diese Äußerung von Schleicher so, daß er, wenn er gezwungen wird, den Reichstag aufzulösen, jetzt nicht mehr wählen will. Er muß also dazu, da er sich darüber sehr offen äußerte, ganz augenscheinlich die Vollmachten des Reichspräsidenten haben, der damit den längst erörterten Bruch der Verfassung nun doch tun würde.

Wenn der Reichstag nicht aufgelöst würde, dann müßte die Regierung auf mindestens zwei Jahre hintereinander arbeiten können. Sie würde sich aber vom Parlament dabei loslösen und alle Monate den Reichstag zusammentreten lassen, um ein Ventil zu schaffen. Die Regierungsarbeit aber dürfte durch diese Parlamentstagung nicht behindert werden.

6. Wirtschaftliche Fragen.

Schleicher erklärte sich als Gegner aller Moratorien und aller hinhaltenden Maßnahmen der Wirtschaft gegenüber. Ein Generalmoratorium für die Landwirtschaft nannte er eine Opiumspritze, die eine vorübergehende Entlastung schaffe. Er meinte damit wohl offenbar, daß man das, was nicht mehr lebensfähig sei, zugrunde gehen lassen müsse, das andere aber müsse von sich aus den Auftrieb bekommen, selbständig weiter zu arbeiten. Im übrigen werde von der Landwirtschaft, wie sich auch bei dem Empfang des Reichslandbundvorstandes beim Reichspräsidenten gezeigt habe, viel Wortgeklingel gemacht. Die Vertreter der Landwirtschaft hätten dem Reichspräsidenten gegenüber so stark über den Vollstrekkungsschutz geklagt und diesen immer wieder neu gefordert. Auf die Gegenfrage von Schleicher, sie möchten doch Beispiele nennen, wo die Vollstreckung durchgeführt worden sei, hätte der Landbunddirektor v. Sybel nur eine einzige angeben können, wo in Schleswig-Holstein eine Kuh gepfändet werden sollte, wogegen aber der Regierungspräsident noch einschritt. Darauf habe Schleicher ihm erwidert, es sei also doch gar nicht so sehr nötig, denn der Staatsapparat funktioniere, wie das Beispiel zeige, noch ausgezeichnet. Man dürfe die Klagen der Landwirtschaft nicht so tragisch nehmen, und er habe, weil er Pommern sehr gut kenne, im Gegensatz zu der scharfen Entschließung des Pommerschen Landbundes von einer Reise seiner landwirtschaftlichen Freunde sofort telegraphisch Nachricht bekommen, daß sie mit der Entschließung nicht einverstanden seien, weil die Dinge weit übertrieben worden wären. Die Landwirtschaft denke also gar nicht einheitlich, und das, was sie bei solchen Entschließungen sage, sei meist von politischen Beweggründen beeinflußt.

Zum Schluß noch einmal übergehend zu der Frage Hitler meinte Schleicher, daß er die Zahl der Abgeordneten, die mit Strasser gingen, ungefähr auf 60 schätzte, was wir alle für sehr hoch hielten. Er muß es aber doch wohl aus seinen Unterhaltungen mit Strasser und anderen Nationalsozialisten annehmen.

7. Dr. Gereke.

Sehr interressant war mir weiter die Äußerung eines meiner Kollegen, der sich an dem Abend mit Dr. Gereke eingehend unterhalten hatte. Dieser, der an einem Nebentisch von Schleicher saß, erklärte meinem Gewährsmann, daß in sechs Wochen Schleicher zu Ende sei. Sowohl die Reichsbahn, wie die Post wie die Reichsbank und auch die Nationalsozialisten seien überhaupt gegen jede Arbeitsbeschaffung und sabotierten sie, soviel sie nur irgend könnten. Auch die Gewerkschaften, wie Gereke meinte, stünden nicht hinter Schleicher. Dieser äußerte sich weiter, daß der Sohn v. Hindenburg General v. Schleicher auf das erbittertste hasse, und daß der alte Herr keinen Beschluß ohne Oskar (so heißt der Sohn Hindenburgs) fasse. Schleicher würde niemals die Auflösungsorder vom Reichspräsidenten erhalten. Der gleiche Kollege sprach am selben Abend noch mit Marcks, der ihm das genaue Gegenteil sagte und erklärte, daß Schleicher die Auflösungsorder bereits habe.

Abkürzungsverzeichnis

AdR	Archiv der Republik (Wien)
AdR/KvP	*Akten der Reichskanzlei. Kabinett von Papen*, hg. von Karl Dietrich Erdmann und Hans Booms, 2 Bde., Boppard 1989
AdRk/KvS	*Akten der Reichskanzlei. Kabinett von Schleicher*, hg. von Karl Dietrich Erdmann und Hans Booms, Boppard 1986
AHR	*American Historical Review*
AzDAP	*Akten zur Deutschen Auswärtigen Politik*
BA/FA	Bundesarchiv/Filmarchiv (Berlin)
BAK	Bundesarchiv Koblenz
BA/MA	Bundesarchiv/Militärarchiv Freiburg im Breisgau
BAP	Bundesarchiv Potsdam
BDC	Berlin Document Center
BPKb	Bildarchiv Preußischer Kulturbesitz
BSB	Bayerische Staatsbibliothek
BSV	Bildarchiv Süddeutscher Verlag (München)
BT	*Berliner Tageblatt*
BVz	*Bayerische Volkszeitung* (Nürnberg)
CEH	*Central European History*
DA	*Der Angriff*
DAZ	*Deutsche Allgemeine Zeitung*
DB-Z	*Deutsche Bergwerks-Zeitung*
DBFP	*Documents on British Foreign Policy*
DDF	*Documents Diplomatiques Français*
DDS	*Documents Diplomatique Suisse*
DHM	Deutsches Historisches Museum (Berlin)

DON	*Documents on Nazism 1919–1945*, hg. von Jeremy Noakes und Geoffrey Pridham, New York 1974
FAHV	*F.A. Herbig Verlagsbuchhandlung (München)*
FAZ	*Frankfurter Allgemeine Zeitung*
FH	*Frankfurter Hefte*
FZ	*Frankfurter Zeitung*
G	*Germania*
GiW&U	*Geschichte in Wissenschaft und Unterricht*
IfZ	Institut für Zeitgeschichte (München)
Jd	*Der Jungdeutsche* (Berlin)
JCH	*Journal of Contemporary History*
JMH	*Journal of Modern History*
KV	*Kölnische Volkszeitung*
KZ	*Kölnische Zeitung*
LbsB	Landesbildstelle Berlin
MM	*Militärgeschichtliche Mitteilungen*
MNN	*Münchner Neueste Nachrichten*
MZ	*Münchner Zeitung*
NAUSA	National Archives, Washington, D.C.
NFP	*Neue Freie Presse* (Wien)
NPA	Neues Politisches Archiv (in Archiv der Republik, Wien)
NPZ	*Neue Preußische Zeitung* (Berlin)
NSHSAH	Niedersächsisches Hauptstaatsarchiv Hannover
PS	*Politische Studien*
RA	*Regensburger Anzeiger*
RF	*Rote Fahne* (Berlin)
R-MVz	*Rhein-Main Volkszeitung* (Frankfurt)
SBWB	Senatsverwaltung für Bau- und Wohnungswesen, Berlin
SEG	*Schulthess' Europäischer Geschichtskalender*
TbJG	*Die Tagebücher von Joseph Goebbels*, hg. von Elke Fröhlich, München 1987 ff.
TR	*Tägliche Rundschau* (Berlin)
TsGA	Zentralnyj Gosudarstvennyj Arkhiv (Moskau)
UB	Ullstein Bilderdienst
V	*Vorwärts* (Berlin)
VB	*Völkischer Beobachter*
VfS&Wg	*Vierteljahrschrift für Sozial- und Wirtschaftsgeschichte*
VfZ	*Vierteljahrshefte für Zeitgeschichte*

VZ	*Vossische Zeitung* (Berlin)
ZfM	*Zeitschrift für Militärgeschichte*
ZS	Zeugenschrifttum (Institut für Zeitgeschichte, München)
ZSg	Zeitgeschichtliche Sammlungen (Bundesarchiv Koblenz)

Anmerkungen

1. Vorspiel
Der Feldmarschall, der Gefreite und der General

1. *FZ*, 1. Januar 1933 (Nr. 1–2).
2. *VZ*, 1. Januar 1933 (Nr. 1).
3. *V*, 1. Januar 1933 (Nr. 1).
4. *KV*, 1. Januar 1933 (Nr. 1).
5. *BT*, 1. Januar 1933 (Nr. 1).
6. Die aktuellsten Geschichtswerke zur Weimarer Republik sind Hans Mommsen, *Die verspielte Freiheit*, Frankfurt/Berlin 1990, und Heinrich August Winkler, *Weimar 1918–1933*, 2. Aufl., München 1994.
7. Eine aktuelle Biographie Hindenburgs ist derzeit nicht verfügbar. Obwohl durch neuere Forschung vielfach überholt, ist die beste Einführung nach wie vor Andreas Dorpalen, *Hindenburg and the Weimar Republic*, Princeton 1964; (deutsch: *Hindenburg in der Geschichte der Weimarer Republik*, Berlin 1966).
8. Hierzu und für das Folgende siehe Mommsen, *Freiheit*, S. 275 ff.; Winkler, *Weimar*, S. 334 ff.
9. Mommsen, *Freiheit*, S. 433 ff.; Winkler, *Weimar*, S. 462 ff.
10. Vogelsang, *Reichswehr, Staat und NSDAP*, Stuttgart 1962, S. 203 ff.; Mommsen, *Freiheit*, S. 437 f.; Winkler, *Weimar*, S. 477 f.
11. Jürgen A. Bach, *Franz von Papen in der Weimarer Republik*, Düsseldorf 1977.
12. Zu den Ursprüngen und der Entwicklung der Partei siehe Dietrich Orlow, *The History of the Nazi Party*, Pittsburgh 1969–1973, 2 Bde.

13. Die besten Biographien sind Alan Bullock, *Hitler. Eine Studie über Tyrannei,* Düsseldorf 1967, und Joachim Fest, *Hitler. Eine Biographie,* Frankfurt a. M. 1973.
14. Siehe hierzu Mommsen, *Freiheit,* S. 433 ff.; Winkler, *Weimar,* S. 478 ff.
15. Mommsen, *Freiheit,* S. 459 f.; Winkler, *Weimar,* S. 510 f.
16. Obwohl man oft hört, der Reichspräsident habe von Hitler als dem »österreichischen Gefreiten« oder »böhmischen Gefreiten« gesprochen, bestand Hindenburgs Sohn Oskar bei seinem Entnazifizierungsverfahren am 14. März 1949 darauf, sein Vater habe nur von dem »Gefreiten« gesprochen: Niedersächsisches Hauptstaatsarchiv, Hannover, Spruchkammerverfahren gegen Oskar von Hindenburg, Nds. 171 Lüneburg, Uzn/Nr. 11363, Bd. 3, S. 58.
17. *AdRk/KvP,* Bd. 1, S. 392, Anm.5.
18. Winkler, *Weimar,* S. 518 f.
19. Ebenda, S. 522 f; Mommsen, *Freiheit,* S. 475 f.
20. *AdRk/KvP,* Bd. 2, S. 984 ff., 988 ff.
21. Ebenda, S. 988 ff.
22. Rudolf Fischer, *Schleicher. Mythos und Wirklichkeit,* Hamburg 1932, S. 54.
23. *AdRk/KvP,* Bd. 2, S. 1017.
24. Fischer, *Schleicher,* S. 25.
25. Mommsen, *Freiheit,* S. 489 ff.; Winkler, *Weimar,* S. 546 ff.
26. Es gibt noch immer keine zuverlässige umfassende Biographie Schleichers; brauchbar ist Thilo Vogelsangs biographische Skizze *Kurt von Schleicher. Ein General als Politiker,* Göttingen 1965, sowie das Werk des gleichen Autors *Reichswehr, Staat und NSDAP,* Stuttgart 1962. Besonders informativ und aufschlußreich ist Peter Hayes Artikel »›A Question Mark with Epaulettes‹? Kurt von Schleicher and Weimar Politics«, in: *Journal of Modern History,* 52 (März 1980), S. 35–65. Informativ, aber vielfach überholt ist Theodore Albert Clines Dissertation »The Chancellorship of General Kurt von Schleicher«, University of Texas 1976. Mit Vorsicht zu genießen sind die hagiographische Biographie von Friedrich-Karl von Plehwe, *Reichskanzler Kurt von Schleicher,* Esslingen 1983, sowie die journalistischen Berichte von Hans Rudolf Berndorff, *General zwischen Ost und West,* Hamburg 1951, und von Kurt Caro und Walter Oehme, *Schleichers Aufstieg,* Berlin 1933.

27. Fischer, *Schleicher*, S. 11, zitiert nach dem konservativen Journalisten A. Stein, der unter dem Pseudonym Rumpelstilzchen veröffentlichte.
28. John W. Wheeler-Bennett, *The Nemesis of Power*, London 1956, S. 237 ff., Nr. 3.
29. Zitiert nach dem Berliner *Acht-Uhr Abendblatt*, in: *DA*, 6. Dezember 1932 (Nr. 254).
30. Hayes, »A Question Mark«, S. 35.
31. Vogelsang, *Reichswehr*, S. 410.
32. Mommsen, *Freiheit*, S. 497 f.; Winkler, *Weimar*, S. 559 f., 562.
33. *AdRk/KvS*, S. 26, Anm.4.
34. Siehe hierzu William L. Patch jr., *Christian Trade Unions in the Weimar Republic, 1919–1933*, New Haven 1985, S. 215.
35. Schleichers Pressechef Erich Marcks erklärte einem Journalisten am 10. Januar, der Reichskanzler habe sein Ziel erreicht und die Koalition außerparlamentarischer Kräfte gegen das Kabinett Papen aufgebrochen: »Informationsbericht vom 11. Januar 1933« von Georg Dertinger, in: BAK, Sammlung Brammer, ZSg 101/26.
36. Schleicher an Wilhelm Groener, 25. März 1932, in Gordon A. Craig, »Briefe Schleichers an Groener«, in: *Die Welt als Geschichte*, Bd. 11 (1951), S. 130.
37. Zu den Befürwortern einer Einbeziehung der Nationalsozialisten in die Reichsregierung gehörte der Führer der Sozialdemokraten und ehemalige Reichsfinanzminister Rudolf Hilferding. Er teilte Reinhold Quaatz von den Deutschnationalen am 18. November 1932 mit, daß man den Radikalismus der NSDAP auf diese Art am besten dämpfen könne; siehe hierzu *Die Deutschnationalen und die Zerstörung der Weimarer Republik*, Hg. Hermann Weiss und Paul Hoser, München 1989, S. 211; siehe ebenso die Äußerungen des Berliner Bankiers Oskar Wassermann an den britischen Botschafter vom April 1932: *DBFP 1919–1939*, 2. Serie, Bd. 3, London 1948, S. 128; ähnliche Ansichten vertraten im September 1932 der Hamburger Bankier Carl Melchior und Hans Schäffer, Generaldirektor des Ullstein-Konzerns und ehemaliger hoher Staatsbeamter im Finanzministerium. Siehe hierzu Henry Ashby Turner jr., *Die Großunternehmer und der Aufstieg Hitlers*, Berlin 1985, S. 336.
38. Hayes, »Question Mark«, S. 43; siehe ebenso die Berichte des britischen Botschafters vom 21. Dezember 1932 und vom 11. Januar 1933: *DBFP 1919–1939*, 2. Serie, Bd. 4, S. 383 f., S. 386.

39. Schleicher an Wilhelm Groener vom 25. März 1932, in: Craig, »Briefe Schleichers«, S. 130.
40. Hayes, »Question Mark«, S. 48 f.
41. Ebenda, S. 45 f.; Michael Geyer, »Das zweite Rüstungsprogramm (1930–1934)«, *MM*, Nr. 17 (1975), S. 125–172. Edward W. Bennett, *German Rearmament and the West*, Princeton 1979, S. 284 ff.
42. Siehe die Dokumente von Schleichers Chefberater im Reichswehrministerium Ferdinand von Bredow, in: BA/MA, vor allem die »Kurzorientierungen« vom 26. Juli 1932 (N97/1), 19. Dezember 1932 (N97/2) sowie vom 5., 6., 16., 20. und 23. Januar 1933 (N97/3); Fotokopien im IfZ. Siehe ebenso Schleichers Brief an Röhm vom 4. November 1931: Carl Severing, *Mein Lebensweg*, Köln 1950, 2 Bde. Bd. 2, S. 322.
43. Zitiert 1946 nach einem Mitarbeiter Schleichers im Reichswehrministerium, Hanshenning von Holtzendorff, in dessen »Die Politik des Generals von Schleicher gegenüber der NSDAP 1930–33«, Manuskript, IfZ, ZS/A 36/1, S. 5.
44. Hayes, »Question Mark«, S. 49 f.
45. Schleicher berichtete über sein Treffen mit Hitler am 23. November auf der Sitzung des Kabinetts Papen am 25. November: *AdRk/KvP*, Bd. 2, S. 1013. Am Vorabend seiner Ernennung zum Reichskanzler entsandte er einen Beamten des Reichswehrministeriums mit dem Auftrag, sein Angebot an Hitler zu wiederholen. Das Ergebnis war gleichermaßen negativ: Vogelsang, *Reichswehr*, S. 330.
46. Zu Strasser siehe Udo Kissenkoetter, *Gregor Strasser und die NSDAP*, Stuttgart 1978, und Peter Stachura, *Gregor Strasser and the Rise of Nazism*, London 1983.
47. Den Begriff von der »Querfront« als Ziel von Schleichers Strategie hat anscheinend Hans Zehrer, der Chefredakteur der Berliner *Täglichen Rundschau*, aufgebracht. Auch wenn Schleicher beim Kauf des Blattes durch Zehrer und seine Gruppe im Sommer 1932 möglicherweise Gelder zuschoß, deutet nichts darauf hin, daß Zehrer in seinem Namen gesprochen hat oder während seiner Amtszeit als Kanzler überhaupt engen Kontakt zu ihm unterhielt; zur gegenteiligen Sicht siehe Ebbo Demant, *Von Schleicher zu Springer*, Mainz 1971, S. 101–111. Als Quelle in dieser Frage hat man sich häufig auf die bekanntlich zweifelhaften Memoiren Papens berufen. Es gibt keinen Grund, warum man

ihm in dieser Sache Glaubwürdigkeit oder einen Einblick zubilligen sollte.

48. Siehe Otto Braun, *Von Weimar bis Hitler,* New York 1940, S. 431 ff. Brauns Erinnerungen zu Schleichers Äußerungen vom 8. Dezember 1932 decken sich mit anderen zeitgenössischen Quellen; siehe Vogelsang, *Reichswehr,* S. 341 f. Siehe ebenso die Berichte zweier Journalisten, die Kontakt zu den Mitarbeitern des Reichskanzlers hatten: Heinz Brauweiler, »A.-Brief Nr. 311«, 7. Dezember 1932, in: Nachlaß Brauweiler, IfZ, 102/2; und R. K. (Robert Kircher), »Ein vergeblicher Fühler Görings«, *FZ,* 13. Dezember 1932 (Nr. 930). Siehe ebenso den Eintrag in Goebbels' Tagebuch vom 13. Dezember 1932: *TbJG,* Teil 1, Bd. 2, S. 304.
49. Kissenkoetter, *Strasser,* S. 170 f.
50. »38.1 Prozent Verlust,« *VZ,* 31. Dezember 1932 (Nr. 628), eine Analyse der offiziellen Ergebnisse.
51. Die Kommunalwahlen in Lübeck und Sachsen fanden am 13. November statt: Cuno Horkenbach, *Das Deutsche Reich von 1918 bis heute,* Berlin 1932, S. 378. Die Kommunalwahlen in Bremen fanden am 27. November statt. Siehe »Flucht aus der Nazipartei«, *V,* 29. November 1932 (Nr. 561).
52. Goebbels, *TbJG,* Teil 1, Bd. 2, S. 292 f.
53. Winkler, *Weimar,* S. 559 f.
54. *AdRk/KvS,* S. 22–24 (Protokoll der Kabinettssitzung).
55. Goebbels, *TbJB,* Teil 1, Bd. 2, S. 295.
56. Der Originalbrief ist nie aufgetaucht, aber ein Entwurf ist erhalten. Siehe Kissenkoetter, *Strasser,* S. 202 f.
57. Strasser sprach zu Landesinspekteuren, die er kurz zuvor ernannt hatte. Siehe den späteren Bericht von Hinrich Lohse, der an der Versammlung teilgenommen hatte, in: *DoN (1974),* S. 141 f.
58. Kissenkoetter, *Strasser,* S. 173.
59. Goebbels, *TbJG,* Teil 1, Bd. 2, S. 295. Die Angabe zur Waffe fügte Goebbels in der veröffentlichten Version seines Tagebuchs hinzu: ebenda, S. 297.
60. Siehe den späteren Bericht Hinrich Lohses in *DoN (1974),* S. 143–146.
61. Goebbels, *TbJG,* Teil 1, Bd. 2, S. 298 ff.
62. »Gregor Strassers Beurlaubung«, *DA,* 9. Dezember 1932 (Nr. 257). Später im gleichen Monat veröffentlichten die Nationalsozialisten – angeblich auf Strassers Bitte hin – ein Dementi zu Gerüchten von seiner Abreise; darin ist im Widerspruch zu

den früheren Versionen von seinem »Rücktritt« die Rede: »Alles Kombinationen!«, *VB*, 21. Dezember 1932 (Nr. 356).

63. Kissenkoetter, *Strasser*, S. 177.
64. »Eine Erklärung Feders«, *FZ*, 10. Dezember 1932 (Nr. 923); Goebbels, *TbJG*, Teil 1, Bd. 2, S. 298 f.
65. Ulrich Wörtz, *Programmatik und Führerprinzip: Das Problem des Strasser-Kreises in der NSDAP*, Erlangen/Nürnberg 1966 (Dissertation), S. 236 f.
66. »Die Börse im Jahre 1932«, in: *Wirtschaft und Statistik*, 25. Januar 1933 (Bd. 13, Nr. 2), S. 61.
67. Vierteljahresbericht des Instituts für Konjunkturforschung, zitiert nach »Frankfurter Handelsblatt« der *FZ*, 1. Januar 1933 (Nr. 1–2).
68. Ebenda.
69. Goebbels, *TbJG*, Teil 1, Bd. 2, S. 314.

2. Eine Verschwörung gegen den Reichskanzler

1. Dieser und der folgende Abschnitt basieren auf den Erinnerungen Ernst Hanfstaengls, *Zwischen Weißem und Braunem Haus*, München 1970, S. 286 f. Siehe ebenso Münchner Stadtmuseum, *München – ›Hauptstadt der Bewegung‹*, Katalog zur gleichnamigen Ausstellung, München 1993, S. 124.
2. Hanfstaengl, *Zwischen*, S. 287.
3. Siehe Oren J. Hale, »Adolf Hitler: Taxpayer«, *AHR*, Bd. 60 (1955), S. 830–842.
4. Rede vom 14. März 1936, in: Max Domarus, *Hitler. Reden und Proklamationen 1932–1945*, München 1965, Bd. 2, S. 606.
5. Die beste Einführung ist Eberhard Jäckel, *Hitlers Weltanschauung*, Tübingen 1969.
6. Albert Krebs, *Tendenzen und Gestalten der NSDAP*, Stuttgart 1959, S. 137.
7. »Adolf Hitlers Kampfbotschaft für 1933«, *VB*, 1.–2. Januar 1933 (Nr. 1–2).
8. Goebbels, *TbJG*, Teil 1, Bd. 2, S. 319 f.
9. »Reichstag am 24. Januar«, *FZ*, 5. Januar 1933 (Nr. 13); »24. Januar Reichstag« und »In Verlegenheit«, *BT*, 5. Januar 1933 (Nr. 7); »Reichstag erst am 24. Januar«, *V*, 5. Januar 1933 (Nr. 7).
10. Siehe Otto Dietrich, *Mit Hitler an die Macht*, München 1934, S. 169 f.

11. Es gibt zwei neuere Biographien: Joachim Petzold, *Franz von Papen,* München/Berlin 1995, und Richard W. Rolfs, *The Sorcerer's Apprentice,* Lanham, Maryland 1996; mit Vorsicht zu genießen ist die hagiographische Biographie von Henry M. und Robin K. Adams, *Rebel Patriot,* Santa Barbara 1987. Siehe auch die beiden Bände von Papens Memoiren, von denen der zweite vieles aus dem ersten übernimmt: Papen, *Der Wahrheit eine Gasse,* München 1952; *Vom Scheitern einer Demokratie,* Mainz 1968.
12. André François-Poncet, *Souvenirs d'une ambassade à Berlin,* Paris 1946, S. 42 f.
13. *DDS, 1848–1945,* Bd. 10, S. 505.
14. *DBFP,* 2. Serie, Bd. 4, S. 389 f.
15. Adenauer an Gräfin zu Fürstenberg-Herdringen, 22. Oktober 1946, in: Adenauer, *Briefe 1945–1947,* Bonn 1983, S. 350.
16. François-Poncet, *Souvenirs,* S. 44.
17. Ebenda.
18. Papen, *Gasse,* S. 250 f.
19. Siehe die Abbildung gegenüber von S. 225 in Papen, *Gasse.*
20. Diese Anekdote wurde von einem Zeitgenossen berichtet, der sie von Schleicher selbst gehört haben will: Karl Dietrich Bracher, *Die Auflösung der Weimarer Republik,* Stuttgart/Düsseldorf 1957, S. 519, Anm.179. In einem Interview vom 24. April 1952 gab sie auch Lutz Graf Schwerin von Krosigk wieder, der Finanzminister unter Papen, Schleicher und Hitler, der sie allerdings aus dritter Hand hatte: IfZ, ZS 145.
21. So die Erinnerung von Hermann Foertsch in einem Interview vom 28. und 31. Januar 1953; Foertsch war ein Mitarbeiter Schleichers im Reichswehrministerum in den Jahren 1932 und 1933: IfZ, ZS 37, S. 10.
22. *AdRk/KvS,* S. 102.
23. Papen, *Scheitern,* S. 336 f.
24. Hierzu und zum folgenden siehe Turner, *Großunternehmer,* S. 378 ff.; Heinrich Muth, »Das ›Kölner Gespräch‹ am 4. Januar 1933«, *GiW&U,* Bd. 37 (1986), S. 463–480, 529–541.
25. Siehe Schröders eidesstattliche Erklärung vom 21. Juli 1947 für den amerikanischen Kriegsverbrecherprozeß in Nürnberg: NA, RG 238, NI–7990.
26. Goebbels, *TbJG,* Teil 1, Bd. 2, S. 332, Eintrag vom 10. Januar.
27. Die Darstellung beruht auf Schröders eidesstattlicher Erklärung vom 21. Juli 1947 für den amerikanischen Kriegsverbrecherpro-

zeß in Nürnberg: NA, RG 238, NI–7990. Papens Darstellung der Vorgänge in den beiden Bänden seiner Memoiren ist unglaubwürdig: Papen, *Gasse,* S. 256; Papen, *Scheitern,* S. 334–339. Günther Gereke, Kommissar für Arbeitsbeschaffung im Kabinett Schleicher, teilte einem Journalisten am 5. Januar mit, Reichspräsident von Hindenburg habe ihn zwischen Weihnachten und Neujahr darüber informiert, daß er Papens Pläne eines Treffens mit Hitler gebilligt habe: BAK, Sammlung Brammer, ZSg 101/26, »Informationsbericht vom 5. Januar« von Georg Dertinger. Dies ist allerdings unwahrscheinlich, denn eine Zustimmung Hindenburgs zu dem Treffen vorab hätte Papen spätestens nach dem Krieg dazu benutzt, um sich gegen Vorwürfe einer Verschwörung gegen Schleicher zur Wehr zu setzen.

28. Papen, *Gasse,* S. 251.
29. »Hitler schwenkt zu Papen«, *Der Jungdeutsche,* 3. Januar 1933 (Nr. 2).
30. »Aufmarsch zum Wahlkampf«, *Jd,* 5. Januar 1933 (Nr. 4), zitiert nach Papens Aussage bei der Telegraphen-Union.
31. »Keine Unterredung Hitler-Papen«, *DA,* 3. Januar 1933 (Nr. 2).
32. Papen beschwerte sich über den Fotografen in einem Brief am 21. Mai 1933 an Major Müldner von Mülnheim, einen Verbindungsmann, der zwischen ihm und Schleicher vergeblich zu vermitteln versuchte: Akte Papen, TsGA, Bd. 5. Siehe ebenso Papen, *Gasse,* S. 255, wo Papen den Fotografen als Detektiv bezeichnet.
33. Es handelt sich um den Zahnarzt Hellmuth Elbrechter; siehe seine Äußerung von 1945 und Brünings Brief vom 10. Januar 1953 in: Kissenkoetter, *Strasser,* S. 205 ff.; siehe ebenso Gottfried Treviranus, *Das Ende von Weimar,* Düsseldorf 1968, S. 346 f., 355 f.
34. Brüning, *Memoiren, 1918–1934,* Stuttgart 1970, S. 639.
35. *TR,* 5. Januar 1933 (Nr. 4). Die zuerst gedruckten Exemplare der Zeitung trugen dasselbe Datum und dieselbe Nummer, aber oben auf der ersten Seite erschien eine Meldung, überschrieben mit der Schlagzeile »Reichstag erst am 24. Januar«.
36. »Eine Erklärung von Papen«, *KV,* 6. Januar 1933 (Nr. 6).
37. »Eine Auslassung des Freiherrn von Schröder«, *FZ,* 7. Januar 1933 (Nr. 9).
38. »Eine gemeinsame Erklärung Papens und Hitlers«, *FZ,* 7. Januar 1933 (Nr. 19).
39. »Die Unterredung Hitler-Papen«, *DA,* 6. Januar 1933 (Nr. 5).

40. »Das Zusammentreffen Adolf Hitlers mit Papen«, *VB,* 6. Januar 1933 (Nr. 6).
41. »Das Zusammentreffen Adolf Hitlers mit Papen«, *VB,* 7. Januar 1933 (Nr. 7).
42. Siehe Turner, *Großunternehmer,* S. 380.
43. »Hitler beim Herrenklub. In flagranti ertappt«, *V,* 6. Januar 1933 (Nr. 10).
44. »Bei den ›feinen Leuten‹«, *RF,* 6. Januar 1933 (Nr. 5).
45. Siehe beispielsweise »Geheime Verhandlungen Hitler - Papen bei rheinischen Bankfürsten«, *RF,* 6. Januar 1933 (Nr. 5); »Der Agent der Großindustrie«, *V,* 7. Januar 1933 (Nr. 11); »Die Unterredung v. Papen – Hitler«, *Jd,* 7. Januar 1933 (Nr. 6). Selbst Schleicher argwöhnte eine Beteiligung von Seiten des Kapitals. Am 10. Januar teilte er einem Journalisten mit, es sei »ja inzwischen bekannt geworden«, daß der ehemalige Reichsbankpräsident Hjalmar Schacht »als treibende und vermittelnde Kraft bei der Kölner Zusammenkunft tätig war«: IfZ, ED 93, Bd. 33, »Dienstag, den 10. Januar 1933 Unterhaltung mit Reichskanzler von Schleicher«, von Josef Reiner vom Ullstein-Verlag.
46. »Die Unterredung Hitler-Papen«, *FZ,* 6. Januar 1933 (Nr. 16); »Hitler klopft an die Hintertüren«, *VZ,* 6. Januar 1933 (Nr. 9); »Anderthalbstündige Aussprache Schleicher – Papen«, *DAZ,* 9. Januar 1933 (Nr. 14); »Die Lage des Kabinetts Schleicher«, *FZ,* 10. Januar 1933 (Nr. 26).
47. »Reichsregierung u. Nationalsozialisten«, *KV,* 6. Jan. 1933 (Nr. 6).
48. »Das Komplott«, *BT,* 6. Januar 1933 (Nr. 9); »Was war in Köln?«, *BT,* 6. Januar 1933 (Nr. 10).
49. Otto Meißner, *Staatssekretär unter Ebert – Hindenburg – Hitler,* Hamburg 1950, S. 261.
50. Theodor Eschenburg, *Die improvisierte Demokratie,* München 1963, S. 280.
51. Siehe Gaines Post jr., *The Civil-Military Fabric of Weimar Foreign Policy,* Princeton 1973, S. 302 f.; ebenso Michael Geyer, *Aufrüstung oder Sicherheit,* Wiesbaden 1980, S. 47, 181.
52. François-Poncets Depesche nach Paris vom 7. Januar 1933: *DDF, 1932–1939,* 1. Serie, Bd. 2, S. 375.
53. Papen, *Gasse,* S. 260.
54. Siehe den »Informationsbericht vom 14. Januar 1933« des damals anwesenden Georg Dertinger: BAK, Sammlung Brammer, ZSg 101/26. Ebenso das Moskau-Dokument (siehe Anhang).

55. Goebbels, *TbJG,* Teil 1, Bd. 2, S. 332 (Eintrag vom 10. Januar).
56. »Schleicher's Political Dream«, in: *The New Statesman and Nation,* London, 7. Juli 1934. Dieser anonyme Bericht einer Unterredung mit Schleicher vom März 1933 wird durch eine Vielzahl anderer Hinweise bestätigt.
57. Meißner, *Staatssekretär,* S. 261.
58. Papen, *Gasse,* S. 261.
59. François-Poncets Depesche nach Paris vom 7. Januar: *DDF, 1932–1939,* 1. Serie, Bd. 2, S. 375.
60. Siehe Meißners Zeugenaussage im Nürnberger Prozeß am 4. Mai 1948: NAUSA, RG 238, Case 11, S. 4612; ebenso Meißner, *Staatssekretär,* S. 261 f.

3. Die Krise der NSDAP und ein zweifelhafter Triumph Hitlers

1. Arno Schröder, *Hitler geht auf die Dörfer,* Detmold 1938, S. 131.
2. Jutta Ciolek-Kümper, *Wahlkampf in Lippe,* München 1976, S. 313 ff.
3. »Adolf Hitler diniert und konferiert«, *V,* 7. Januar 1933 (Nr. 12); »Sturm über Lippe«, *V,* 9. Januar 1933 (Nr. 14).
4. Ciolek-Kümper, *Wahlkampf,* S. 164 f.
5. Ebenda, S. 137 f.
6. Hans Hüls, *Wähler und Wahlverhalten im Land Lippe während der Weimarer Republik,* Detmold 1974, S. 79 f.
7. John A. Leopold, *Alfred Hugenberg,* New Haven 1977, S. 133.
8. Ciolek-Kümper, *Wahlkampf,* S. 165 f. Zu anderen Beispielen siehe William Sheridan Allen, *The Nazi Seizure of Power,* New York 1984, S. 80 f., 124.
9. Sir Horace Rumbold an Arthur Henderson, 17. Dezember 1929: *DBFP, 1919–1939,* Serie IA, Bd. 7, S. 261.
10. Siehe Ciolek-Kümper, *Wahlkampf,* S. 233 ff.
11. Zitiert nach Arno Schröder, *Mit der Partei vorwärts,* Detmold 1940, S. 40.
12. *Bielefelder Volkswacht,* zitiert nach Schröder, *Mit der Partei,* S. 42 f.
13. Ciolek-Kümper, *Wahlkampf,* S. 324 ff.; Schröder, *Mit der Partei,* S. 30 f.
14. Bericht der Münchner Polizeidirektion (»Vertraulich!«), 30. Dezember 1932, im *NSDAP Hauptarchiv* (Mikrofilm), Rolle 70, Akte 1511.
15. Turner, *Großunternehmer,* S. 139 ff.

16. Ebenda, S. 353; Walter Struve, *Aufstieg und Herrschaft des Nationalsozialismus in einer industriellen Kleinstadt*, Essen 1992, S. 155 f.; Bericht der Münchner Polizeidirektion (»Vertraulich!«), 30. Dezember 1932, im *NSDAP Hauptarchiv* (Mikrofilm), Rolle 70, Akte 1511.
17. Jeremy Noakes, *The Nazi Party in Lower Saxony, 1921–1933*, London 1971, S. 233 f.; Allen, *Seizure*, S. 133. Siehe auch vorige Anmerkung.
18. Noakes, *Lower Saxony*, S. 235; Allen, *Seizure*, S. 138 f; Struve, *Kleinstadt*, S. 162.
19. Siehe Lawrence D. Stokes, *Kleinstadt und Nationalsozialismus*, Neumünster 1984, S. 365.
20. Rede des Parteischatzmeisters Franz Xaver Schwarz vor dem Nürnberger Parteikongreß 1935, 13. September 1935: BDC, Nicht-biographische Sammlung, Ordner 266.
21. Allen, *Seizure*, S. 139; Rainer Hambrecht, *Der Aufstieg der NSDAP in Mittel- und Oberfranken*, Nürnberg 1976, S. 385; Stokes, *Kleinstadt*, S. 366; Goebbels, *TbJG*, Teil 1, Bd. 2, S. 329.
22. Stokes, *Kleinstadt*, S. 364 ff.
23. Ciolek-Kümper, *Wahlkampf*, S. 90 f.; Schröder, *Dörfer*, S. 104; »›Kampfschatz‹ gepfändet«, *V*, 9. Januar 1933 (Nr. 14); »Die demoralisierte SA«, *BT*, 11. Januar 1933 (Nr. 17).
24. Noakes, *Lower Saxony*, S. 243; Allen, *Seizure*, S. 134.
25. Zum folgenden siehe Ciolek-Kümper, *Wahlkampf*, S. 88–91.
26. Ebenda, S. 141.
27. Ebenda, S. 140.
28. Otto Dietrich, *12 Jahre mit Hitler*, Köln, o. J. [1955], S. 187.
29. Schröder, *Dörfer*, S. 192.
30. Kissenkoetter, *Strasser*, S. 185–190; Volker Hentschel, *Weimars letzte Monate*, Düsseldorf 1978, S. 150–154.
31. »Strasser-Krise greift um sich«, *VZ*, 17. Dezember 1932 (Nr. 603); »1600 Austritte in Hessen«, *FZ*, 18. Dezember 1932 (Nr. 945); siehe auch den Brief, der Gauleiter Karl Lenz zugeschrieben wird; dort werden gesundheitliche Gründe für den Rücktritt genannt: »Aus allem wird eine ›Sensation‹«, *VB*, 21. Dezember 1932 (Nr. 356). Trotzdem erschienen von Lenz Artikel in Strasser-freundlichen oppositionellen Veröffentlichungen; siehe Kissenkoetter, *Strasser*, S. 185 f.
32. Goebbels, *TbJG*, Teil 1, Bd. 2, S. 333.
33. Ebenda.

34. Ebenda, S. 334, 336 ff.
35. Ciolek-Kümper, *Wahlkampf*, S. 217–226; Hüls, *Wähler*, S. 161; »Die Abtrünnigen«, *BT*, 13. Januar 1933 (Nr. 22).
36. Peter Longerich, *Die braunen Bataillone*, München 1989, S. 161 f.; Robert Lewis Koehl, *The Black Corps*, Madison, Wisc. 1988, S. 56 ff.; »Die demoralisierte SA«, *BT*, 11. Januar 1933 (Nr. 17). Siehe auch die Memoiren eines Berliner SA-Mannes: Fritz Stelzner, *Schicksal SA*, Berlin 1936, S. 137 ff.
37. Richard Bessel, *Political Violence and the Rise of Nazism*, New Haven 1984, S. 92–96.
38. Thomas Childers, »The Limits of National Socialist Mobilisation«, in: *The Formation of the Nazi Constituency, 1919–1933*, Hg. ders., Totowa, N.J. 1986, S. 249 f.
39. »Partei oder Kampfbund?« *TR*, 3. Januar 1933 (Nr. 2), unterzeichnet mit »v. F«, wahrscheinlich Werner von Fichte, der Führer der Gruppe Nord mit Hauptquartier in Düsseldorf.
40. Zur Revolte Stegmanns siehe Hambrecht, *Aufstieg*, S. 323 f., 371–389; Eric G. Reiche, *The Development of the SA in Nürnberg, 1922–1934*, New York 1986, S. 146–163; Pridham, *Hitler's Rise*, S. 291 ff.; Wolfgang Horn, *Führerideologie und Parteiorganisation in der NSDAP*, Düsseldorf 1972, S. 411 f.
41. »Revolte in der fränkischen SA«, *V*, 12. Januar 1933 (Nr. 19); »S. A. Franken«, *BT*, 12. Januar 1933 (Nr. 20); »Schwerer Konflikt in der SA«, *VZ*, 12. Januar 1933 (Nr. 19); »Die Abtrünnigen«, *BT*, 13. Januar 1933 (Nr. 22); »Stegmann wird degradiert«, *VZ*, 13. Januar 1933 (Nr. 21); »NSDAP in der Krise«, *NPZ*, 15. Januar 1933 (Nr. 15).
42. Schröder, *Mit der Partei*, S. 49.
43. *DDF, 1932–1939*, 1. Serie, Bd. 2, S. 479, Depesche vom 19. Januar 1933.
44. »Der gefährliche Bülowplatz«, *BT*, 22. Januar 1933 (Nr. 37).
45. »Für faule Kompromisse weniger die Zeit denn je…« *VB*, 17. Januar 1933 (Nr. 17).
46. Goebbels, »Signal Lippe!«, *DA*, 16. Januar 1933 (Nr. 13).
47. Ciolek-Kümper, *Wahlkampf*, S. 365 f.
48. »Hitler wiederholt seine Kampfansage«, *FZ*, 17. Januar 1933 (Nr. 45).
49. *TbJG*, Teil 1, Bd. 2, S. 340.
50. Siehe Volker Kratzenberg, *Arbeiter auf dem Weg zu Hitler*, Frankfurt a. M. 1989, S. 118 f.

51. Goebbels, *TbJG,* Teil 1, Bd. 2, S. 340.
52. *AdRk/KvS,* S. 233, Anm.13: Brief eines nationalsozialistischen Informanten an den Ex-Kronprinzen Wilhelm vom 17. Januar 1933, am 19. an Schleicher weitergeleitet.
53. Kurt Ludecke, *I Knew Hitler,* New York 1937, S. 499, 502; Heinrich Muth, »Schleicher und die Gewerkschaften 1932«, *VfZ,* Bd. 29 (1981), S. 206.
54. Goebbels, *TbJG,* Teil 1, Bd. 2, S. 343, 346.
55. Kissenkoetter, *Strasser,* S. 192 f.
56. Ebenda, S. 194.
57. Zum folgenden siehe Leopold, *Hugenberg,* S. 97 ff.
58. Hugenberg an Hitler, 28. Dezember 1932 und 4. Januar 1933, in: BAK, Nachlass Schmidt-Hannover, Akte 72.
59. *AdRk/KvS,* S. 234, Anm.15; S. 282, Anm.1.
60. Goebbels, *TbJG,* Teil 1, Bd. 2, S. 314.
61. Siehe Hugenbergs Darstellung seines Treffens mit Hitler, wiedergegeben im Tagebuch von Reinhold Quaatz, in: Hermann Weiss und Paul Hoser (Hg.), *Die Deutschnationalen und die Zerstörung der Weimarer Republik,* München 1989, S. 223.
62. Goebbels, *TbJG,* Teil 1, Bd. 2, S. 341.
63. Siehe Michael Bloch, *Ribbentrop,* London 1992.
64. Rudolf Semmler, *Goebbels – the man next to Hitler,* London 1947, S. 18 f; Hans-Adolf Jacobsen, *Nationalsozialistische Außenpolitik, 1933–1938,* Frankfurt a. M. 1968, S. 255 f.
65. Joachim von Ribbentrop, *Zwischen London und Moskau,* Leoni am Starnberger See 1961, S. 36 f.
66. Ebenda, S. 37.
67. Ebenda, S. 38; Goebbels, *TbJG,* Teil 1, Bd. 2, S. 333 f.
68. Ribbentrop, *Zwischen,* S. 39.
69. Siehe »Hitler und Thyssen bei Kerrl«, *VZ,* 19. Januar 1933 (Nr. 31); NAUSA, RG 238, NI-220, Wilhelm Keppler an Baron Kurt von Schröder, 21. Januar 1933.
70. »Aussprache Papens mit Hitler«, *MNN,* 19. Januar 1933 (Nr. 18); »Papen – Hitler – Schleicher«, *VZ,* 18. Januar 1933 (Nr. 30); »Noch kein Fortschritt«, *G,* 19. Januar 1933 (Nr. 19); »Wieder Hitler und Papen«, *KZ,* 19. Januar 1933 (Nr. 36); »Trommelfeuer auf Schleicher«, *TR,* 20. Januar 1933 (Nr. 17).
71. Alfred Kliefoth an den Außenminister, 23. Januar 1933: NAUSA, State Department Central Files, 862.00/2892.
72. Oren J. Hale, *The Captive Press in the Third Reich,* Princeton 1964,

S. 59 f.; BAP, Nachlaß Bracht, Bd. 2, Bl. 177, Denkschrift, »vertraulich«, Scholtz an Franz Bracht, 9. November 1932.

73. Allen, *Seizure*, S. 139; Stokes, *Kleinstadt*, S. 366; »Neue Umgruppierungen der Hitlerfront«, *VZ*, 21. Januar 1933 (Nr. 36).
74. Hambrecht, *Aufstieg*, S. 384–389; Reiche, *SA in Nürnberg*, S. 160–163; Kissenkoetter, *Strasser*, S. 183 f.; »Stegmanns Freikorps Franken«, *VZ*, 20. Januar 1933 (Nr. 34); »Stegmann hält Generalprobe in Nürnberg«, *BVz*, 23. Januar 1933 (Nr. 18).
75. Siehe Hambrecht, *Aufstieg*, S. 388; Reiche, *SA in Nürnberg*, S. 162; »›Freikorps Franken‹«, *FZ*, 26. Januar 1933 (Nr. 68–69).
76. Kissenkoetter, *Strasser*, S. 184, 187.
77. Ebenda, S. 137–142; »Die Meuterei in der Kasseler S. A.«, *BT*, 3. Januar 1933 (Nr. 3); »Die SA-Meuterei in Kassel«, *FZ*, 3. Januar 1933 (Nr. 5–6); »SA-Meutereien in Kassel«, *R-MVz*, 3. Januar 1933 (Nr. 2).
78. Siehe Eberhard Schön, *Die Entstehung des Nationalsozialismus in Hessen*, Meisenheim am Glan 1972, S. 139.
79. »Bewegung im Abstieg«, *RA*, 24. Januar 1933 (Nr. 24).
80. Conan Fischer, *Stormtroopers*, London 1983, S. 210.
81. Kissenkoetter, *Strasser*, S. 184.
82. »Hitlers SA schlägt SA.-Köpfe ein«, *V*, 3. Januar 1933 (Nr. 3); »SS gegen SA.!« *V*, 7. Januar 1933 (Nr. 11). Zu dieser Rivalität siehe Schön, *Entstehung*, S. 142 ff.; Andreas Werner, »SA und NSDAP«, Erlangen/Nürnberg 1964 (Dissertation), S. 586.
83. »Die Hintermänner des Fememordes«, *BT*, 2. Januar 1933 (Nr. 2); »Der grosse Katzenjammer«, *V*, 5. Januar 1933 (Nr. 8).
84. Fischer, *Stormtroopers*, S. 208–217; Wilfried Böhnke, *Die NSDAP im Ruhrgebiet*, Bonn 1974, S. 157.
85. Childers, »Limits«, S. 234–255; »Stimmungsberichte der Reichspropaganda-Leitung« (November 1932) in: BAK, NS 22/1. Ich danke Prof. Childers für die freundliche Beschaffung einer Kopie des Dokuments.
86. Bernhard von Bülow an Friedrich von Prittwitz und Gaffron, Deutscher Botschafter in Washington, 19. Januar 1933, in: *AzDAP*, Serie C, Bd. 1, S. 22, Anm. 2.
87. Engerth an Dollfuß, 19. Dezember 1932: AdR, NPA 57.
88. Kissenkoetter, *Strasser*, S. 188.
89. Fischer, *Stormtroopers*, S. 210.
90. »Der Weg zur Freiheit muß erkämpft werden«, *VB*, 22./23. Januar 1933 (Nr. 22/23).

91. *DDF, 1932–1939,* 1. Serie, Bd. 2, S. 528.
92. Goebbels, *TbJG,* Teil 1, Bd. 2, S. 343 f., 354.
93. Ebenda, S. 342 f.
94. Siegfried Kracauer, *From Caligari to Hitler,* New York 1960, S. 261 ff.
95. »Der Weg zur Freiheit muß erkämpft werden«, *VB,* 22./23. Januar 1933 (Nr. 22/23).

4. Schleicher fällt Illusionen zum Opfer

1. »Politische Hellseherei«, *V,* 3. Januar 1933 (Nr. 3).
2. »Eine blutige Silvesternacht«, *V,* 2. Januar 1933 (Nr. 2); »Mörder aus der Ackerstraße verhaftet«, *V,* 8. Januar 1933 (Nr. 19).
3. »Die Bluttat in der Sylvesternacht«, *FZ,* 10. Januar 1933 (Nr. 24–25).
4. »Drei politische Morde«, *BT,* 2. Januar 1933 (Nr. 2); »Drei Todesopfer der Neujahrsnacht«, *VZ,* 2. Januar 1933 (Nr. 2).
5. Ebenda.
6. Eve Rosenhaft, »The Unemployed in the Neighbourhood«, in: *The German Unemployed,* hg. von Richard J. Evans und Dick Geary, London 1987, S. 207.
7. Hubert R. Knickerbocker, *The German Crisis,* New York 1932, S. 23 ff.
8. Rosenhaft, »Unemployed«, S. 207 f.; Ruth Weiland, *Die Kinder der Arbeitslosen,* Berlin 1933, S. 8–15.
9. Bruno Nelissen Haken, *Stempelchronik,* Hamburg 1932; Knickerbocker, *Crisis,* S. 26 ff.
10. *AdRk/KvS,* S. 101–117.
11. IfZ, ED 93, Bd. 33, »Dienstag, den 10. Januar 1933 Unterhaltung mit Reichskanzler von Schleicher«, von Josef Reiner vom Ullstein-Verlag; BAK, Sammlung Brammer, ZSg 101/26, »Informationsbericht vom 14. Januar 1933« von Georg Dertinger; Moskau-Dokument (siehe Anhang).
12. Schleichers Pressechef erläuterte diese Strategie einem Journalisten am 10. Januar. Siehe BAK, Sammlung Brammer, ZSg 101/26, »Informationsbericht vom 11. Januar 1933« von Georg Dertinger.
13. In einer für Schleicher vorbereiteten »Kurzorientierung« vom 21. Januar 1933 legte sein Chefberater im Reichswehrministerium, Oberst Ferdinand von Bredow »unsere Auffassung über wehrpflichtige Miliz und Beibehaltung eines Berufsheeres« dar.

Schleicher kommentierte sie am Rand mit einem »Gut«: Bredow-Papiere, BA/MA, N 97/3. Bei seinem Abendessen mit Journalisten am 13. Januar sagte Schleicher, er betrachte die Miliz als Mittel zur Einführung der allgemeinen Wehrpflicht: IfZ, ED 93, Bd. 33, »13. 1.33«, von Josef Reiner vom Ullstein-Verlag.

14. Braun, *Von Weimar bis Hitler,* New York 1940, S. 436 ff.; Hagen Schulze, *Otto Braun oder Preußens demokratische Sendung,* Frankfurt a. M. 1977, S. 773–776; Heinrich August Winkler, *Der Weg in die Katastrophe,* Berlin 1987, S. 831, Nr. 143;
15. Siehe Schleichers Entwurf eines Briefes an die *Vossische Zeitung* vom 30. Januar 1934: Thilo Vogelsang, »Zur Politik Schleichers gegenüber der NSDAP 1932«, *VfZ,* Bd. 6 (1958), S. 90.
16. Thilo Vogelsang, »Neue Dokumente zur Geschichte der Reichswehr«, *VfZ,* Bd. 2 (1954), S. 426–429.
17. IfZ, ED 93, Bd. 33, »Dienstag, den 10. Januar 1933 Unterhaltung mit Reichskanzler von Schleicher«, von Josef Reiner vom Ullstein-Verlag; siehe ebenso *DBFP, 1919–1939,* 2. Serie, Bd. 4, S. 386, Rumbold an Simon, 11. Januar 1933.
18. Daß Schleicher die NSDAP zu spalten versuchte, glaubten unter anderem Papen (*Gasse,* S. 244) und Meißner (siehe Quaatz' Tagebucheintrag vom 16. Dezember 1932), in: *Die Deutschnationalen,* hg. von Weiß und Hoser, S. 218. Schleichers Finanzminister Lutz Graf Schwerin von Krosigk hielt dies noch viele Jahre später, als er seine Memoiren schrieb, für das damalige Ziel des Kanzlers; siehe sein Buch *Staatsbankrott,* Göttingen 1974, S. 156.
19. Das Treffen wurde unterschiedlich datiert, aber Schleichers Pressechef in der Reichskanzlei erklärte am 10. Januar einem Journalisten, es habe am Freitag zuvor stattgefunden; siehe BAK, Sammlung Brammer, ZSg 101/26, »Informationsbericht vom 11. Januar 1933« von Georg Dertinger. Zur Geheimhaltung siehe Gustav Stolper, »Umsturz«, *Der Deutsche Volkswirt,* Bd. 7 (1933), S. 564.
20. Meißner, *Staatssekretär,* S. 251 f.; ebenso Meißners Zeugenaussage vom 31. Januar 1947 beim Entnazifizierungsverfahren Franz von Papens: Amtsgericht München, Spruchkammerakten F. von Papen, S. 218.
21. Moskau-Dokument (siehe Anhang).
22. *AdRk/KvS,* S. 233, 235.
23. Siehe Braun, *Von Weimar,* S. 432; siehe ebenso *DDF, 1932–1939,* 1. Serie, Bd. 2, S. 375, Depesche des Botschafters François-Poncet

vom 7. Januar. Der Botschafter durchschaute Schleichers Absicht, auf Hitler Druck auszuüben.

24. Siehe BAK, Sammlung Brammer, ZSg 101/26, »Informationsbericht vom 11. Januar 1933« von Georg Dertinger (über eine lange Unterredung mit Schleichers Pressesprecher in der Reichskanzlei Erich Marcks vom 10. Januar); Moskau-Dokument (siehe Anhang); »Die Lage des Kabinetts«, *FZ*, 15. Januar 1933 (Nr. 39–40).
25. Siehe BAK, Sammlung Brammer, ZSg 101/26, »Informationsbericht vom 14. Januar 1933« von Georg Dertinger; »Gregor Strasser war bei Hindenburg«, *DAZ*, 12. Januar 1933 (Nr. 19); »Schleicher warnt«, *DAZ*, 14. Januar 1933 (Nr. 24); »Die Lage des Kabinetts«, *FZ*, 15. Januar 1933 (Nr. 39–40); »Kaas bei Schleicher«, *BT*, 17. Januar 1933 (Nr. 27); »Dem neuen Kampf entgegen«, *FZ*, 18. Januar 1933 (Nr. 17); *DBFP, 1919–1939*, 2. Serie, Bd. 4, S. 387, Rumbold an Simon, 16. Januar 1933.
26. IfZ, ED 93, Bd. 33, »Dienstag, den 10. Januar 1933 Unterhaltung mit Reichskanzler von Schleicher« von Josef Reiner vom Ullstein-Verlag.
27. Moskau-Dokument (siehe Anhang).
28. BAK, Sammlung Brammer, ZSg 101/26, »Informationsbericht vom 14. Januar 1933« von Georg Dertinger; Moskau-Dokument (siehe Anhang).
29. IfZ, ED 93, Bd. 33, »13. 1.33« von Josef Reiner vom Ullstein-Verlag.
30. Tagebuch des Obersten von Thaer für Juli 1918, zitiert nach Vogelsang, *Schleicher*, S. 18.
31. IfZ, ED 93, Bd. 33: »Dienstag, den 10. Januar 1933 Unterhaltung mit Reichskanzler von Schleicher« von Josef Reiner vom Ullstein-Verlag.
32. Vogelsang, »Neue Dokumente«, S. 426.
33. Siehe BAK, Sammlung Brammer, ZSg 101/26, »Informationsbericht vom 14. Januar 1933« von Georg Dertinger.
34. Brüning, *Memoiren*, S. 395–398; Papen, *Gasse*, S. 280; Magnus von Braun, *Weg durch vier Zeitepochen*, Limburg/Lahn 1965, S. 258; Erasmus Jonas, *Die Volkskonservativen, 1928–1933*, Düsseldorf 1965, S. 148, Anm. 8.
35. Der Informant des Ex-Kronprinzen war der ehemalige Generalmajor Franz Ritter von Hörauf, der das »Wehramt« der NSDAP leitete; einige seiner Briefe sind abgedruckt in Hentschel, *Weimars letzte Monate*, S. 150–154; *AdRk/KvS*, S. 154 ff., 221–224, 233, Anm.13.

36. BAK, Sammlung Brammer, ZSg 101/26, »Informationsbericht vom 11. Januar 1933« von Georg Dertinger; IfZ, ED 93, Bd. 33: »Dienstag, den 10. Januar 1933 Unterhaltung mit Reichskanzler von Schleicher« von Josef Reiner vom Ullstein-Verlag.
37. Ebenda (Reiner).
38. Siehe BAK, Sammlung Brammer, ZSg 101/26, »Informationsbericht vom 11. Januar 1933« von Georg Dertinger; ebenso »Gregor Strasser war bei Hindenburg«, *DAZ*, 12. Januar 1933, Anm.19.
39. Siehe IfZ, ED 93, Bd. 33: »Dienstag, den 10. Januar 1933 Unterhaltung mit Reichskanzler von Schleicher« von Josef Reiner vom Ullstein-Verlag; ebenso *AdRk/KvS*, S. 230, Anm.3. (Zitat nach *MZ*, 13./14. Januar).
40. Ebenda; BAK, Sammlung Brammer, ZSg 101/26, »Informationsbericht vom 11. Januar 1933« von Georg Dertinger; »Dreigespann Strasser – Hugenberg – Stegerwald?«, *VZ*, 14. Januar 1933, Anm. 23; Peter Reinhold, »Das System«, *VZ*, 15. Januar 1933 (Nr. 25); *DBFP, 1919–1939*, 2. Serie, Bd. 4, S. 387, Rumbold an Simon, 16. Januar 1933.
41. Siehe Quaatz' Tagebucheintrag vom 21. Januar 1933, in: *Die Deutschnationalen*, hg. von Weiß und Hoser, S. 224.
42. *AdRk/KvS*, S. 234, Anm.15; »Wird Hugenberg Krisenminister?«, *NPZ*, 14. Januar 1933 (Nr. 14); »Unsere Meinung«, *DAZ*, 17. Januar 1933 (Nr. 28).
43. *Der Deutsche*, 16. Januar, zitiert nach »Was wird Schleicher tun?«, *FZ*, 17. Januar 1933 (Nr. 45).
44. »Kaas bei Schleicher«, *VZ*, 17. Januar 1933 (Nr. 27); »Kaas drängt auf Entscheidung«, *VZ*, 17. Januar 1933 (Nr. 28); *AdRk/KvS*, S. 234; Rudolf Morsey, »Die deutsche Zentrumspartei«, in: *Das Ende der Parteien 1933*, hg. von Erich Matthias und Morsey, Düsseldorf 1960, S. 335.
45. Siehe *AdRk/KvS*, S. 234.
46. Siehe *Die Deutschnationalen*, hg. von Weiß und Hoser, S. 224 f.
47. Der veröffentlichte Text in: *SEG* (1933), S. 26; eine leicht veränderte Version, die in Hugenbergs Unterlagen auftauchte, in: *AdRk/KvS*, S. 282 f.
48. Otto Schmidt-Hannover, *Umdenken oder Anarchie*, Göttingen 1959, S. 323 f.
49. Siehe Quaatz' Tagebucheintrag zu diesem Datum in: *Die Deutschnationalen*, hg. von Weiß und Hoser, S. 224.
50. BAK, Sammlung Brammer, ZSg 101/26, »Informationsbericht

vom 11. Januar 1933« von Georg Dertinger. Dertinger gegenüber brachte Schleichers Pressechef Erich Marcks am 10. Januar die Verärgerung des Reichskanzlers zum Ausdruck, der zwei Tage zuvor in den *Hamburger Nachrichten* und der *Allgemeinen Zeitung* von Chemnitz angegriffen worden war; bei dem Abendessen für Journalisten am 13. Januar drückte Schleicher seine Verärgerung erneut aus: Moskau-Dokument (siehe Anhang).

51. IfZ, ED 93, Bd. 33, »13. 1.33« von Josef Reiner vom Ullstein-Verlag, der an dem Essen teilnahm; ebenso Moskau-Dokument (siehe Anhang).
52. *AdRk/KvS*, S. 231.
53. Siehe zum Beispiel »Hitler in Berlin«, *DAZ*, 17. Januar 1933 (Nr. 28); »Schleicher und Hitler kampfbereit«, *FZ*, 20. Januar 1933 (Nr. 54); *AdRk/KvS*, S. 267, Anm. 2.
54. Siehe *AdRk/FvP*, Bd. 1, S. 477 (Schleicher zum Kabinett während der Sitzung vom 30. August 1932); ebenso IfZ, ED 93, Bd. 33, »Dienstag, den 10. Januar 1933 Unterhaltung mit Reichskanzler von Schleicher« von Josef Reiner vom Ullstein-Verlag.
55. Siehe den Brief des Führers der Zentrumspartei Ludwig Kaas an Schleicher vom 26. Januar 1933: *AdRk/KvS*, S. 304 f.
56. »Eine Warnung Breitscheids an Hitler«, *FZ*, 21. Januar 1933 (Nr. 55–56).
57. »Unsere Meinung«, *DAZ*, 18. Januar 1933 (Nr. 29); »Staatsnotstand«, *NPZ*, 22. Januar 1933 (Nr. 22).
58. Siehe die offizielle Verlautbarung vom 24. Januar in: *SEG* (1933), S. 27.
59. IfZ, ZS 37, Interview mit Hermann Foertsch, Schleichers Pressesprecher im Reichswehrministerium 1932–33, durchgeführt am 28. und 31. Januar 1953 von Wolfgang Sauer, S. 11 f.
60. Während Papens Kabinett im Durchschnitt mehr als zweimal in der Woche zusammengetreten war, trafen sich Schleichers Minister weniger als einmal in der Woche: siehe *AdRk/FvP* und *AdRk/KvS*.
61. Gereke beklagte sich über die Behandlung durch Schleicher in einer Unterhaltung mit einem Journalisten am 5. Januar: BAK, Sammlung Brammer, ZSg 101/26, »Informationsbericht vom 5. Januar 1933« von Georg Dertinger.
62. *AdRk/KvS*, S. 1, Anm. 5, S. 106.
63. Siehe den Brief des Landwirtschaftsministers von Braun an Schleicher, 5. Januar 1933, in: *AdRk/KvS*, S. 186–189.

64. Magnus Freiherr von Braun, *Weg,* S. 261. Für das Ausland zeichnete Braun Schleichers Kabinett sehr viel positiver; siehe den Bericht des britischen Botschafters Sir Horace Rumbold über ein Gespräch mit Braun vom 29. Januar: *DBFP, 1919–1939,* 2. Serie, Bd. 4, S. 397.
65. Siehe zum Beispiel *Die Deutschnationalen,* hg. von Weiß und Hoser, S. 218 (Quaatz' Tagebuch, 16. Dezember 1932); Jonas, *Die Volkskonservativen,* S. 129, Anm. 3.
66. Siehe BAK, Sammlung Brammer, ZSg 101/26, »Informationsbericht vom 11. Januar 1933« von Georg Dertinger (über eine Unterredung mit Schleichers Pressesprecher in der Reichskanzlei Erich Marcks vom 10. Januar); am gleichen Tag versichert Schleicher einem anderen Journalisten, er habe zum Reichspräsidenten und dessen Sohn Oskar »jetzt wieder ein sehr herzliches Vertrauensverhältnis«: IfZ, ED 39, Bd. 33, »Dienstag, den 10. Januar 1933 Unterhaltung mit Reichskanzler von Schleicher« von Josef Reiner vom Ullstein-Verlag.
67. Das Thema kam im Gespräch eines Journalisten mit dem Pressesprecher des Kanzlers Erich Marcks am 10. Januar zur Sprache, und dieser berichtete danach, Marcks habe »in ungewöhnlich erregter Weise« darauf bestanden, daß Schleicher Papen treu unterstützt habe: BAK, Sammlung Brammer, ZSg 101/26, »Informationsbericht vom 11. Januar 1933« von Georg Dertinger.
68. BAK, R43 I/1504, Bl. 93: Meißner an Planck, 14. Dezember 1932.
69. Bei dem Abendessen mit Journalisten am 13. Januar sprach Schleicher geringschätzig von Papens »romantischen Redensarten«. Zu der »gefährlichen Situation«, die sich als Ergebnis einer »förmlichen Psychose gegen Papen« im Dezember entwickelt habe, behauptete Schleicher den Journalisten gegenüber, wenn er sich »nicht bereitgefunden hätte, das Reichskanzleramt zu übernehmen, wäre drei Tage später die Reichswehr mit Maschinengewehren auf der Straße gestanden«: IfZ, ED 93, Bd. 33, »13. 1. 33« von Josef Reiner vom Ullstein-Verlag. Ein ähnlicher Bericht eines anderen Journalisten, der an demselben Essen teilgenommen hatte, geriet Papen in die Hände: Moskau-Dokument (siehe Anhang).
70. Siehe Gerekes Memoiren, *Ich war königlich-preußischer Landrat,* Berlin 1970, S. 176 ff.
71. Hans-Otto Meißner, *30. Januar '33,* Esslingen 1976, S. 186 ff.
72. Ebenda.

73. Ebenda, S. 187; Vogelsang, *Schleicher*, S. 72.
74. Bei Verfassungsfragen wandte er sich an Oberstleutnant Eugen Ott: siehe *AdRk/KvP*, Bd. 1, S. 579 f., besonders Anm. 11. Mit Hanshenning von Holtzendorff betraute Schleicher einen weiteren Offizier mit Planungen zum ländlichen Siedlungswerk: IfZ, ZS/A, 36/2, Holtzendorff an Graf Borke, 3. Mai 1949. Schleichers Chefberater im Reichswehrministerium Oberst Ferdinand von Bredow befaßte sich mit zahlreichen Fragen von eher allgemein politischer Natur; siehe Bredows Papiere: BA/MA, N 97/1–3.
75. AdR, NPA 11 (Gesandtschaftsberichte Berlin), Geschäftsträger Josef Meindl an Engelbert Dollfuß, 9. Februar 1933.
76. *AdRk/KvS*, S. 206 ff.
77. Ebenda, S. 208–214. Siehe ebenso eine spätere Version des Treffens von einem Nationalsozialisten unter den Sprechern des Reichslandbundes: Bracher, *Auflösung*, S. 697 f.
78. Horst Gies, »NSDAP und landwirtschaftliche Organisationen in der Endphase der Weimarer Republik«, *VfZ*, Bd. 15 (1967), S. 341–376. Schleicher war sich bewußt, daß der Reichslandbund von den Nationalsozialisten dominiert wurde; siehe seine Bemerkungen zu den Journalisten am 13. Januar: IfZ, ED 93, Bd. 33, »13. 1.33« von Josef Reiner vom Ullstein-Verlag.
79. *AdRk/KvS*, S. 214, Anm. 16.
80. Ebenda.
81. Siehe Wolfgang Wessling, »Hindenburg, Neudeck und die deutsche Wirtschaft«, *VfS&Wg*, Bd. 64 (1977), S. 41–73.
82. Gies, »NSDAP und landwirtschaftliche Organisationen«, S. 374, Anm. 164.
83. BAK, R43 II/192, Bl. 109. Zur Initiative des Kabinetts zum Schutz vor Zwangsvollstreckungen vom 17. Januar siehe *AdRk/KvS*, S. 247 f.
84. *SEG* (1933), S. 23 f. Siehe ebenso *AdRk/KvS*, S. 237, Anm. 22; S. 319, Anm. 15.
85. Vogelsang, »Neue Dokumente«, S. 427 (Schleicher vor einer Versammlung von Generälen, 13.–15. Dezember 1932.
86. *DDF, 1932–1939*, 1. Serie, Bd. 2, S. 547 (François-Poncet an Paul-Boncour, 1. Februar 1933).
87. BAK, Sammlung Brammer, ZSg 101/26, »Informationsbericht vom 11. Januar 1933« von Georg Dertinger.
88. Moskau-Dokument (siehe Anhang); ebenso BAK, Sammlung

Brammer, ZSg 101/26, »Informationsbericht vom 14. Januar 1933« von Georg Dertinger.

89. Ebenda.
90. Moskau-Dokument (siehe Anhang).
91. IfZ, Interview vom 30. März 1951 mit Erich Freiherr von dem Bussche-Ippenburg, der von 1930 bis 1933 das Personalbüro des Reichswehrministeriums leitete: IfZ, ZS 217. Im Entwurf zu einem Brief vom 30. Januar 1934, den er an die *Vossische Zeitung* adressierte, der aber wahrscheinlich nicht abgeschickt wurde, spricht Schleicher vom unerwarteten Ausbleiben der »feierlich zugesagten Unterstützung des R.Pr.«: Thilo Vogelsang, »Zur Politik Schleichers gegenüber der NSDAP 1932«, *VfZ*, Bd. 6 (1958), S. 90. Siehe ebenso den Bericht von Schleichers Schwester in: Vogelsang, *Reichswehr*, S. 336, Anm. 1590. Wie Eugen Ott, ein Mitarbeiter im Reichswehrministerium, sich erinnerte, äußerte Schleicher im Januar Zweifel an Hindenburgs Vertrauen in ihn: IfZ, ZS 279, Otts »Bemerkungen zu den Akten des Instituts für Zeitgeschichte«, 18. Februar 1952, Bl. 7.
92. *AdRk/KvS*, S. 235.
93. IfZ, ZS/A-20, Bd. 4, »The Beginning and the End« (Auszüge aus dem Tagebuch des Lutz Graf Schwerin von Krosigk), Eintrag mit Datum vom 22. Januar, S. 11 (die Unterhaltung mit Schleicher ist nicht datiert). Im Entwurf eines Briefes an die Redaktion der *Vossischen Zeitung*, den Schleicher im Januar 1934 schrieb, aber nicht veröffentlichte, erwähnte er, der Reichspräsident habe ihn vierzehn Tage vor seinem Sturz zu einer Auflösung des Reichtages »gedrängt«: Vogelsang, »Zur Politik Schleichers«, S. 90.
94. BAK, Sammlung Brammer, ZSg 101/26, »Informationsbericht vom 19. Januar 1933« von Georg Dertinger.
95. Gereke, *Landrat*, S. 213 ff.; Helmut Marcon, *Arbeitsbeschaffungspolitik der Regierungen Papen und Schleicher*, Frankfurt a. M. 1974, S. 303–310; Michael Schneider, *Das Arbeitsbeschaffungsprogramm des ADGB*, Bonn-Bad Godesberg 1975, S. 200 ff.
96. Siehe die Aufzeichnungen von Gustav Krupp von Bohlen und Halbach zu seiner Unterredung mit Schleicher am 12. Januar 1933: Krupp-Archiv, FAH 23/793, Bl. 226–229. Siehe Schleichers Äußerungen gegenüber den Sprechern des Reichslandbundes einen Tag zuvor: *AdRk/KvS*, S. 210 ff.
97. Moskau-Dokument (siehe Anhang); ebenso IfZ, ED 93, Bd. 33, »13. 1. 33« von Josef Reiner vom Ullstein-Verlag.

98. *SEG* (1933), S. 19 f., Ansprache an den Kyffhäuserbund in Berlin. Siehe ebenso Geyer, *Aufrüstung oder Sicherheit*, S. 302 f.
99. »Aussprache Papens mit Hitler«, *MNN*, 19. Januar 1933 (Nr. 18); »Papen – Hitler – Schleicher«, *VZ*, 18. Januar 1933 (Nr. 30); »Wahlen am 19. Februar?«, *NPZ*, 19. Januar 1933 (Nr. 19).
100. Goebbels, *TbJG*, Teil 1, Bd. 2, S. 344; »Vertagung bis 31. Januar«, *VZ*, 21. Januar 1933 (Nr. 35); »Die NSDAP weicht aus«, *FZ*, 21. Januar 1933 (Nr. 57); »Reichstag vertagt«, *V*, 21. Januar 1933 (Nr. 35); »Unbequeme Wahrheit«, *V*, 21. Januar 1933 (Nr. 36); »Reichstag vertagt sich wieder!«, *TR*, 21. Januar 1933 (Nr. 18); »Reichstag am 31. Januar«, *KZ*, 21. Januar 1933 (Nr. 40); »Acht Tage Aufschub«, *BT*, 21. Januar 1933 (Nr. 35); »Ein kurzer Zeitgewinn«, *G*, 21. Januar 1933 (Nr. 21); »Das schlechte Gewissen«, *BT*, 22. Januar 1933 (Nr. 37).
101. Günter Neliba, *Wilhelm Frick*, Paderborn 1992, S. 66 ff. Früher im Januar sagte Frick in einer Rede, er sei für einen Aufschub der ersten Reichstagssitzung: »Hitlers Abstecher nach Berlin«, *FZ*, 12. Januar 1933 (Nr. 32).
102. Goebbels, *TbJG*, Teil 1, Bd. 2, S. 343.
103. »Hitlers Schwenkung«, *BT*, 11. Januar 1933 (Nr. 18); »Das schlechte Gewissen«, *BT*, 22. Januar 1933 (Nr. 37); »Kein Staatsnotstand!«, *VZ*, 24. Januar 1933 (Nr. 40).
104. Zur Bereitschaft der Zentrumspartei siehe Brüning, *Memoiren*, S. 645; zur Bereitschaft der Deutschnationalen siehe die Äußerungen von Oskar Hergt in: »Geldnot der N.S.D.A.P.«, *BT*, 12. Januar 1933 (Nr. 19); ebenso »Reichstag am 31. Januar«, *KZ*, 21. Januar 1933 (Nr. 40).
105. Brüning, *Memoiren*, S. 645.

5. Die Verschwörung weitet sich aus und Schleicher versagt

1. Die folgenden Beschreibungen basieren auf Presseberichten: »Abgekapselt«, *VZ*, 23. Januar 1933 (Nr. 38); »Bannmeile um den Bülowplatz«, *V*, 23. Januar 1933 (Nr. 38); »Das Spiel mit dem Bürgerkrieg«, *V*, 23. Januar 1933 (Nr. 38); »Berlin bleibt rot!« *V*, 23. Januar 1933 (Nr. 38); »Militärische Lage«, *V*, 24. Januar 1933 (Nr. 39); »Wunder der Strategie«, *BT*, 24. Januar 1933 (Nr. 39); »Bülowplatz 22. Januar«, *BT*, 24. Januar 1933 (Nr. 39); »Ein kleineres Übel – riesengroß«, *VZ*, 24. Januar 1933 (Nr. 39).
2. Fritz Stelzner, *Schicksal SA*, Berlin 1936, S. 142 f.

3. Goebbels, *TbJG*, Teil 1, Bd. 2, S. 347 f.
4. Ebenda, S. 345.
5. »Anklage und Aufruf«, *V*, 22. Januar 1933 (Nr. 37); Theodor Wolff, »Der gefährliche Bülowplatz«, *BT*, 22. Januar 1933 (Nr. 37).
6. »Schöpferische Vorsicht?«, *G*, 22. Januar 1933 (Nr. 22).
7. »Entweder – oder«, *FZ*, 24. Januar 1933 (Nr. 64).
8. Diese Beschreibung basiert auf einem Bericht, der Meißner posthum von seinem Sohn zugeschrieben wurde: Hans-Otto Meißner, *30. Januar*, S. 230 f. Oskar von Hindenburg stellte diesen Bericht über den Opernbesuch nach der ersten Veröffentlichung durch Hans-Otto Meißner in einer Zeitschrift in Frage: »Von Neudeck ist nicht gesprochen worden«, in: *Weltbild*, 12/26 (1957), S. 14. In der ursprünglichen Fassung einer eidesstattlichen Erklärung vom 28. September 1945 für den Nürnberger Militärgerichtshof erwähnte Otto Meißner allerdings den Opernbesuch vor dem Treffen bei Ribbentrop: NAUSA, RG 238, 3309-PS.
9. Siehe Meißners Aussage bei der Verhandlung gegen Mitarbeiter des Reichsaußenministeriums vor dem US-Tribunal in Nürnberg am 4. Mai 1948: NAUSA, RG 238, Case 11, S. 4612 f.
10. Ribbentrop, *Zwischen*, S. 39.
11. François-Poncet, *Souvenirs*, S. 43.
12. Vogelsang, *Schleicher*, S. 18.
13. Im Rahmen der Befragung nach seiner Beziehung zu Schleicher sagte Oskar von Hindenburg bei Papens Entnazifizierungsverfahren am 28. Januar 1947 aus, der Anlaß ihres Zerwürfnisses sei eine persönliche Angelegenheit gewesen: Amtsgericht München, Spruchkammerakten F. von Papen, Bl. 104. Am 29. Januar 1933 äußerte der konservative Politiker Gottfried Treviranus, der mit beiden Männern bekannt war, gegenüber dem britischen Botschafter Sir Horace Rumbold, der Streit sei ausgebrochen, als der jüngere Hindenburg auf »unzulässige Weise seine Befugnisse als Adjutant seines Vaters überschritt«. *DBFP, 1919–1939*, 2. Serie, Bd. 4, S. 396. Ein Angehöriger von Schleichers ›Stab‹ im Reichswehrministerium in den Jahren 1932–1933, der nach dem Krieg in der Sache gehört wurde, führte die Entfremdung auf eine spöttische Bemerkung Schleichers gegenüber Oskar von Hindenburgs zurück: IfZ, ZS 37, Interview von Wolfgang Sauer mit Hermann Foertsch vom 28. und 31. Januar 1953, Bl. 9. Ein anderer zu der Zeit im Reichswehrministerium tätiger Offizier, Erich Freiherr von dem Bussche-Ippenburg, erwähnte

in einem Brief aus dem Jahre 1953, Schleicher habe Oskar von Hindenburg verspottet: Kunrat von Hammerstein, »Schleicher, Hammerstein und die Machtübernahme 1933«, in: *Frankfurter Hefte*, Bd. 11 (1956), S. 119.

14. Magnus von Braun, *Weg*, S. 258 f.
15. François-Poncet, *Souvenirs*, S. 43 f.
16. Diese Darstellung beruht hauptsächlich auf den von Meißner nach dem Krieg gemachten Äußerungen: Meißner, *Staatssekretär*, S. 263 f.; NAUSA, RG 59, Mikrofilm M 679, Rolle 2, Bericht zur Befragung Otto Meißners vom 26. Oktober 1945; NAUSA, RG 238, 3309-PS, eidesstattliche Aussage vom 28. November 1945; Aussage vom 31. Januar 1947 bei Papens Entnazifizierungsverfahren, Amtsgericht München, Spruchkammer Akten F. von Papen, Bl. 222; Aussage vom 4. Mai 1948 bei der Verhandlung gegen Mitarbeiter des Reichsaußenministeriums vor dem US-Tribunal in Nürnberg, NAUSA, RG 238, Case 11, S. 4615 f.; eidesstattliche Aussage vom 3. Februar 1949 bei Oskar von Hindenburgs Entnazifizierungsverfahren vom 14. – 17. März 1949: Niedersächsisches Hauptstaatsarchiv Hannover, NdS. 171 Lüneburg Uzn/11 363, Spruchkammer-Verfahren gegen Oskar von Hindenburg, Bd. I, Bl. 2 f. Siehe auch Oskar von Hindenburgs Aussage vom 14. März 1949 bei seinem eigenen Entnazifizierungsverfahren, Bl. 26 f., sowie bei Papens Entnazifizierungsverfahren am 28. Januar 1947 (siehe oben), S. 110. Wenig zuverlässig ist Papens Aussage vom 15. März 1949 bei Oskar von Hindenburgs Entnazifizierungsverfahren: Bl. 133 f. Siehe auch: Papen, *Gasse*, S. 265 f., sowie *Scheitern*, S. 369 f.
17. Dieses Dokument, das aus den Papieren Paul von Hindenburgs stammt und auf den 21. November 1932 datiert ist, wurde am 14. März 1949 in das Protokoll von Oskar von Hindenburgs Entnazifizierungsverfahren aufgenommen (siehe auch vorhergehende Anmerkung), Bl. 25 ff. Am selben Tag sagte Günther Gereke vor dem Gericht aus, daß Oskar von Hindenburg sich während eines langen Spazierganges durch den Berliner Tiergarten im Januar 1933 vehement gegen Hitlers Ernennung zum Reichskanzler ausgesprochen habe, Bl. 51. In seiner Aussage vom 3. Februar 1949 im Rahmen der Verhandlung gegen Oskar von Hindenburg schrieb Meißner, der Präsidentensohn sei bis Ende Januar gegen Hitlers Ernennung und für Papens Rückkehr eingetreten, Gerichtsprotokolle, Bd. I, Bl. 2. Gleichlautend Meiß-

ners Aussage vom 4. Mai 1948 bei der Verhandlung gegen Mitarbeiter des Reichsaußenministeriums: NAUSA, RG 238, Case 11, S. 4615.

18. Es wurde wiederholt behauptet, Hitler habe womöglich gedroht zu enthüllen, daß Hindenburg, als er 1927 einen Landsitz in Ostpreußen geschenkt bekam, den Titel an seinen Sohn Oskar übertragen habe, um die Zahlung der nach seinem Tod fälligen Erbschaftssteuer zu umgehen. Dagegen spricht, daß diese Nachricht bereits im November des Vorjahres von dem ehemaligen General Erich Ludendorff in einer Zeitschrift veröffentlicht worden war: Wessling, »Hindenburg, Neudeck«, S. 41–54.
19. NSHSAH, NdS. 171 Lüneburg Uzn/11 363, Spruchkammerverfahren gegen Oskar von Hindenburg, 14.–17. März 1949, Bl. 26 ff.
20. Goebbels, *TbJG*, Teil 1, Bd. 2, S. 349 f.
21. NAUSA, RG 59, Mikrofiche M679, Bericht über die Vernehmung Otto Meißners, 26. Oktober 1945; ebenda, RG 238, 3309-PS, eidesstattliche Aussage Meißners vom 28. November 1945; ebenda, Case 11, S. 4616, Meißners Aussage vom 4. Mai 1948 bei der Verhandlung gegen Mitarbeiter des Reichsaußenministeriums vor dem US-Tribunal in Nürnberg.
22. Ribbentrop, *Zwischen*, S. 39.
23. Ewald von Kleist-Schmenzin, »Die letzte Möglichkeit«, *PS*, Bd. 10 (1959), S. 89.
24. NAUSA, RG 238, Case 11, S. 4614, Meißners Aussage bei der Verhandlung gegen Mitarbeiter des Reichsaußenministeriums vor dem US-Tribunal in Nürnberg, 4. Mai 1948.
25. NAUSA, RG 59, Mikrofiche M679, Bericht über die Vernehmung Otto Meißners, 26. Oktober 1945; NAUSA, RG 238, 3309-PS, eidesstattliche Aussage Meißners vom 28. November 1945.
26. *AdRk/KvS*, S. 241 ff.
27. Ebenda, S. 242, Anm. 39. Siehe auch Ernst Fraenkel, »Verfassungsreform und Sozialdemokratie«, in: *Die Gesellschaft*, Bd. 9 (1932), S. 486, S. 493 ff.; Walter Simons, »Die Stellung des Reichspräsidenten«, in: *Deutsche Juristen-Zeitung*, Bd. 38 (1933), S. 22–27; Joseph W. Bendersky, *Carl Schmitt*, Princeton 1983, S. 180 f.; Eberhard Kolb und Wolfram Pyta, »Die Staatsnotstandsplanung der Regierungen Papen und Schleicher«, in: *Die Deutsche Staatskrise 1930–33*, Hg. von Heinrich August Winkler, München 1992, S. 157, Anm. 6.
28. Als Abgeordneter des Christlich-Sozialen Volksdienstes präsen-

tierte Simpfendörfer am 19. Januar seinen Vorschlag zuerst Schleicher persönlich, am 24. Januar dann in Briefform: *AdRk/KvS*, S. 297–300.

29. Siehe Franz Sperrs Denkschrift vom 1. Dezember 1932, abgedruckt in Vogelsang, *Reichswehr*, S. 482 ff.
30. *AdRk/KvS*, S. 299, Simpfendörfer an Schleicher, 24. Januar 1933. Siehe auch Waldemar Besson, *Württemberg und die deutsche Staatskrise 1928–1933*, Stuttgart 1959, S. 264–273.
31. BAK, Sammlung Brammer, ZSg 101/26, »Informationsbericht vom 14. Januar 1933« von Georg Dertinger; Moskau-Dokument (siehe Anhang).
32. *AdRk/KvS*, S. 243, Anm. 40.
33. Brüning, *Memoiren*, S. 645.
34. Wolfram Pyta, »Vorbereitungen für den militärischen Ausnahmezustand unter Papen/Schleicher«, *MM*, Bd. 51 (1992), S. 393 f., 410–428; Fritz Arndt, »Vorbereitungen der Reichswehr für den militärischen Ausnahmezustand«, *ZfM*, Bd. 4 (1965), S. 202 f.
35. *AdRk/KvS*, S. 284 f.
36. Schleichers Vorschlag wird in der vom Präsidialamt angefertigten Denkschrift über das Treffen mit Hindenburg vom 23. Januar zwar nicht erwähnt, doch Schleicher wies in einem Gespräch mit zwei Gewerkschaftsführern am 28. Januar darauf hin: *AdRk/KvS*, S. 303.
37. Max Domarus, *Hitler. Reden und Proklamationen 1932–1945* (2 Bde., München 1965), Erster Halbband, S. 140, Rede in Königsberg, 17. Oktober 1932.
38. »Auflösung ohne Neuwahl?« *VZ*, 24. Januar 1933 (Nr. 39); »Staatsstreich-Pläne«, *V*, 24. Januar 1933 (Nr. 39); »Debatte ohne Abstimmung?« *BT*, 25. Januar 1933 (Nr. 41); »Bayerische Volkspartei gegen ›Staatsnotstand‹«, *VZ*, 25. Januar 1933 (Nr. 41); »Gegen reaktionäre Staatsstreichpläne!« *V*, 26. Januar 1933 (Nr. 43); »Warnung vor Staatsstreich«, *BT*, 26. Januar 1933 (Nr. 43).
39. *AdRk/KvS*, S. 302 f.
40. Ebenda, S. 311 f.
41. Siehe Richard Breitman, »On German Social Democracy and General Schleicher 1932–33«, *CEH*, Bd. 9 (1976), S. 352–378. Siehe auch »Für ein sozialistisches Deutschland«, *V*, 25. Januar 1933 (Nr. 41), Bericht über eine Rede Theodor Leiparts, Führer der mit den Sozialdemokraten verbundenen Freien Gewerkschaften, der zuvor einen versöhnlichen Kurs gegenüber Schleicher ver-

folgt hatte, dann aber auf die oppositionelle Linie der Sozialdemokratischen Partei umschwenkte.

42. Zur Deutschen Zentrumspartei siehe Detlef Junker, *Die Deutsche Zentrumspartei und Hitler 1932/33* (Stuttgart 1969), S. 118–126, sowie Winkler, *Weimar*, S. 593 f.
43. Winkler, *Weimar*, S. 572; »Eine Erklärung der Deutschen Volkspartei«, *FZ*, 10. Januar 1933 (Nr. 24–25); »Volkspartei und Regierung«, *G*, 16. Januar 1933 (Nr. 16).
44. *DDF, 1932–1939*, 1. Serie, Bd. 2, S. 478–481, Meldung vom 19. Januar 1933.
45. »Wieder Kanzlersturz?« *VZ*, 27. Januar 1933 (Nr. 45); »Der Beschluß des Ältestenrates«, *VZ*, 28. Januar 1933 (Nr. 47); »Dienstag Reichstag«, *V*, 28. Januar 1933 (Nr. 47).
46. *AdRk/KvS*, S. 316 f.
47. Brüning, *Memoiren*, S. 649.
48. Siehe die Auszüge aus Wolffs unveröffentlichtem Manuskript »Grabmal«, zitiert in Bernd Sösemann, *Das Ende der Weimarer Republik in der Kritik demokratischer Publizisten*, Berlin 1976, S. 229 f., Anm. 155.
49. Brüning, *Memoiren*, S. 648.
50. IfZ, ZS 37, Hermann Foertsch im Interview mit Wolfgang Sauer, 28. und 31. Januar 1953, Bl. 12. Auch Eugen Ott erinnerte sich an eine im Prinzip gleichlautende Aussage Schleichers: IfZ, ZS 279/270/52, Interview vom 22. Februar 1952.
51. *DDF, 1932–1939*, 1. Serie, Bd. 2, S. 375 f.
52. Siehe seinen Wutausbruch über einen in einer rechtsgerichteten Zeitung erschienenen kritischen Artikel bei dem Essen mit Journalisten am 13. Januar. BAK, Sammlung Brammer, ZSg 101/26, ›Informationsbericht vom 14. Januar 1933‹ von Georg Dertinger.
53. Der britische Botschafter Sir Horace Rumbold berichtete am 21. Dezember 1932 Sir John Simon, Schleicher habe ihm an diesem Tag anvertraut, daß er in der Reichskanzlei unglücklich sei und eine Rückkehr ins Reichswehrministerium vorziehe: *DBFP, 1919–1939*, 2. Serie, Bd. 4, S. 384. Otto Braun erwähnte eine gleichlautende Bemerkung Schleichers in ihrer Unterhaltung am 6. Januar 1933: Braun, *Von Weimar*, S. 437; Ewald von Kleist-Schmenzin sagte am 12. Januar gegenüber Reinhard Quaatz, daß Schleicher aus seiner Abneigung gegen das Reichskanzleramt keinen Hehl mehr mache: Weiß und Hoser, *Die Deutschnationalen*, S. 221 f. Am 21. Januar sagte Meißner Quaatz, daß Schlei-

cher von seiner Rückkehr ins Reichswehrministerium gesprochen habe: ebenda, S. 224. Siehe auch die Erinnerungen von Schleichers Berater im Reichswehrministerium, Eugen Ott: »Ein Bild des Generals Kurt von Schleicher«, *PS*, Bd. 10 (1959), S. 371.

54. Vogelsang, *Reichswehr*, S. 310, Anm.1470.
55. »Papen mit Hitler?«, *VZ*, 27. Januar 1933 (Nr. 46); »Hugenberg am Werke«, *BT*, 27. Januar 1933 (Nr. 45); »Wieder Kanzlersturz?«, *VZ*, 27. Januar 1933 (Nr. 45); »Nochmals Papen?«, *BT*, 28. Januar 1933 (Nr. 47); Rudolf Morsey, Hg., *Die Protokolle der Reichstagsfraktion und des Fraktionsvorstands der Deutschen Zentrumspartei 1926–1933* (Mainz 1969), S. 610; Turner, *Großunternehmer*, S. 382.
56. Siehe den 1935 von Hammerstein geschriebenen Bericht: Bracher, *Auflösung*, S. 733. Hammerstein datierte diese Unterhaltung und das darauffolgende Treffen mit Hindenburg auf den 26. Januar, aber Bussche-Ippenburg (siehe Anm. 57) gab als Datum für das Treffen mit Hindenburg den 27. Januar an, was auch weitaus wahrscheinlicher erscheint, da Bussche-Ippenburgs regelmäßige wöchentliche Konferenzen mit Hindenburg stets freitags abgehalten wurden.
57. Ebenda. Siehe auch die späteren Berichte des zweiten bei dem Treffen anwesenden Generals, Erich Freiherr von dem Bussche-Ippenburg, »Hammerstein und Hindenburg«, *FAZ*, 5. Februar 1952 (Nr. 30); IfZ, ZS 217, Aktenvermerk vom 7. April 1951 zum Interview mit Bussche-Ippenburg vom 30. März 1951, Bl. 4.
58. *AdRk/KvS*, S. 306 ff.
59. Ebenda, S. 310 f.
60. Ribbentrop, *Zwischen*, S. 41; Papen, *Gasse*, S. 267.
61. Ebenda.
62. *AdRk/KvS*, S. 308 f., 317.
63. Ebenda, S. 309 f.
64. Siehe *Statistische Beilage zum Reichsarbeitsblatt 1933*, Nr. 34, S. 1. In einer noch unveröffentlichten Untersuchung argumentiert Professor Dan Silverberg von der Pennsylvania State University auf der Grundlage einer detaillierten Analyse dieser Statistiken, daß die Zahlen im Gegensatz zu der Behauptung mancher Historiker von der Naziregierung nicht aufgebläht wurden.

6. Papen steuert auf den Abgrund zu

1. *SEG* (1933), S. 30.
2. Ribbentrop, *Zwischen*, S. 39. Ewald von Kleist-Schmenzin schrieb 1934, Papen habe am 25. Januar zugegeben, daß er versuche, Hindenburgs Zustimmung zu einem Reichskanzler Hitler zu gewinnen; siehe Kleist-Schmenzin, »Die letzte Möglichkeit«, S. 90.
3. Siehe Volker R. Berghahn, *Der Stahlhelm*, Düsseldorf 1966.
4. Siehe Hermann Pünder, *Politik in der Reichskanzlei*, Stuttgart 1961, S. 125.
5. Siehe Geyer, *Aufrüstung oder Sicherheit*, S. 303; Berghahn, *Stahlhelm*, S. 192 ff., 233, 238.
6. Siehe Leopold, *Hugenberg*, S. 105.
7. François-Poncet, *Souvenirs*, S. 30.
8. Reinhold Quaatz' Tagebucheintrag vom 23. Dezember 1932: Weiß und Hoser, Hg., Die *Deutschnationalen*, S. 219.
9. Ribbentrop, *Zwischen*, S. 40.
10. Ebenda; Schmidt-Hannover, *Umdenken*, S. 332 f.; Weiß und Hoser, Hg., *Die Deutschnationalen*, S. 228; Goebbels, *TbJG*, Teil 1, Bd. 2, S. 353.
11. Zur preußischen Polizei siehe Christoph Graf, *Politische Polizei zwischen Demokratie und Diktatur*, Berlin 1983.
12. Ribbentrop, *Zwischen*, S. 40.
13. Ebenda., S. 41.
14. Ebenda.
15. Ebenda.
16. Ebenda.
17. Ebenda, S. 41 f.
18. Papen, *Gasse*, S. 269 f.; Schmidt-Hannover, *Umdenken*, S. 334.
19. Siehe das Tagebuch Schwerin von Krosigks in *AdRk/KvS*, S. 317 f.
20. Siehe Schäffers Aussage bei Papens Entnazifizierungsverfahren am 27. Januar 1947: Amtsgericht München, Spruchkammerakten F. von Papen, Bl. 49, 56.
21. Ebenda, Bl. 49, 55 f. Nachdem Schäffer im Nachkriegsdeutschland zu einem prominenten Politiker aufgestiegen war, stritt er ab, jemals eine Beteiligung der BVP an einem Kabinett Hitler vorgeschlagen zu haben, und behauptete, sein Angebot der Unterstützung habe sich auf ein Kabinett Papen beschränkt, eine Sichtweise, die von einer Reihe von Historikern übernommen wurde. (Siehe Schäffers unveröffentlichte Nachkriegsmemoiren,

»So ward ein großes Reich zerstört«, Bl. 88 f., in BAK. Nachlaß Schäffer, 55). Zuverlässigere Darstellungen finden sich in Falk Wiesemann, *Die Vorgeschichte der nationalsozialistischen Machtübernahme in Bayern 1932–1933*, Berlin 1975, S. 162 ff., und in Otto Altendorfer, *Fritz Schäffer als Politiker der Bayerischen Volkspartei*, München 1993, Teilband 2, S. 686 ff.

22. Bei seinem Entnazifizierungsverfahren antwortete Papen auf Schäffers Vorwurf, Hindenburg am 28. Januar nicht von dem Angebot der Katholiken unterrichtet zu haben: »Wenn der Herr Zeuge mir diese Eröffnung gemacht hat, so nehme ich ohne weiteres an, daß ich Hindenburg Mitteilung gemacht hätte.« Ein paar Minuten später jedoch gab er Schäffer gegenüber zu, den Präsidenten nicht informiert zu haben: »Die Möglichkeit, eine Mehrheitsregierung unter Hitler zu bilden, war nicht vorhanden, und deshalb habe ich am 28. Januar von Ihrem Bemühen keinen Gebrauch machen können... Es war nur ein Präsidialkabinett zu bilden.« Siehe Papens Aussage vom 27. Januar 1947: Amtsgericht München, Spruchkammerakten F. von Papen, Bl. 57.
23. Goebbels *TbJG*, Teil 1, Bd. 2, S. 353 f.
24. *FZ*, 26. Januar 1933 (Nr. 70); »Hoffnung auf Hindenburg«, *VZ*, 27. Januar 1933 (Nr. 45); »Acht nutzlose Tage«, *BT*, 27. Januar 1933 (Nr. 46); »Warnung vor dem Staatsstreich«, *V*, 28. Januar 1933 (Nr. 47); »Kanzlersturz und dann?«, *VZ*, 29. Januar 1933 (Nr. 49); »Auf gefährlichem Wege«, *BT*, 29. Januar 1933 (Nr. 49).
25. Ribbentrop, *Zwischen*, S. 39 f.
26. Meißner, *Staatssekretär*, S. 265 f. Oldenburg-Januschau ging in seinen eigenen Memoiren nur in sehr allgemeiner Form und ohne genaue Zeitangabe auf seine Unterhaltungen mit Hindenburg ein: *Erinnerungen*, Leipzig 1936, S. 218 f.
27. NAUSA, RG 238, Case 11, S. 4617 f., Meißners Aussage vom 4. Mai 1948, in der er angab, die Nachricht Görings an Hindenburg weitergegeben zu haben.
28. Papen, *Gasse*, S. 271.
29. Ebenda. Göring bestätigte 1938, daß Blomberg von Hindenburg, nicht von den Nazis ausgewählt worden war: Anton Hoch und Christoph Weisz, »Die Erinnerungen des Generalobersten Wilhelm Adam«, in: *Miscellanea. Festschrift für Helmut Krausnick zum 75. Geburtstag*, hg. von Wolfgang Benz u. a., Stuttgart 1980, S. 41.

30. Papen, *Gasse*, S. 271.
31. Siehe Oskar von Hindenburgs Aussage bei seinem Entnazifizierungsverfahren am 28. Januar 1947: NSHSAH, Nds.171, Lüneburg Uzn/11363, Bl. 107. Siehe auch Kunrat von Hammerstein, »Schleicher, Hammerstein und die Machtübernahme 1933«, S. 167.
32. Dorpalen, *Hindenburg*, S. 427.
33. Otto Meißner behauptete, Blomberg sei zu diesem früheren Zeitpunkt ohne Schleichers Wissen nach Berlin beordert worden: *Staatssekretär*, S. 266. Allerdings liegen Hinweise darauf vor, daß sich Blomberg bei diesem Aufenthalt mit Schleicher traf: Bennett, *Rearmament*, S. 295.
34. Hermann Foertsch, *Schuld und Verhängnis*, Stuttgart 1951, S. 29; IfZ, ZS 37, Interview Wolfgang Sauers mit Foertsch vom 28. und 31. Januar 1953; Geyer, *Aufrüstung oder Sicherheit*, S. 192, 208–213.
35. Thilo Vogelsang, »Hitlers Brief an Reichenau vom 4. Dezember 1932«, VfZ, Bd. 7 (1959), S. 429–433; Vogelsang, *Reichswehr*, S. 375; Thomas Martin Schneider, *Reichsbischof Ludwig Müller*, Göttingen 1993, S. 78, 91 f.; Bennett, *Rearmament*, S. 296–301; Klaus-Jürgen Müller, *Das Heer und Hitler*, Stuttgart 1969, S. 49–52.
36. Ribbentrop, *Zwischen*, S. 42 f.; Papen, *Gasse*, S. 271 f; Ewald von Kleist-Schmenzin, »Die letzte Möglichkeit«, S. 91.
37. Ribbentrop, *Zwischen*, S. 42.
38. Schmidt-Hannover, *Umdenken*, S. 329, 334; Schmidt-Hannover argumentiert überzeugend, daß dieses Treffen in Theodor Duesterbergs Memoiren fälschlicherweise auf den 26. Januar datiert wird: Theodor Duesterberg, *Der Stahlhelm und Hitler*, Wolfenbüttel und Hannover 1949, S. 38 f.
39. Kleist-Schmenzin, »Die letzte Möglichkeit«, S. 91 f.; Schmidt-Hannover, *Umdenken*, S. 334 ff.; Papen, *Gasse*, S. 272.
40. Ribbentrop, *Zwischen*, S. 42.
41. Duesterberg, *Stahlhelm*, S. 39.
42. Kleist-Schmenzin, »Die letzte Möglichkeit«, S. 92.
43. Lutz Graf Schwerin von Krosigk, *Es geschah in Deutschland*, Tübingen 1951, S. 147.
44. Meißner, *Staatssekretär*, S. 247.
45. IfZ, ZS 217, Aktenvermerk vom 7. April 1951 zum Interview vom 30. März 1951 mit dem bei diesem Treffen anwesenden Erich Freiherr von dem Bussche-Ippenburg. Siehe auch Bussche-

Ippenburgs Artikel »Hammerstein und Hindenburg«, *FAZ*, 5. Februar 1952 (Nr. 30) sowie *AdRk/KvS*, S. 320, Anm. 4.

46. Gottfried Treviranus, *Das Ende von Weimar*, Düsseldorf 1968, S. 347 f.
47. Hammerstein beschrieb dieses Treffen in seiner »Niederschrift« vom 28. Januar 1935, abgedruckt in Bracher, *Auflösung*, S. 733 f. Siehe auch den Auszug eines Briefes des ehemaligen Majors Adolf-Friedrich Kuntzen aus dem Jahr 1953, abgedruckt in Kunrat von Hammerstein, »Hammerstein, Schleicher«, S. 165. Göring erwähnte das durch Hammerstein überbrachte Angebot Schleichers in seiner Aussage vom 13. März 1946 in Nürnberg: Internationaler Militärgerichtshof, *Der Prozeß gegen die Hauptkriegsverbrecher vor dem Internationalen Militärgerichtshof*, München 1984, Bd. 9, S. 283.
48. Hammerstein, »Niederschrift«, in: Bracher, *Auflösung*, S. 734.
49. Ebenda. Siehe auch Goebbels, *TbJG*, Teil 1, Bd. 2, S. 355 f.
50. Papen, *Gasse*, S. 273; Meißner, *Staatssekretär*, S. 268.
51. Duesterberg, *Stahlhelm*, S. 39 f.; Kunrat von Hammerstein, *Spähtrupp*, Stuttgart 1963, S. 59; Gereke, *Landrat*, S. 226 ff.
52. Papen, *Gasse*, S. 273; Meißner, *Staatssekretär*, S. 268 f. Meißner schrieb in seinen Memoiren fälschlicherweise, der damalige Reichsjustizminister Franz Gürtner habe auf der Ministerliste gestanden: ebenda, S. 269.
53. Papen stellte später die wenig glaubhafte Behauptung auf, er habe Hitler am Morgen des 30. Januar das Versprechen abgenommen, daß dieser die Beteiligung der katholischen Parteien zur Absicherung einer parlamentarischen Mehrheit anstreben werde: Papen, *Gasse*, S. 276. Das Protokoll der ersten Sitzung des neuen Kabinetts läßt jedoch keinen Zweifel daran, daß keinerlei Absicht bestand, die Zentrumsparteien an der Regierung zu beteiligen: *Akten der Reichskanzlei. Regierung Hitler*, Teil 1, hg. von Konrad Repgen und Hans Booms, Boppard 1983, S. 1–4.
54. *DDF, 1932–1939*, 1. Serie, Bd. 2, S. 542.
55. Siehe Schwerin von Krosigks Tagebuch in *AdRk/KvS*, S. 321.
56. Ebenda, S. 322.
57. *DBFP, 1919–1939*, 2. Serie, Bd. 4, S. 395–398.
58. Siehe Schwerin von Krosigks Tagebuch in *AdRk/KvS*, S. 321.
59. Siehe die Aussage von Adolf-Friedrich Kuntzen, des von Hammerstein zum Empfang Blombergs geschickten Majors, am 17. März 1949 beim Entnazifizierungsverfahren Oskar von Hin-

denburgs: NSHSAH, Nds.171, Lüneburg Uzn/11363, Bl. 299–303.

60. Schmidt-Hannover, *Umdenken*, S. 339.
61. Siehe Schwerin von Krosigks Tagebuch in *AdRk/KvS*, S. 322.
62. Schmidt-Hannover, *Umdenken*, S. 338; Duesterberg, *Stahlhelm*, S. 39.
63. Ebenda.
64. Schmidt-Hannover, *Umdenken*, S. 338 f.
65. Ebenda, S. 338; Duesterberg, *Stahlhelm*, S. 39.
66. Ebenda.
67. Ebenda, S. 34; Berghahn, *Stahlhelm*, S. 239–243.
68. Ebenda, S. 248 f.; Duesterberg, *Stahlhelm*, S. 40.
69. Ebenda, S. 40; Papen, *Gasse*, S. 275.
70. Siehe sein Tagebuch in *AdRk/KvS*, S. 322 f.
71. Duesterberg, *Stahlhelm*, S. 40 f.; Papen, *Gasse*, S. 275 f.; Meißner, *Staatssekretär*, S. 269 f.
72. Duesterberg, *Stahlhelm*, S. 41.
73. Siehe Schwerin von Krosigks Tagebuch in *AdRk/KvS*, S. 323.
74. Siehe »Hitler vereidigt«, *G*, 31. Januar 1933 (Nr. 31).
75. Hagen Schulze, Hg., *Anpassung oder Widerstand?*, Bonn-Bad Godesberg 1975, S. 131–153.
76. »Der Sprung«, *VZ*, 30. Januar 1933 (Nr. 50).
77. »Hitler-Papen Kabinett«, *V*, 30. Januar 1933 (Nr. 50).
78. »Kabinett Hitler-Papen-Hugenberg«, *VZ*, 30. Januar 1933 (Nr. 50); »Die neuen Männer«, *DB-Z*, 31. Januar 1933 (Nr. 26); Hans Zehrer, »Nationaler Sozialismus?«, *TR*, 31. Januar 1933 (Nr. 26); *Der Deutsche*, zitiert in: Josef Becker, »›Der Deutsche‹ und die Regierungsbildung des 30. Januar 1933«, in: *Publizistik*, Bd. 6 (1961), S. 197; BAK, Sammlung Brammer, ZSg 101/26, »Informationsbericht vom 2. Februar 1933« von Georg Dertinger. In einer Rede in Augsburg am 4. Februar 1933 verkündete der spätere Führer der SPD, Kurt Schumacher: »Adolf Hitler hat den Schein der Macht für sich in Deutschland ... Früher war er Dekorateur, heute ist er Dekorationsstück. Das Kabinett heißt Adolf Hitler, aber das Kabinett ist Alfred Hugenberg. Adolf Hitler darf reden, Alfred Hugenberg wird handeln ...«: Josef und Ruth Becker, Hg., *Hitlers Machtergreifung*, München 1983, S. 45 f.
79. *DBFP, 1919–1939*, 2. Serie, Bd. 4, S. 400, Rumbold an Simon, 31. Januar 1933; Ernst Lemmer, »Der Anfang einer neuen Entwicklung«, *NFP*, 31. Januar 1933 (Nr. 24564); Walther Schotte

in: *Der Ring*, 3. Februar 1933, zitiert in: Yuji Ishida, *Jungkonservative in der Weimarer Republik*, Frankfurt a. M. 1988, S. 234 f.; *Deutsche Tageszeitung*, zitiert in: »Die Meinung der Anderen«, *DAZ*, 31. Januar 1933 (Nr. 51); »Herr Hitler«, *The Times*, 31. Januar 1933.

80. »Es ist erreicht«, *BT*, 31. Januar 1933 (Nr. 51).
81. BA/FA, Deulig Tonwoche Nr. 57 (1933).
82. Curt Riess, *Das waren Zeiten*, Wien 1977, S. 151 f.
83. Friedrich Stampfer, *Die vierzehn Jahre der ersten deutschen Republik*, Offenbach/Main 1947, S. 670.
84. Tagebucheintrag von Camill Hoffmann vom 30. Januar, zitiert in: Johann Wilhelm Brügel und Norbert Frei, Hg., »Berliner Tagebuch 1932–1934«, *VfZ*, Bd. 36 (1988), S. 159.
85. *DBFP, 1919–1939*, 2. Serie, Bd. 4, S. 399, Rumbold an Simon, 30. Januar 1933.
86. Wickham Steed, »Can Hitler Do It?« *Sunday Times*, 5. Februar 1933.
87. *DDF, 1932–1939*, 1. Serie, Bd. 2, S. 542.
88. Ebenda, S. 552.
89. Zitiert aus den *Baseler Nachrichten* in: Gerd H. Padel, *Die politische Presse der deutschen Schweiz und der Aufstieg des Dritten Reiches 1933–1939*, Zürich 1951, S. 15.
90. Heinrich Brüning zufolge (*Memoiren*, S. 648) teilte ihm Schleicher am 11. Februar 1933 mit, Hitler habe diesen Gedanken bei ihrem Abschied geäußert, also vermutlich am 30. Januar, als Schleicher nach Hitlers Ernennung zu einer kurzen, letzten Kabinettssitzung in die Reichskanzlei kam (*AdRk/KvS*, S. 319 f).

7. Schicksal, Zufall und Verantwortung

1. Konrad Heiden, *Der Fuehrer*, Boston 1944, S. 579.
2. Siehe Kissenkoetter, *Strasser*, S. 41–46.
3. Siehe Hitlers Äußerungen zu der Möglichkeit eines Militärregimes in den Memoiren Otto Wageners: *Hitler aus nächster Nähe. Aufzeichnungen eines Vertrauten 1929–1932*, hg. von H. A. Turner, Frankfurt 1978, S. 369, 374, 477; sowie Henry Picker, *Hitlers Tischgespräche im Führerhauptquartier*, Stuttgart 1976, S. 325.
4. Eine Studie jüngeren Datums kommt zu dem Schluß, daß Hitlers Regierung kaum einen Anteil am Beginn des Wirtschaftsaufschwungs hatte, der sich zum Zeitpunkt seines Einzugs in die Reichskanzlei bereits deutlich abzeichnete: Christoph Buchheim,

»Zur Natur des Wirtschaftsaufschwungs in der NS-Zeit«, in: *Zerrissene Zwischenkriegszeit*, hg. von Harold James, Christoph Buchheim und Michael Hutter, Baden-Baden 1994, v.a. S. 104.

5. Hambrecht, *Der Aufstieg*, S. 370, 563, Anm. 58. Siehe auch »Bewegung im Abstieg«, *RA*, 24. Januar 1933 (Nr. 24).
6. Die folgenden Überlegungen sind in meinem Buch *Geißel des Jahrhunderts*, Berlin 1989, weiter ausgeführt.
7. Siehe Gaines Post jr., *The Civil-Military Fabric of Weimar Foreign Policy*, Princeton 1973, S. 98 ff.
8. Siehe Gerhard Paul, *Aufstand der Bilder*, Bonn 1990, S. 113, 236–239.
9. Siehe beispielsweise Robert M. W. Kempner, Hg., *Der verpaßte Nazi-Stopp*, Frankfurt 1983.
10. Zitiert aus den Papieren des deutschnationalen Parteikollegen Carl Goerdeler, in: Gerhard Ritter, *Carl Goerdeler und die deutsche Widerstandsbewegung*, Stuttgart 1954, S. 60; siehe auch Larry Eugene Jones, »›The Greatest Stupidity of My Life‹«, *JCH*, Bd. 27 (1992), S. 63–87.
11. Zitiert in Dorpalen, *Hindenburg*, S. 483.
12. Adenauer, *Briefe 1945–1947*, S. 350.
13. Moritz J. Bonn, *Wandering Scholar*, New York 1984, S. 336.
14. Petzold, *Papen*, S. 273 f.
15. Da das Urteil einer Entnazifizierungkammer die Verbreitung in Westdeutschland untersagt hatte, veröffentlichte Papen seine Artikel in den Zeitungen Franco-Spaniens. Nach Ablauf des Publikationsverbotes gab er eine Auswahl dieser Artikel unter dem Titel *Europa was nun?* in Deutschland heraus (Göttingen 1954).
16. 1959 wurde Papen von Papst Johannes XXIII. zum päpstlichen Geheimkämmerer ernannt: Adams, *Rebel Patriot*, S. 475.

Bibliographie

Adams, Henry M. und Robin K., *Rebel Patriot: A Biography of Franz von Papen*, Santa Barbara 1987.

Adenauer, Konrad, *Briefe 1945–1947*, Berlin 1983.

Allen, William Sheridan, *The Nazi Seizure of Power*, überarb. Ausg., New York 1984.

Altendorfer, Otto, *Fritz Schäffer als Politiker der Bayerischen Volkspartei*, München 1993.

Arndt, Fritz, »Vorbereitungen der Reichswehr für den militärischen Ausnahmezustand«, in: *Zeitschrift für Militärgeschichte*, Bd. 4 (1965).

Bach, Jürgen, *Franz von Papen in der Weimarer Republik*, Düsseldorf 1977.

Becker, Josef, »›Der Deutsche‹ und die Regierungsbildung des 30. Januar 1933«, in: *Publizistik*, Bd. 6 (1961).

Becker, Josef und Becker, Ruth, Hg., *Hitlers Machtergreifung*, München 1983.

Bendersky, Joseph W., *Carl Schmitt*, Princeton 1983.

Bennett, Edward W., *German Rearmament and the West*, Princeton 1979.

Berghahn, Volker R., *Der Stahlhelm*, Düsseldorf 1966.

Berndorff, H. R., *General zwischen Ost und West*, Hamburg, o. J. [1952].

Bessel, Richard, *Political Violence and the Rise of Nazism*, New Haven 1984.

Besson, Waldemar, *Württemberg und die deutsche Staatskrise 1928–1933*, Stuttgart 1959.

Bloch, Michael, *Ribbentrop*, London 1992.

Böhnke, Wilfried, *Die NSDAP im Ruhrgebiet*, Bonn 1974.

Bohrmann, Hans, Hg., *NS-Presseanweisungen der Vorkriegszeit*, 4 Bde., München 1984.

Bonn, Moritz J., *Wandering Scholar*, New York 1948.

Bracher, Karl Dietrich, *Die Auflösung der Weimarer Republik*, Stuttgart und Düsseldorf 1957.

Braun, Magnus Freiherr von, *Weg durch vier Zeitepochen*, Limburg/Lahn 1965.

Braun, Otto, *Von Weimar bis Hitler*, New York 1940.

Breitman, Richard, »On German Social Democracy and General von Schleicher 1932–33«, in: *Central European History*, Bd. 9 (1976).

Brügel, Johann Wilhelm und Frei, Norbert, Hg., »Berliner Tagebuch 1932–1934«, in: *Vierteljahreshefte für Zeitgeschichte*, Bd. 36 (1988).

Brüning, Heinrich, *Memoiren 1918–1934*, Stuttgart 1970.

Buchheim, Christoph, »Zur Natur des Wirtschaftsaufschwungs in der NS-Zeit«, in: *Zerissene Zwischenkriegszeit*, hg. von Harold James, Christoph Buchheim und Michael Hutter, Baden-Baden 1994.

Bullock, Alan, *Hitler. Eine Studie über Tyrannei*, Düsseldorf 1972.

Caro, Kurt und Oehme, Walter, *Schleichers Aufstieg*, Berlin 1933.

Childers, Thomas, »The Limits of National Socialist Mobilisation«, in: *The Formation of the Nazi Constituency 1919–1933*, hg. von Thomas Childers, Totowa, N.J., 1986.

Ciolek-Kümper, Jutta, *Wahlkampf in Lippe*, München 1976.

Cline, Theodore Albert, »The Chancellorship of General Kurt von Schleicher«, Ph.D.-Dissertation, University of Texas 1976.

Craig, Gordon A., »Briefe Schleichers an Groener«, in: *Die Welt als Geschichte*, Bd. 11 (1951).

Demant, Ebbo, *Von Schleicher zu Springer*, Mainz 1971.

Dietrich, Otto, *Mit Hitler in die Macht*, München 1934.

– *12 Jahre mit Hitler*, Köln o.J. [1955].

Domarus, Max, *Hitler, Reden und Proklamationen 1932–1945*, 2 Bde., München 1965.

Dorpalen, Andreas, *Hindenburg and the Weimar Republic*, Princeton 1964.

Duesterberg, Theodor, *Der Stahlhelm und Hitler*, Wolfenbüttel und Hannover 1949.

Erdmann, Karl Dietrich und Booms, Hans, Hg., *Akten der Reichskanzlei. Kabinett von Schleicher*, Boppard 1986.

– Hg., *Akten der Reichskanzlei. Kabinett von Papen*, 2 Bde., Boppard 1989.

Eschenburg, Theodor, *Die improvisierte Demokratie*, München 1963.

Fest, Joachim, *Hitler*, Frankfurt a. M. 1973.
Fischer, Conan, *Stormtroopers*, London 1983.
Fischer, Rudolf, *Schleicher. Mythos und Wirklichkeit*, Hamburg 1932.
Foertsch, Hermann, *Schuld und Verhängnis*, Stuttgart 1951.
François-Poncet, André, *Souvenirs d'une ambassade à Berlin*, Paris 1946. Deutsche Ausgabe: *Als Botschafter im ›Dritten Reich‹. Die Erinnerungen des französischen Botschafters in Berlin September 1931 bis Oktober 1938*, Berlin 1947.
Gereke, Günther, *Ich war königlich-preußischer Landrat*, Berlin 1970.
Geyer, Michael, *Aufrüstung oder Sicherheit*, Wiesbaden 1980.
– »Das zweite Rüstungsprogramm 1930–1934«, in: *Militärgeschichtliche Mitteilungen* Nr. 17 (1975).
Gies, Horst, »NSDAP und landwirtschaftliche Organisationen in der Endphase der Weimarer Republik«, in: *Vierteljahreshefte für Zeitgeschichte*, Bd. 15 (1967).
Goebbels, Joseph, *Die Tagebücher von Joseph Goebbels. Sämtliche Fragmente*, hg. von Elke Fröhlich, München 1987 ff.
– *Vom Kaiserhof zur Reichskanzlei*, München 1934.
Graf, Christoph, *Politische Polizei zwischen Demokratie und Diktatur*, Berlin 1983.
Haken, Bruno Nelissen, *Stempelchronik*, Hamburg 1932.
Hale, Oren J., »Adolf Hitler: Taxpayer«, *American Historical Review*, Bd. 60 (1955), S. 830–42.
– *The Captive Press in the Third Reich*, Princeton 1964.
Hambrecht, Rainer, *Der Aufstieg der NSDAP in Mittel- und Oberfranken 1925–1933*, Nürnberg 1976.
Hammerstein, Kunrat von, »Schleicher, Hammerstein und die Machtübernahme 1933«, in: *Frankfurter Hefte*, Bd. 11 (1956).
– *Spähtrupp*, Stuttgart 1963.
Hanfstaengl, Ernst, *Zwischen Weißem und Braunem Haus*, München 1970.
Hayes, Peter, »›A Question Mark with Epaulettes‹? Kurt von Schleicher and Weimar Politics«, in: *Journal of Modern History*, Bd. 52 (1980).
Heiden, Konrad, *Der Fuehrer*, Boston 1944.
– Deutsche Ausgabe: *Adolf Hitler. Eine Biographie*, 2 Bde., Zürich 1936 f.
Hentschel, Volker, *Weimars letzte Monate*, Düsseldorf 1978.
Hoch, Anton und Weisz, Christoph, »Die Erinnerungen des Generalobersten Wilhelm Adam«, in: *Miscellanea. Festschrift für Helmut*

Krausnick zum 75. Geburtstag, hg. von Wolfgang Benz u. a., Stuttgart 1980.

Horkenbach, Cuno, *Das Deutsche Reich von 1918 bis heute,* Berlin 1932.

Horn, Wolfgang, *Führerideologie und Parteiorganisation in der NSDAP,* Düsseldorf 1972.

Hüls, Hans, *Wähler und Wahlverhalten im Land Lippe während der Weimarer Republik,* Detmold 1974.

Internationaler Militärgerichtshof, *Der Prozeß gegen die Hauptkriegsverbrecher vor dem Internationalen Militärgerichtshof,* 24 Bde., München 1984.

Ishida, Yuji, *Jungkonservative in der Weimarer Republik. Der Ring-Kreis 1928–1933,* Frankfurt a. M. 1988.

Jäckel, Eberhard, *Hitlers Weltanschauung,* Stuttgart 1969.

Jacobsen, Hans-Adolf, *Nationalsozialistische Außenpolitik 1933–1938,* Frankfurt a. M. 1968.

Jonas, Erasmus, *Die Volkskonservativen 1928–1933,* Düsseldorf 1965.

Jones, Larry Eugene, »›The Greatest Stupidity of My Life‹«, in: *Journal of Contemporary History,* Bd. 27 (1992).

– »Why Hitler Came to Power«, in: *Geschichtswissenschaft vor 2000,* hg. von Konrad H. Jarausch, Jörn Rüsen und Hans Schleier, Hagen 1991.

Junker, Detlef, *Die Deutsche Zentrumspartei und Hitler 1932/33,* Stuttgart 1969.

– »Die letzte Alternative zu Hitler«, in: *Das Ende der Weimarer Republik und die nationalsozialistische Machtergreifung,* hg. von Christoph Gradmann und Oliver von Mengersen, Heidelberg 1994.

Kempner, Robert M. W., Hg., *Der verpaßte Nazi-Stopp,* Frankfurt a. M. 1983.

Kissenkoetter, Udo, *Gregor Strasser und die NSDAP,* Stuttgart 1978.

Kleist-Schmenzin, Ewald von, »Die letzte Möglichkeit«, in: *Politische Studien,* Bd. 10 (1959).

Knickerbocker, Hubert R., *The German Crisis,* New York 1932.

Koehl, Robert Lewis, *The Black Corps,* Madison 1988.

Kolb, Eberhard und Pyta, Wolfram, »Die Staatsnotstandsplanung unter den Regierungen Papen und Schleicher«, in: *Die deutsche Staatskrise 1930–1933,* hg. von Heinrich August Winkler, München 1992.

Kracauer, Siegfried, *From Caligari to Hitler,* New York 1960.

– *Von Caligari zu Hitler. Eine psychologische Geschichte des deutschen Films,* Frankfurt 1983.

Kratzenberg, Volker, *Arbeiter auf dem Weg zu Hitler,* Frankfurt 1989.

Krebs, Albert, *Tendenzen und Gestalten der NSDAP*, Stuttgart 1959.

Leopold, John A., *Alfred Hugenberg*, New Haven 1977.

Longerich, Peter, *Die braunen Bataillone*, München 1989.

Ludecke, Kurt, *I Knew Hitler*, New York 1937.

Marcon, Helmut, *Arbeitsbeschaffungspolitik der Regierungen Papen und Schleicher*, Frankfurt 1974.

Meißner, Hans-Otto, *30. Januar '33*, Esslingen 1976.

Meißner, Otto, *Staatssekretär unter Ebert – Hindenburg – Hitler*, Hamburg 1950.

Mommsen, Hans, *Die verspielte Freiheit*, Frankfurt/Berlin 1990.

Morsey, Rudolf, »Die deutsche Zentrumspartei«, in: *Das Ende der Parteien 1933*, hg. von Erich Matthias und Rudolf Morsey, Düsseldorf 1960.

– Hg., *Die Protokolle der Reichstagsfraktion und des Fraktionsvorstands der Deutschen Zentrumspartei 1926–1933*, Mainz 1969.

Müller, Klaus-Jürgen, *Das Heer und Hitler*, Stuttgart 1969.

Münchner Stadtmuseum, *München – ›Hauptstadt der Bewegung‹*, München 1993.

Muth, Heinrich, »Das ›Kölner Gespräch‹ am 4. Januar 1933«, in: *Geschichte in Wissenschaft und Unterricht*, Bd. 37 (1986).

– »Schleicher und die Gewerkschaften 1932«, in: *Vierteljahreshefte für Zeitgeschichte*, Bd. 29 (1981).

Neliba, Günter, *Wilhelm Frick*, Paderborn 1992.

Noakes, Jeremy, *The Nazi Party in Lower Saxony 1921–1933*, London 1971.

– und Pridham, Geoffrey, Hg., *Documents on Nazism 1919–1945*, New York 1974.

Oldenburg-Januschau, Elard, *Erinnerungen*, Leipzig 1936.

Orlow, Dietrich, *The History of the Nazi Party*, 2 Bde., Pittsburgh 1969–73.

Ott, Eugen, »Ein Bild des Generals Kurt von Schleicher«, in: *Politische Studien*, Bd. 10 (1959).

Padel, Gerd H., *Die politische Presse der deutschen Schweiz und der Aufstieg des Dritten Reiches 1933–1939*, Zürich 1951.

Papen, Franz von, *Der Wahrheit eine Gasse*, München 1952.

– *Europa was nun?*, Göttingen 1954.

– *Vom Scheitern einer Demokratie*, Mainz 1968.

Patch, William L. jr., *Christian Trade Unions in the Weimar Republic*, New Haven 1985.

Paul, Gerhard, *Aufstand der Bilder*, Bonn 1990.

Petzold, Joachim, *Franz von Papen*, München/Berlin 1995.
Picker, Henry, *Hitlers Tischgespräche im Führerhauptquartier*, Stuttgart 1976.
Plehwe, Friedrich-Karl von, *Reichskanzler Kurt von Schleicher*, Esslingen 1983.
Post, Gaines jr., *The Civil-Military Fabric of Weimar Foreign Policy*, Princeton 1973.
Pünder, Hermann, *Politik in der Reichskanzlei*, Stuttgart 1961.
Reiche, Eric G., *The Development of the SA in Nürnberg 1922–1934*, New York 1986.
Repgen, Konrad und Boom, Hans, Hg., *Akten der Reichskanzlei. Regierung Hitler*, Teil 1, Boppard 1983.
Ribbentrop, Joachim von, *Zwischen London und Moskau*, Leoni am Starnberger See 1961.
Riess, Curt. *Das waren Zeiten*, Wien 1977.
Ritter, Gerhard, *Carl Goerdeler und die deutsche Widerstandsbewegung*, Stuttgart 1954.
Rolfs, Richard W., *The Sorcerer's Apprentice. The Life of Franz von Papen*, Lanham, Maryland 1996.
Rosenhaft, Eve, »The Unemployed in the Neighborhood«, in: *The German Unemployed*, hg. von Richard J. Evans und Dick Geary, London 1987.
Schmidt-Hannover, Otto, *Umdenken oder Anarchie*, Göttingen 1959.
Schneider, Michael, *Das Arbeitsbeschaffungsprogramm des ADGB*, Bonn-Bad Godesberg 1975.
Schneider, Thomas M., *Reichsbischof Ludwig Müller*, Göttingen 1993.
Schön, Eberhard, *Die Entstehung des Nationalsozialismus in Hessen*, Meisenheim am Glan 1972.
Schröder, Arno, *»Hitler geht auf die Dörfer«*, Detmold 1938.
– *Mit der Partei vorwärts!*, Detmold 1940.
Schulze, Hagen, Hg., *Anpassung oder Widerstand?*, Bonn-Bad Godesberg 1975.
– Otto Braun oder Preußens demokratische Sendung, Frankfurt a. M. 1977.
Schwerin von Krosigk, Lutz Graf, *Es geschah in Deutschland*, Tübingen 1951.
– *Staatsbankrott*, Göttingen 1974.
Semmler, Rudolf, *Goebbels – the man next to Hitler*, London 1947.
Severing, Carl, *Mein Lebensweg*, 2 Bde., Köln 1950.

Sösemann, Bernd, *Das Ende der Weimarer Republik in der Kritik demokratischer Publizisten*, Berlin 1976.

Sontheimer, Kurt, »Der Tatkreis«, in: *Vierteljahreshefte für Zeitgeschichte*, Bd. 7 (1959).

Stachura, Peter, *Gregor Strasser and the Rise of Nazism*, London 1983.

– »Der Fall Strasser«, in: *The Shaping of the Nazi State*, hg. von Peter Stachura, London 1978.

Stampfer, Friedrich, *Die vierzehn Jahre der ersten deutschen Republik*, Offenbach/Main 1947.

Stelzner, Fritz, *Schicksal SA*, München 1936.

Stokes, Lawrence D., *Kleinstadt und Nationalsozialismus*, Neumünster 1984.

Struve, Walter, *Aufstieg und Herrschaft des Nationalsozialismus in einer industriellen Kleinstadt*, Essen 1992.

Treviranus, Gottfried, *Das Ende von Weimar*, Düsseldorf 1968.

Turner, Henry Ashby jr., *Geißel des Jahrhunderts. Hitler und seine Hinterlassenschaft*, Berlin 1989.

– *Die Großunternehmer und der Aufstieg Hitlers*, Berlin 1985.

– Hg., *Hitler aus nächster Nähe. Aufzeichnungen eines Vertrauten*, Frankfurt 1978.

Vogelsang, Thilo, *Kurt von Schleicher. Ein General als Politiker.* Göttingen 1965.

– »Neue Dokumente zur Geschichte der Reichswehr«, in: *Vierteljahreshefte für Zeitgeschichte*, Bd. 2 (1954).

– *Reichswehr, Staat und NSDAP*, Stuttgart 1962.

– »Zur Politik Schleichers gegenüber der NSDAP 1932«, in: *Vierteljahreshefte für Zeitgeschichte*, Bd. 6 (1958).

Weiland, Ruth, *Die Kinder der Arbeitslosen*, Berlin 1933.

Weiß, Hermann und Paul Hoser, Hg., *Die Deutschnationalen und die Zerstörung der Weimarer Republik*, München 1989.

Werner, Andreas, »SA und NSDAP«, Dissertation, Erlangen/Nürnberg 1964.

Wessling, Wolfgang, »Hindenburg, Neudeck und die deutsche Wirtschaft«, in: *Vierteljahreschrift für Sozial- und Wirtschaftsgeschichte*, Bd. 64 (1977).

Wheeler-Bennett, John W., *The Nemesis of Power*, London 1956.

– Deutsche Ausgabe: *Die Nemesis der Macht. Die deutsche Armee in der Politik 1918–1945*, Düsseldorf 1954.

Wiesemann, Falk, *Die Vorgeschichte der nationalsozialistischen Machtübernahme in Bayern 1932–1933*, Berlin 1975.

Winkler, Heinrich August, Hg., *Die deutsche Staatskrise 1930–1933*, München 1992.
– *Der Weg in die Katastrophe*, Berlin 1987.
– *Weimar 1918–1933*, 2. Aufl., München 1994.
Wörtz, Ulrich, »Programmatik und Führerprinzip. Das Problem des Strasser-Kreises in der NSDAP«, Dissertation, Erlangen/Nürnberg 1966.

Register

Der Name *Hitler* wurde aufgrund der häufigen Erwähnung im Buch nicht ins Register aufgenommen.